FACULTÉ DE DROIT DE POITIERS

LE

CONSEIL DES EMPEREURS ROMAINS

EN DROIT ROMAIN

LA

COMMISSION DÉPARTEMENTALE

EN DROIT FRANÇAIS

THÈSE POUR LE DOCTORAT

PRÉSENTÉE ET SOUTENUE LE 22 JANVIER 1887

PAR

Félix JACQUELIN

AVOCAT

POITIERS

IMPRIMERIE PAUL OUDIN

4, RUE DE L'ÉPERON, 4

—

1887

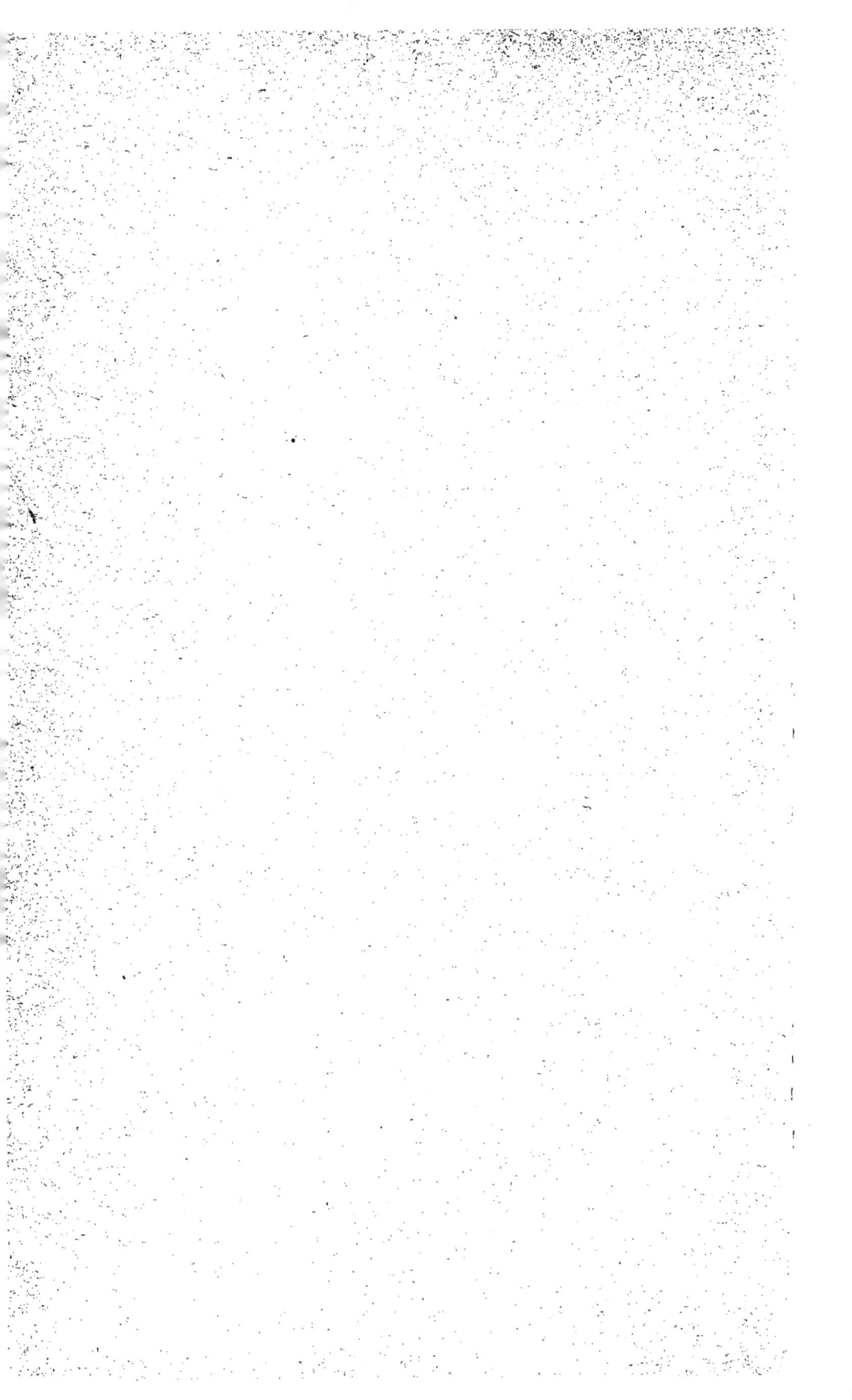

FACULTÉ DE DROIT DE POITIERS

LE

CONSEIL DES EMPEREURS ROMAINS

EN DROIT ROMAIN

LA

COMMISSION DÉPARTEMENTALE

EN DROIT FRANÇAIS

THÈSE POUR LE DOCTORAT

PRÉSENTÉE ET SOUTENUE LE 22 JANVIER 1887

PAR

Félix JACQUELIN

AVOCAT

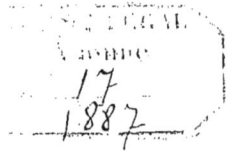

POITIERS

IMPRIMERIE PAUL OUDIN

4, RUE DE L'ÉPERON, 4

1887

FACULTÉ DE DROIT DE POITIERS

MM. Thézard (I 🏵). Doyen, professeur de Code civil.

Ducrocq (✳ I 🏵), Doyen honoraire, professeur honoraire, professeur à la Faculté de Droit de Paris, correspondant de l'Institut.

Arnault de la Ménardière (I 🏵). professeur de Code civil.

Le Courtois (I 🏵), professeur de Code civil, assesseur du doyen.

Normand (A 🏵). professeur de Droit criminel.

Parenteau-Dubeugnon (A 🏵), professeur de Procédure. civile.

Arthuys (A 🏵), professeur de Droit commercial.

Bonnet (A 🏵), professeur de Droit romain.

Petit (A 🏵), professeur de Droit romain.

Barrilleau (A 🏵), professeur de Droit administratif.

Brissonnet, agrégé, chargé du Cours d'Histoire générale du Droit français public et privé.

Surville, agrégé, chargé du cours de Droit international privé.

M. Coulon (I 🏵), secrétaire.

COMMISSION :

Président : M. BARRILLEAU, Professeur.

Suffragants : { M. ARNAULT de la MÉNARDIÈRE { Professeurs.
{ M. BONNET.
{ M. BRISSONNET, Agrégé.

MEIS

DROIT ROMAIN

LE CONSILIUM PRINCIPIS

INDICATIONS BIBLIOGRAPHIQUES.

HAUBOLT. — De consistorio principum romanorum, Leipsick, 1825, éd.-Wenck dans les opuscules académiques. I, p. 187-314.

ZIMMERN. — Traité des actions, trad. par Etienne. Paris, 1843, §§ 7 et 21.

BETHMANN-HOLWEG. — Gerichtsverfassung und Process. Bonn, 1834, § 3, 10, p. 110 à 111.

BECKER-MARQUARDT. — Handbuch des römischen alterthümer, Leipsick, 1849, II, 3, p. 230 et s.

REIN — Daus Pauly's, Realencyclopädie, II, p. 595, 597. Stuttgart, 1844.

WALTER. — Geschichte des römiches Rechts, 3ᵉ édit. Bonn, 1860, nᵒˢ 276, 375, 379, 746, 761.

RUDORFF. — Röm. Rechtsgeschichte. Leipzig, 1859, I, p. 131.

ORTOLAN. — Explication historique des Inst. 7ᵉ édit. 1863, nᵒˢ 345, 365.

SERRIGNY. — Droit public Romain, Paris, 1862, I, nᵒ 30 à 32.

BURCHARDI. — Staats und Recht sgeschichte, I, nᵒ 72, 2ᵉ édit. Stuttgarpt, 1854.

MADWIG. — L'Etat romain, sa constitution et son administration, trad. Morel. Paris, Vieveg, 4 vol. 1883.

MOMMSEN. — Dans Marquardt-Mommsen. — Antiquités romaines, 2ᵉ vol. p. 948.

MISPOULET. — Institutions politiques des Romains, I, 282. 393 et s.

WILLEMS. — Le Droit public romain, p. 568, et 318.

HIRSCHFELD. — Verxatungschichte, p. 115, 218.

SAVIGNY. — Zeitschr. f. g. R. 2, p. 132.

J. STEPHANI. — De Jurisdictione jud. græc. Rom. III, ¡c. 10, p. 524-534.

CUQ. — Étude historique sur le Conseil des Empereurs. — Acad. des inscr. et belles-lettres, 4ᵉ série, t. X, p. 311.

CHARREYRON. — Etude sur les origines du Conseil des Empereurs.

DUBUY. — Histoire des Romains, t. III, p. 175, t. IV, p. 382; t. VI, p. 236.

DROIT ROMAIN

LE CONSEIL DES EMPEREURS ROMAINS

CHAPITRE I

LE CONSILIUM PRINCIPIS D'AUGUSTE A HADRIEN.

SECTION I.

LE CONSILIUM PRINCIPIS SOUS AUGUSTE.

SOMMAIRE.

1. Naissance du Consilium principis.
2. Division.

§ I. Composition.

3. Membres ordinaires.
4. Membres extraordinaires.
5. Organisation intérieure. — Présidence. — Séances.

§ II. — Attributions.

6. Division.
7. a) Au point de vue législatif. — Organes réguliers du pouvoir législatif sous Auguste ; les Comices et le Sénat.
8. Tendance d'Auguste à substituer le Sénat aux Comices. — Travaux du Sénat en matière de droit privé.

1. — Vers l'an 27 avant J.-C., une institution nouvelle s'in-
troduisit dans la Constitution romaine. Auguste eut à côté de
lui un Conseil officiel distinct du Sénat et qui prit le nom de
« Consilium principis » (1).

Jusqu'alors, Auguste s'était entouré d'amis tels que Mécène,
Agrippa, Valerius Messala, Statilius Taurus, etc., avec lesquels il s'entretenait souvent des affaires publiques et dont
parfois il écoutait les avis. Mais ces divers personnages n'a-
vaient aucun titre officiel. Ils ne formaient pas un collège
analogue à notre Conseil des Ministres, et ils n'avaient, par
conséquent, aucune autorité légale.

Auguste, qui méditait de se rendre maître de tout, sans
paraître rétablir la monarchie, avait besoin d'un auxiliaire
officiel qui fût dans sa main et dont l'autorité nominale servît à
dissimuler les desseins de sa politique ambitieuse. Il ne pouvait songer au Sénat. Le Sénat avait certes perdu beaucoup
de son ancienne indépendance. Auguste avait par trois fois
procédé à la « lectio », c'est-à-dire à l'épuration de ce corps, et
il avait ramené au chiffre primitif de trois cents, le nombre des
sénateurs. Ceux-ci étaient donc presque tous « personæ
« gratæ ». Cependant, Auguste pouvait craindre de ne pas

(1) Dion Cassius, LIII, 21. — Suétone, Aug. 33, 35.

trouver chez eux toute la docilité voulue. Il était impossible, en effet, que le souvenir de l'ancienne liberté fût complètement anéanti.

De plus, l'assemblée était encore trop nombreuse pour qu'Auguste pût à son gré diriger les délibérations. Il lui fallait un instrument plus commode à manier.

Le « Consilium principis » s'établit donc, et nous verrons comment Auguste s'en servit pour absorber à son profit les pouvoirs des Comices et du Sénat.

Les sources de renseignements que nous possédons sur le Conseil d'Auguste ne sont pas des documents officiels. Il est même probable qu'il n'intervint pour créer le « Consilium principis » aucun texte de loi analogue à la loi organique de notre Conseil d'Etat. Cette circonstance que le Conseil ne fut pas créé par un texte législatif, n'empêche pas qu'il ait pu avoir une existence légale : on sait que l'usage est une source de droit, et cela est aussi vrai pour le droit public que pour le droit privé. La littérature juridique ne nous fournit rien ou presque rien sur notre sujet. C'est aux historiens, et particulièrement à Dion Cassius et à Suétone qu'il convient de se référer pour apprendre quelque chose sur le Conseil des premiers empereurs romains. Bien que ces auteurs ne donnent que des renseignements incomplets, ils en disent assez pour qu'on puisse se faire une idée de ce que fut le « Consilium principis » à sa naissance, c'est-à-dire sous Auguste.

2. — Voyons ce qu'ils nous fournissent. Nous étudierons trois questions :

I. — Quelle était la composition du « Consilium principis » ?

II. — Quelles étaient ses attributions ?

III. — Quel était son véritable caractère, et quelle place occupait-il dans l Constitution romaine ?

§ I. — *Composition.*

3. — Le « Consilium principis » est formé de deux catégories de membres : les membres ordinaires et les membres
extraordinaires.

Les membres ordinaires sont : en premier lieu, une délégation du Sénat composée de quinze sénateurs désignés par le
sort et renouvelables tous les six mois (1). Plus tard, il y eut
vingt membres renouvelables chaque année ; en second lieu,
les consuls en charge ou le Consul, lorsqu'Auguste remplit
lui-même les fonctions de consul ; enfin, en troisième et dernier lieu un membre de chaque magistrature. Ces derniers
conseillers étaient désignés par Auguste (2).

Il est évident que la majorité dans le Conseil ainsi composé
était disposée à suivre le prince. Et, en effet, les membres des
magistratures et les consuls étaient toujours ses créatures.
L'opposition n'aurait pu venir que des sénateurs : mais
Auguste s'était rendu maître de la composition du Sénat en se
faisant attribuer les pouvoirs qui avaient appartenu autrefois
aux censeurs.

4. — A côté de ces différents membres formant l'élément
permanent du Conseil, on trouve des conseillers appelés｜à
siéger extraordinairement et dont la mission se terminait avec
chaque affaire. C'étaient pour ainsi dire des conseillers « ad
« hoc » (3).

Naturellement, ils étaient nommés par le prince, qui avait
ainsi un moyen bien simple d'assurer toujours le triomphe de
ses avis dans le Conseil. Il semble toutefois qu'Auguste se
servit des conseillers extraordinaires surtout dans les matières
exigeant des connaissances spéciales. Cela arrivait notam-

(1) Suétone, Aug. 33, 35.
(2) Dion Cass. LIII, 21.
(3) Dion Cass. LVI, 28.

ment lorsqu'il s'agissait de trancher une question de droit ou de juger un procès. Les Institutes (1) nous apprennent que c'est après avoir pris l'avis de jurisconsultes, et notamment de Trébatius, qu'Auguste consacra la validité des codicilles,

5. — Quelle était l'organisation intérieure du « Consilium » ? Où se réunissait-il ? Tenait-il ses séances à des époques fixes ?

Autant de questions sur lesquelles on est réduit à des conjectures. Il est évident que la présidence appartenait à l'Empereur. Il est à peu près certain également que le service du secrétariat était fait par les affranchis qui remplissaient les emplois divers de la chancellerie. Mais, en dehors de cela, rien de positif. Lorsque le Conseil délibérait sur des affaires publiques, et préparait les projets qui devaient être soumis au Sénat, il est vraisemblable qu'il se réunissait dans le palais d'Auguste. Lorsqu'il assistait le prince dans l'administration de la justice, il semble qu'il se transportait au Forum, c'est-à-dire au tribunal où l'affaire était jugée (2).

Quant à l'époque des réunions, nous ne savons absolument rien, mais il faut remarquer que ces réunions devaient être assez fréquentes. En effet, le Sénat s'assemblait deux fois par mois, aux calendes et aux ides. Et comme les affaires soumises au Sénat étaient déjà étudiées par le Conseil, il fallait que celui-ci les examinât dans l'intervalle compris entre les réunions du Sénat (3).

§ II. — *Attributions.*

6. — Nous considérerons les attributions du Conseil d'Auguste à trois points de vue différents : au point de vue législatif, au point de vue exécutif ou administratif, au point de vue judiciaire. Sans doute, les Romains ont ignoré la séparation

(1) Lib. II, tit. 25.
(2) Suétone, Aug. 33.
(3) Suétone, Aug. 35.

des pouvoirs. Les magistrats, par exemple, étaient à la fois des administrateurs et des juges. Certains d'entre eux participaient même à l'exercice de la puissance législative, puisque leurs édits devenaient obligatoires. Mais quoique les différents pouvoirs n'aient pas été répartis par les Romains en des mains différentes, la distinction n'en existe pas moins. La même autorité, lorsqu'elle légifère, lorsqu'elle administre, lorsqu'elle rend la justice, accomplit trois fonctions différentes. Et pour se rendre compte du rôle de l'un quelconque des rouages de la machine gouvernementale d'un État, il convient de se placer à ces trois points de vue.

7. — Tout d'abord plaçons-nous au point de vue législatif. Le principal rôle du Conseil paraît avoir été un rôle législatif. Il semble même que le Conseil fut précisément pour Auguste un moyen de se rendre maître de faire les lois à son gré. A la fin de la République, le pouvoir législatif était exercé concurremment par les Comices et par le Sénat. Les Comices étaient l'organe régulier du pouvoir législatif. Quant au Sénat, ses décisions avaient fini par acquérir peu à peu la même force que celles des Comices. Mais il statuait principalement sur des matières de droit public, notamment sur des matières religieuses. Il serait difficile de citer un sénatus-consulte antérieur à l'Empire et qui eût trait au droit privé. Les Romains étaient trop attachés à leurs traditions pour qu'Auguste pût songer à supprimer brusquement les Comices. Plusieurs fois, Auguste convoqua le peuple pour faire voter des lois de droit privé : Les lois caducaires, dont l'ensemble forme un des monuments les plus importants de la législation romaine, sont des plébiscites.

8. — Mais la tendance du prince fut de s'adresser aux Comices le moins souvent possible. Les réunions pouvaient en effet occasionner des troubles ; d'autre part, l'échec de la loi Julia, la première fois qu'elle fut présentée, montre que les Comices n'étaient pas toujours dociles.

Auguste chercha donc à substituer le Sénat aux Comices, et,

à partir de son principat, on voit en effet que le Sénat acquiert le pouvoir législatif en matière de droit privé. Grâce à son Conseil, Auguste était maître des délibérations du Sénat. En effet, il faisait préparer par le Conseil tous les projets de lois. Puis, quand ces projets avaient été mûrement élaborés, on les présentait au Sénat. Cette politique semblait étendre les attributions du Sénat : en réalité, le Sénat était amoindri. En effet, il ne pouvait guère discuter. Il se trouvait, pour ainsi dire, en face d'une besogne toute faite. Le temps matériel lui eût d'ailleurs manqué pour réformer les projets, car les réunions n'avaient lieu que deux fois par mois. Le projet triomphait donc toujours. La loi semblait être faite par le Sénat, et on ne songeait pas à reprocher au prince de n'avoir pas convoqué les Comices. Auguste se dissimulait ainsi, suivant la remarque de M. Accarias, « derrière le Sénat, que tout disposait à la plus basse obéissance (1) ».

Il nous reste peu de chose des travaux législatifs du Sénat ainsi accomplis sous l'influence du prince et du Conseil et ayant trait au droit privé. On peut toutefois citer deux monuments : un sénatus-consulte sur le quasi-usufruit (2) ; et le sénatus-consulte Silanien relatif à la transmission des hérédités non acceptées (3).

9. — Le Conseil nous apparait donc jusqu'à présent comme une sorte de Commission législative préparant le travail du Sénat, analogue à la section de législation de notre Conseil d'Etat, et mieux encore au Conseil d'Etat du commencement du siècle, qui préparait et discutait à l'avance les lois, soumises ensuite à l'approbation d'une assemblée législative muette.

10. — Mais le Conseil ne prépare pas seulement les lois :

---

(1) Précis de droit romain, t. I. p. 42 (3e édit.).
(2) LL. 1, 3, 5, 11, D. de usufructu earum rerum. VII, 5.
(3) D. titre de S.-C. Sil. XXIX, 15.

il les fait, ou du moins le prince les fait avec lui. Lorsqu'Auguste voulait aller plus vite, ou qu'il craignait de rencontrer au Sénat quelque velléité d'opposition, il se contentait de faire préparer la décision par son Conseil, sans la soumettre au Sénat, et cette décision était acceptée comme une loi.

Auguste se servait ainsi du Conseil pour se substituer au Sénat, absolument comme il se servait du Sénat pour se substituer aux Comices.

Mais, pourrait-on dire, quel besoin Auguste avait-il, pour imposer sa volonté, de dissimuler derrière un Conseil? N'avait-il pas « l'imperium » qui lui permettait de faire des édits sans avoir besoin de tous ces détours ?

Il est facile de répondre. C'est tout d'abord une question que de savoir si « l'imperium » conférait un véritable pouvoir législatif. Ensuite, en admettant que cette question soit résolue affirmativement, on peut dire que l'exercice trop fréquent de cet « imperium » pour légiférer n'eût pas manqué d'exciter la défiance. On aurait pu crier à la tyrannie. Auguste avait à ménager l'opinion publique. Il devait sauver les apparences. Or, avec l'intervention du Conseil, la masse du public ne s'apercevait de rien. La loi pouvait encore paraître faite par le Sénat, parce que le principal élément du Conseil était une délégation du Sénat.

Auguste opérait ainsi, sans en avoir l'air, une révolution complète. Plus tard, lorsque le pouvoir impérial sera consolidé et que le sens politique du peuple romain aura cessé d'exister, les empereurs y mettront moins de façons, et on pourra dire tout haut : « Quod principi placuit, legis habet vigorem (1) ».

Les textes du Digeste nous indiquent quelques-unes des dispositions prises par Auguste sans le concours du Sénat.

(1) Gaïus, I, 6.

Nous citerons les suivantes :

Auguste permet aux militaires fils de famille de disposer de leur pécule castrense (1).

Il consacre la validité des codicilles (2).

Il défend aux femmes d'intercéder pour leur mari (3).

Il permet l'affranchissement par la vindicte des esclaves en Egypte (4).

Il sépare la cause de l'enfant de celle de la mère, lorsqu'il réclame la liberté en justice (5).

Il défend au père d'exhéréder son fils au service militaire (6).

Il déclare nulle la vente d'une chose litigieuse et frappe d'amende les contrevenants (7).

Enfin il modifie plusieurs points de la procédure criminelle (8).

11. — Il est assez difficile d'apprécier exactement le rôle du Conseil d'Auguste au point de vue administratif. On ne pourrait guère citer une mesure d'exécution ou d'administration qui se rattachât d'une manière spéciale à l'action du Conseil. Cependant, ce rôle a dû être important. Il était en effet naturel que le prince consultât son Conseil toutes les fois qu'il se trouvait en présence d'un cas difficile.

De plus, le Conseil dut être, en ce qui concerne l'administration comme en ce qui concerne la législation, un moyen pour Auguste de diminuer en fait l'influence du Sénat. Sans doute, les nombreuses magistratures dont Auguste était revêtu lui conféraient des pouvoirs d'une étendue considérable, mais

---

(1) Inst., II, 12.

(2) Inst., II, 25.

(3) Ulpien, l. 2. D. ad S.-C. Velleianum, XV, 1.

(4) Modestin, l. 21. D. de manumissis vindicta, XL, 2.

(5) Paul., l. 23. D. de liberali causa, XL, 3.

(6) Paul., l. 26. D. de liberis et posthumis, XXVIII, 2.

(7) Fragment. VIII, de jure fisci.

(8) Ulpien, l. 1. D. de quæstionbus, XLVIII, 18 ; et Paul., l. 8, Cod. — Paul, dans ce dernier texte, rapporte les termes mêmes de l'édit d'Auguste.

le Sénat avait conservé des attributions pour certaines matières, les finances, par exemple, et la religion. Quelle est la
limite de la compétence respective d'Auguste et du Sénat? Il
nous semble impossible de le dire. Il y avait sans doute beaucoup de confusion, comme il arrive toujours, dans les périodes
de transition d'un régime à un autre. Mais la tendance d'Auguste et de ses successeurs fut de restreindre autant que possible les prérogatives du Sénat. Or le Conseil fournissait à
Auguste un moyen facile d'arriver à ce but. Les textes de Dion
et de Suétone que nous avons cités plus haut ne distinguent
pas entre les matières administratives et la législation. Auguste
opérait pour l'administration comme en matière législative.
Quand il avait à prendre une mesure quelconque, ou bien il
la faisait décider par le Conseil, la présentant ensuite au Sénat,
qui n'avait pour ainsi dire plus qu'à s'incliner devant le fait
résolu sinon accompli; ou bien le Conseil était seul appelé à
délibérer, et on se passait ainsi du Sénat.

12. — Au point de vue judiciaire, le « Consilium principis »
paraît avoir été moins un instrument destiné à servir la politique
absorbante d'Auguste qu'un auxiliaire indispensable du prince
dans l'exercice de l'une de ses fonctions les plus importantes.

Auguste avait une juridiction soit à cause de ses nombreuses
magistratures, soit même à cause de la situation prépondérante qu'il occupait dans l'Etat. Les Romains ont en effet toujours considéré la juridiction comme un attribut attaché à la
première magistrature de l'Etat (1). La création de magistrats
plus spécialement judiciaires, comme les préteurs, n'avait pas
dépouillé les consuls de leurs pouvoirs.

D'ailleurs, l'institution de l'appel, déjà ancienne, s'était, dans
les derniers temps de la République, notablement développée.
Suétone (2) et Dion Cassius (3) nous apprennent que, sous

(1) Keller. Procéd. civ. trad. Capmas, § 1.
(2) Oct. 83.
(3) LII, 21, 33.

Auguste, il était admis qu'on pouvait, dans tout l'empire, appeler
de toute décision rendue par un magistrat quelconque à l'Empereur. Auguste confia le soin de juger les appels au préfet de
la ville pour les appels de Rome et de l'Italie, et à un consulaire
établi à Rome pour les appels venus des provinces. Mais quelquefois il retenait l'affaire pour la juger lui-même.

Or, c'était une habitude déjà ancienne qu'avaient les magistrats et les juges de s'adjoindre des assesseurs (1). Cette adjonction de conseillers n'était pas pour le juge une obligation
légale (2) ; mais on comprend les avantages qu'une telle coutume pouvait présenter. L'Empereur ne pouvait manquer de la
suivre. Et, en effet, plusieurs textes nous enseignent qu'Auguste ne jugeait pas seul (3).

L'historien juif Josèphe (4) nous dit qu'Auguste assisté d'un
Conseil jugea, en 750, un différend entre Archelaüs et Hérode
Antipas.

13. — Mais ici se pose une question importante.

Auguste, lorsqu'il rendait la justice, se faisait-il assister du
« Consilium » que nous avons vu naître et dans lequel entrait
une délégation du Sénat ; ou bien s'adjoignait-il un Conseil formé,
suivant les circonstances, de tels ou tels personnages et diffé-
remment composé pour chaque affaire ? Mommsen (5) admet
cette dernière opinion. M. Duruy (6) pense également qu'à côté
du « Consilium » tel que nous l'avons décrit, Auguste créa un
Conseil privé pour les affaires juridiques et contentieuses.

A vrai dire, les textes ne sont guère concluants sur ce point.
Josèphe, dans le passage que nous avons cité, dit simplement
que, pour juger l'affaire d'Archélaüs et d'Hérode Antipas,

---

(1) Cic. de Or. I, 37. Aulu-Gelle, XIV, 2.
(2) Cf. Mommsen. Manuel des ant. rom., 2e vol. p. 948.
(3) Suétone, Aug. 33.
(4) Bell. jud. II, 2 et 4.
(5) Loco cit., p. 948.
(6) Hist. des Romains, t. 2, p. 175.

Auguste réunit un grand conseil des principaux de l'empire, où Caïus César, fils d'Agrippa et de Julie, eut la première place. Mais il ne nous indique pas si ces principaux de l'empire étaient les membres du Conseil.

Toutefois, Dion Cassius semble plus formel. Et on peut s'autoriser de son témoignage pour soutenir que le « Consilium » avait des attributions judiciaires et qu'il assistait Auguste dans le jugement des procès. En effet, après avoir indiqué la composition du Conseil et après avoir parlé des délégués du Sénat désignés par le sort, l'historien ajoute qu'Auguste jugeait avec eux, « καὶ ἐδίκαζε μετ' αὐτῶν » (1). Cela nous paraît d'autant plus vraisemblable que le Sénat avait une juridiction propre (2), et il est à croire qu'Auguste ne manqua pas de se servir du « Consilium » pour s'approprier la compétence judiciaire du Sénat, comme il cherchait à s'approprier les autres attributions.

Nous corrigerons toutefois notre solution par la considération suivante. Ainsi que nous l'avons déjà dit, dans les matières judiciaires Auguste ajoutait aux membres ordinaires du Conseil, des conseillers extraordinaires, des jurisconsultes notamment, et c'est certainement l'adjonction de ces conseillers extraordinaires qui jette de l'obscurité sur notre question.

En résumé, au point de vue judiciaire, le « Consilium » sous Auguste a certainement joué un rôle. Il a été un véritable tribunal, mais dans lequel le prince faisait siéger à côté des membres titulaires et permanents, des citoyens dont la mission se terminait avec le jugement de l'affaire pendante.

Telles étaient, d'une manière générale, les attributions du « Consilium »

(1) Dion. LIII, 21.
(2) Tacite. Ann. XIV, 28. — L. 1, § 2. D. a quibus appellare non licet, XLIX, 3 ; L. 1 ; § 3 ; L. 21, § 1. D. de appell. XLIX, 1.

§ III. — *Caractère du Conseil.*

14. — Jusqu'à présent, nous avons supposé résolue une
difficulté sur laquelle il importe de revenir. Quel est le véritable caractère de l'institution du Conseil ? S'agit-il d'un Conseil purement privé, ou bien d'un Conseil officiel ayant sa place
marquée dans la Constitution ? Plusieurs auteurs, notamment
Haubold (1), n'ont vu dans le « Consilium » d'Auguste qu'un
conseil purement privé.

Nous avons déjà fait pressentir que nous n'admettions pas
cette opinion. Nous pensons que le « Consilium » d'Auguste est
un collège officiel, ayant sa place marquée dans la Constitution.
Et en effet, s'il s'agissait d'un simple Conseil privé, le prince
l'eût composé à sa guise. Or, nous savons que l'Empereur n'est
complètement libre que pour le choix des conseillers extraordinaires. Les membres permanents, lorsqu'il sont nommés par
lui, doivent être pris dans une catégorie, comme les membres
des magistratures. Et à côté de ceux-là, nous avons vu qu'il y
avait des membres de droit, les consuls. Enfin, comment expliquer, dans l'opinion contraire, que l'élément essentiel du
Conseil est constitué par une délegation du Sénat, dont les
membres sont choisis par le sort ?

Sans doute, le « Consilium » n'eut pas de pouvoir propre,
mais cette circonstance n'empêche pas qu'il ait eu un caractère
officiel. Pendant longtemps chez nous, le Conseil d'Etat n'a eu
aucun pouvoir propre, et cependant il n'a pas cessé d'exister
officiellement.

Il semble que les hésitations qui se sont produites à ce sujet
viennent de ce qu'on a confondu les membres du Conseil avec
les personnes qui entourent le prince et que les monuments
désignent par les expressions « Amici et Comites ».

(1) De cousistorio principum, p. 205 et 206, au moins pour la période
antérieure au S.-C. de l'an XIII.

Auguste avait en effet à côté de lui, comme nous l'avons dit au début, des familiers, des compagnons dont il faisait volontiers ses collaborateurs. L'institution du Conseil ne les fit pas évidemment disparaître, et il est probable qu'Auguste les appelait souvent à siéger à titre extraordinaire dans les séances du « Consilium ». Il pouvait se faire aussi qu'un conseiller ordinaire fût en même temps l' « amicus », le « comes » du prince ; mais cette qualité « d'amicus ou de comes », qui n'a rien d'officiel, qui caractérise simplement les relations affectueuses du prince et de tel personnage, ne se confond pas avec celle de conseiller.

15. — Nous devons signaler maintenant une réforme importante qui eut lieu en l'an 767 de Rome, qui correspond à l'an 13 de notre ère, et après laquelle toute hésitation sur le caractère du « Consilium » doit disparaître.

Nous citons le passage de Dion Cassius :

« En 767 de Rome, L. Mumatius et C. Silius étaient consuls
« désignés lorsqu'Auguste, bien qu'il fît semblant de s'en
« défendre, reçut une cinquième fois l'administration des
« affaires publiques pour un espace de 10 ans, et conféra de
« nouveau à Tibère la puissance tribunitienne, et à son fils
« Drusus le droit de demander le consulat dans trois ans, avant
« même d'avoir été préteur. Il demanda aussi, à cause de sa
« vieillesse qui le réduisait à ne plus venir que fort rarement
« au Sénat, vingt conseillers annuels ; car auparavant il s'en
« adjoignait quinze tous les six mois. Il fut, en outre, décrété
« que toutes les résolutions prises par lui, de concert avec
« Tibère, avec ses conseillers, les consuls en charge, les consuls
« désignés, ses petits-fils adoptifs et les autres citoyens qu'il se
« serait ajoutés chaque fois pour conseillers, auraient la même
« force que si le Sénat tout entier les avait sanctionnés. Lors-
« qu'une fois il eut d'un sénatus-consulte ce privilège qu'il
« possédait déjà en réalité, il donna parfois même, tout en res-

« tant couché, son avis sur la plupart des affaires qui lui étaient
« soumises (1). »

Nous disions au début que le « Concilium » ne fut pas créé par
un texte législatif ; nous voyons, au contraire, que la réforme
eut lieu. en vertu d'un sénatus-consulte.

Nous ne possédons pas le texte même, mais l'acte est intervenu. Et Dion remarque que ce sénatus-consulte ne fait que
confirmer expressément une situation préexistante.

Le doute n'est donc plus permis : le « Consilium principis » fait
partie de la Constitution. Non seulement il est un auxiliaire
du prince, pour l'administration et la justice, mais encore il
participe d'une façon régulière à l'exercice du pouvoir
législatif.

Nous avons à rechercher s'il a conservé longtemps le caractère que lui attribue le sénatus-consulte de l'an 13.

SECTION II.

LE CONSILIUM PRINCIPIS SOUS TIBÈRE.

SOMMAIRE.

16. Que le Consilium principis devait bientôt disparaître, mais qu'il subsiste cependant sous Tibère.
17. Composition du Conseil sous Tibère. Nombre des conseillers.
18. S'ils sont désignés par le sort.
19. S'ils sont pris dans les rangs du Sénat.
20. S'ils sont renouvelables tous les six mois ou tous les ans.
21. Attributions du Conseil : s'il avait des attributions judiciaires.
22. Disparition du Consilium.

16. — La naissance du « Consilium principis » n'avait pas eu
pour cause un besoin réel de l'Etat. Cette institution, bien que
reconnue officiellement, se rattachait, nous l'avons vu, à la
politique personnelle d'Auguste. Aussi ne survécut-elle pas

---

(1) Dion Cass. LVI, 28. Traduct. Gros continuée par Boissée. Paris, Didot,
1886.

longtemps à ce prince. Les institutions qui sont nées de causes politiques et accidentelles, subsistent toujours un certain temps après ces causes, mais elles finissent toujours par tomber. La situation politique sous Tibère n'était plus la même que sous Auguste. Le Sénat avait perdu toute énergie. Tibère n'avait plus en face de lui qu'une assemblée docile qu'il était facile de conduire. Aussi l'Empereur prit-il l'habitude de porter au Sénat toutes les affaires. Il savait qu'on ne lui ferait pas d'opposition. Tibère semble même avoir permis aux membres de cette assemblée d'avoir quelquefois une opinion personnelle, sachant bien que cela ne tirait pas à conséquence.

Toutefois Tibère, qui avait été accepté comme le successeur d'Auguste, suivit son exemple en demandant des conseillers. Examinons la composition et les attributions de ce Conseil.

17. — Au point de vue de la composition, si on compare le Conseil de Tibère à celui d'Auguste, on remarque à la fois des ressemblances et des différences notables.

Comme sous Auguste, le Sénat désigne les conseillers, ou du moins en désigne un certain nombre.

Suétone s'exprime ainsi : « Super veteres amicos ac familiares « viginti sibi e numero principium civitatis depoposcerat velut « consiliarios negotiis publicis(1). » Il faut remarquer l'expression « depoposcerat ». Il avait demandé avec instance, dit l'historien. Or, il ne pouvait demander des conseillers qu'au Sénat. C'est donc bien le Sénat qui les députe auprès de l'Empereur.

18. — Sont-ils, comme sous Auguste, désignés par le sort ? Il est permis d'en douter. Dion Cassius et Suétone, qui nous indiquent cette circonstance lorsqu'il s'agit du Conseil d'Auguste, ne disent rien en ce qui concerne le Conseil de Tibère. Comme à la fin du règne d'Auguste, ces conseillers sont au nombre de vingt.

19. — Mais ces vingt conseillers sont-ils pris, comme précé-

(1) Suétone, Tib. 30.

demment, dans les rangs du Sénat? Cela est fort douteux
Suétone dit qu'il s'agit de vingt citoyens pris parmi les premiers de la cité, mais il ne dit pas que ce sont des membres du
Sénat, ce qu'il ne manque pas de faire en parlant du Conseil
d'Auguste (1).

Dion Cassius, si précis lorsqu'il s'agit du Conseil d'Auguste,
s'exprime, en ce qui concerne le Conseil de Tibère, d'une manière encore plus vague que Suétone. « Puis il demanda des
citoyens pour partager avec lui le soin des affaires, » dit-il (1).
Peut-être un certain nombre, parmi ces vingt citoyens, étaient-
ils pris dans les rangs du Sénat. Mais il est certain que tous
n'étaient pas sénateurs. L'un d'eux, tout au moins, appartenait
à l'ordre équestre. C'était Séjan, préfet du prétoire, le même
qui plus tard fut mis à mort pour avoir conspiré contre
l'Empereur (3).

20. — Les conseillers étaient-ils, comme sous Auguste,
renouvelables tous les six mois ou tous les ans? C'est une
question qui semble devoir être encore résolue négativement.

Dion et Suétone, parlant des conseillers d'Auguste, disent
qu'ils sont nommés pour six mois ou un an; lorsqu'ils parlent
du Conseil de Tibère, ils sont muets sur cette règle du renouvellement semestriel ou annuel.

Séjan, qui fit partie du Conseil dès l'origine, était encore
conseiller lorsque Tibère le disgracia en l'an 31, et rien ne dit
qu'après sa première entrée, il ait été soumis à une désignation nouvelle.

21. — Occupons-nous maintenant des attributions. Les indications des auteurs sont assez vagues. « In negotiis publicis », dit
Suétone (4). Le Conseil s'occupait donc des affaires publiques,

(1) Suétone, Tib. 30.
(2) Dion Cass. LVII, 2.
(3) Suétone, Tib. 55.
(4) Suétone, Tib. 30.

ce qui indique, d'une manière générale, le gouvernement et l'administration.

Il semble, d'ailleurs, que la compétence du Conseil ait eu une limite territoriale. Dion s'exprime ainsi : « Puis il (Tibère) demanda des citoyens pour partager avec lui le soin des affaires et pour l'aider à gouverner non tout l'empire à la fois, ainsi que cela se pratique dans un gouvernement oligarchique, mais une des trois divisions qu'il établissait et dont il prenait une pour lui et cédait les deux autres. »

Le Conseil avait-il des attributions judiciaires ? Nous avons déjà remarqué, en ce qui concerne le Conseil d'Auguste, combien les textes manquaient de précision sur ce point. En ce qui concerne le Conseil de Tibère, ce défaut de précision est plus grand encore. Dion (1) nous apprend que Tibère rendait la justice avec des assesseurs, des conseillers, mais il ne nous indique pas si ces assesseurs étaient membres du Conseil. Le même auteur a d'ailleurs le soin de nous prévenir qu'après sa retraite à Caprée, Tibère rendit la justice seul et sans consulter personne.

22. — On voit, par ce qui précède, combien le Conseil de Tibère, quoique ayant une existence officielle, diffère de celui d'Auguste. Tibère, comme nous l'avons dit, n'ayant rien à craindre du Sénat, en avait fait son Conseil ordinaire. Le « Consilium principis », en tant qu'institution officielle, était donc plutôt un embarras qu'un auxiliaire.

Il ne pouvait subsister longtemps. La conspiration de Séjan fournit à Tibère l'occasion de le faire disparaître. Séjan avait probablement associé à ses desseins la plupart de ses collègues du Conseil. Aussi Tibère les fit-il presque tous périr, en même temps que Séjan, sous différents prétextes, dit Suétone.

Après cet événement, il n'est plus question du Conseil.

(1) Dion Cass. LVII, 2.

SECTION III.

SOMMAIRE

23. Comment le Conseil de l'Empereur devait renaître en tant que Con
seil privé. Idée nouvelle qui lui sert de base.
24. Etude de la période intermédiaire entre le moment où le Conseil dis
paraît sous Tibère et celui où il renaît sous Hadrien. — Division.
    a) Point de vue politique et administratif.
25. Sous Claude.
26. Sous Néron.
27. Sous Titus et sous Domitien. — Que le Sénat n'existe pas encore sous
Domitien à titre d'institution officielle et permanente.
28. Que les successeurs de Domitien se conformèrent à l'usage établi et
    prirent des conseillers.
    b) Point de vue judiciaire.
29. Que Claude s'entourait de conseillers pour rendre la justice.
30. Même pratique sous Néron. — Que les assesseurs de Néron ne sont
que des conseillers temporaires.
31. Développement de la justice impériale sous Titus, Domitien et Trajan. — En matière de procès civils.
32. En matière criminelle.
33. Que le Sénat avait une juridiction criminelle.
34. Résumé. — Conclusion.

23. — Après la mort de Tibère, deux raisons empêchèrent
le Conseil de se reconstituer. D'une part, en effet, le Sénat
ressaisit le pouvoir. Un texte de Dion Cassius (1) nous montre
qu'il redevint le Conseil public. D'autre part, Caligula renonça
au rôle de juge d'appel (2). Il n'y avait donc plus de place
pour un « Consilium principis » distinct du Sénat et tel que
nous l'avons étudié jusqu'à présent.

Le Conseil de l'Empereur devait toutefois renaître.

Un homme peut être considéré comme le seul chef de l'Etat ;
mais il ne peut accomplir sans une foule d'auxiliaires l'œuvre

(1) Dion Cass. LXIX, 6.
(2) Suét. Calig. 16.

si complexe du gouvernement. Non seulement il a besoin de magistrats, de fonctionnaires pour faire exécuter les résolutions prises ; il a besoin aussi de conseillers pour l'aider à former ces résolutions. Une maxime fondamentale de notre droit public français est que délibérer est le fait de plusieurs. Cette vérité est de tous les temps et de tous les pays. Chez les nations soumises aux régimes les plus despotiques, on trouve toujours auprès du maître, non pas seulement des exécuteurs, mais des conseillers, qui, sous des noms divers, amis, courtisans, compagnons, ministres, participent au gouvernement.

Il ne faudra donc pas s'étonner de trouver auprès des Empereurs romains qui suivirent Tibère, des amis, des conseillers, des familiers qui sont les collaborateurs du prince. Leur rôle grandit tous les jours, et ils finissent par former un collège lorsque le Sénat est tout à fait insuffisant.

L'idée politique qui avait servi de fondement au Conseil institué par Auguste a disparu. Le Conseil apparaîtra appuyé sur une idée différente. Nous le verrons renaître, non plus comme un moyen pour le prince d'absorber à son profit des pouvoirs rivaux, mais comme un organe destiné à remplir les fonctions que ces pouvoirs disparus n'accomplissent plus ou accomplissent mal.

L'évolution a mis plus de quatre-vingts ans à se produire. C'est seulement sous Hadrien que le Conseil commence à recevoir une organisation.

24. — Avant d'arriver à l'étude de notre institution sous Hadrien, il nous faut examiner rapidement la période intermédiaire.

Tous les Empereurs qui se sont succédé jusqu'à Hadrien ont eu des conseillers. Les textes qui nous permettent d'établir cette proposition sont assez nombreux.

Pour la commodité de notre exposition, nous nous placerons

d'abord au point de vue politique et administratif, ensuite au point de vue judiciaire.

25. — a) *Au point de vue politique et administratif.* — Sous Claude, le Sénat conserva sans doute, quelque temps, son rôle de « Consilium publicum » qu'il avait repris sous Caligula. Mais cela n'empêche pas qu'indépendamment du Sénat, l'Empereur n'ait eu des conseillers. Seulement, il accordait sa confiance à des personnes qui en étaient peu dignes. Suétone (1) et Pline (2) nous apprennent qu'il se laissait mener par des affranchis. Nous savons même par Tacite (3) que, voulant se marier, Claude réunit un Conseil d'affranchis et enjoignit à chacun d'eux d'émettre un avis motivé.

26. — Néron eut également des conseillers. On sait l'influence qu'exercèrent Sénèque et Burrhus. Sous cet Empereur, le Sénat perdit beaucoup d'importance. Tacite (4) nous raconte comment on agita au Sénat la question de savoir si on ne devait pas établir une loi pour permettre aux patrons de révoquer les affranchissements en cas d'ingratitude. Le Sénat n'osa se prononcer, ni même délibérer en l'absence du prince.

Ce fait est important à noter. Il prouve que dans la période où nous sommes, quoique les sénatus-consultes soient assez nombreux, le Sénat ne prenait à leur confection qu'une part res treinte. Au moyen de son Conseil, Auguste, comme nous l'avons vu, s'était réservé le droit d'initiative, et, sous lui, le Sénat n'intervenait que pour approuver sans discussion. Ce qui, sous Auguste, n'était qu'un fait, avait fini peu à peu par se trans former en droit. Les « orationes principis » étaient, au début, de simples rapports par lesquels l'Empereur présentait les projets au Sénat et demandait le vote de ces projets : déjà à notre époque, les « orationes » sont devenus de véritables ordres.

(1) Claude, 29.
(2) Panégyrique, 88.
(3) Annales, XII, 1.
(4) Annales, XIII, 26.

Le Sénat était donc subordonné au prince, mais celui-ci ne prenait guère de décisions sans avoir consulté divers personnages. Tacite nous rapporte que la question des affranchis fut soumise par le Sénat à l'Empereur, et que celui-ci consulta plusieurs personnes pour savoir s'il ferait la loi qu'on demandait: « Ille an auctor constitutionis fieret, inter paucos et sententiæ diversos consultare (1). »

27. — Les Empereurs suivants ne manquèrent pas de prendre, eux aussi, des conseillers. Suétone, en parlant de Titus, dit qu'il choisit des amis pour auxiliaires. L'historien ajoute que les successeurs de Titus suivirent son exemple. « Amicos elegit, quibus etiam post eum principes ut et sibi et reipublicæ acquieverunt præcipueque sunt usi (2). »

Nous savons par Pline (3) que, sous Domitien, le Sénat baisse de plus en plus. L'Empereur devient de plus en plus puissant, mais il n'agit qu'après avoir consulté des personnages importants. La satire IV de Juvénal nous permet d'affirmer que, dans les circonstances importantes ou qu'il considère comme telles, l'Empereur rassemble un Conseil pour l'aider à prendre une décision. Il y appelle ordinairement des sénateurs et des fonctionnaires, tels que le préfet de la ville, les préfets du prétoire, lors même qu'ils auraient appartenu à l'ordre équestre.

Toutefois, le passage de Juvénal auquel nous faisons allusion ne nous paraît pas avoir la portée que semble lui donner M. Cuq, l'auteur du savant Mémoire sur le « Consilium principis » indiqué dans notre Bibliographie.

« Un passage célèbre de Juvénal, dit M. Cuq, nous apprend
« quelle était à cette époque la composition du Conseil. Au
« premier rang figure le jurisconsulte Pegasus, préfet de la

---

(1) Tacite, Annales, XIII, 26.
(2) Suétone, tit. 7.
(3) Epîtres, VIII, 14. — Panégyrique, 62, 76.

« ville, puis des sénateurs au nombre de sept, enfin les deux
« préfets du prétoire Cornelius Fuscus et Crispinus (1). »

De cette phrase on pourrait conclure qu'il existait déjà à l'é-
poque de Domitien un Conseil organisé en collège et ayant une
composition fixe. C'est là une affirmation qui n'est pas suffisamment justifiée par le passage de Juvénal. Dans la satire IV, Juvénal raconte qu'un turbot monstrueux ayant été offert au prince,
celui-ci convoqua un Conseil pour délibérer sur la question de
savoir ce qu'on ferait du poisson. Le poète met en scène divers-
personnages. Ce sont Pegasus, préfet de la ville et jurisconsulte
éminent ; puis des membres du Sénat ; enfin Crispinus et
Cornelius Fuscus, préfets du prétoire, qui appartiennent tous
deux à l'ordre équestre. Mais ces divers personnages étaient-
ils membres permanents d'un Conseil organisé ? Il est permis
d'en douter.

> .... vocantur,
> Ergo in consilium proceres,

dit Juvénal ; et plus loin :

> Surgitur et misso proceres exire jubentur
> Consilio.

Ces expressions sont trop vagues, suivant nous, pour qu'on
puisse en tirer un argument en faveur de la thèse d'un Conseil
permanent. Le poète veut nous montrer à quel degré d'abais-
sement étaient arrivés les premiers citoyens de Rome. Il nous
montre les plus illustres délibérant au sujet d'un turbot ; mais
est-ce à dire que ces personnages font partie d'un Conseil
organisé, d'un collège permanent ? Rien dans la satire de
Juvénal n'autorise à l'affirmer. D'ailleurs, M. Cuq lui-même,
dans un autre passage de son Mémoire (p. 325), est beaucoup
moins affirmatif que dans les lignes précédemment citées.
Après avoir étudié l'histoire du « Consilium » dans la période

(1) Cuq. Mémoire, p. 322-323

qui nous occupe, il dit : « Mais ce Conseil a-t-il toujours con-
« servé le caractère qu'il avait sous Auguste et sous Tibère ?
« Est-ce une délégation du Sénat ? Il n'y a pas de témoignage
« positif qui permette de l'affirmer. »

28. — Les successeurs de Domitien continuèrent évidemment
à consulter ceux qui pouvaient leur être utiles, ainsi que nous
l'a déjà appris Suétone (1). La correspondance de Pline vient
corroborer le témoignage de Suétone. Pline (2) nous apprend
que l'Empereur avait recours aux lumières de différents personnages pour l'administration des provinces.

29. — b) *Au point de vue judiciaire.* — Mais c'est surtout au
point de vue judiciaire que les Empereurs s'entourent d'avis
et de conseils. Dans notre période, la justice impériale grandit
tous les jours.

Caligula avait concédé aux magistrats le droit de juger sans
appel. Mais cette abdication par la puissance impériale du droit
de juger les appels ne fut pas de longue durée. Dion Cassius
nous apprend en effet que Claude rendait la justice presque
tous les jours, la plupart du temps sur le Forum, quelquefois
dans un autre endroit (3). L'Empereur consacrait beaucoup de
temps à l'examen des affaires, et, dans ses jugements, il se con-
formait volontiers à l'équité, s'écartant quelquefois de la rigueur des principes (4).

Mais il ne jugeait pas seul. Parfois il statuait avec le Sénat
tout entier ; le plus souvent il s'entourait de conseillers. Ces
conseillers changeaient d'affaire en affaire. Mais, en matière judiciaire, Claude choisissait mieux qu'en matière politique et
administrative. Au lieu de prendre des auxiliaires parmi des
affranchis, il les prenait parmi les fonctionnaires les plus élevés,

---

(1) Tit 7.
(2) Ep. IV, 22.
(3) Dion Cass. LX, 4.
(4) Suétone, Claude, 14.

tels que les consuls et les préteurs ; souvent aussi il consultait les préposés au Trésor public (1).

30. — Néron rendait aussi la justice, et se faisait assister par des conseillers. Mais le texte de Tacite, qui nous permet d'affirmer cette proposition, nous indique en même temps que ces conseillers n'étaient pas encore membres d'un tribunal permanent. C'étaient simplement des amis appelés temporairement à éclairer le prince de leurs conseils.

En effet, nous lisons dans Tacite (2) que Néron voulant perdre Octavie qu'on accusait d'adultère, et ne pouvant rassembler contre elle des témoignages suffisants, fit venir Anicetus, l'assassin d'Agrippine, et le détermina par des promesses et des menaces à faire contre Octavie un faux témoignage en présence de plusieurs amis qu'il avait réunis, dit Tacite, comme en Conseil. « Ille (Anicetus) apud amicos, quos velut consilio « adhibuerat princeps. » Néron ne se rangeait pas toujours à l'opinion de ceux qu'il consultait. Il se faisait remettre par eux, nous dit Suétone (3), un avis écrit et motivé. Puis il dépouillait seul et en secret ces sortes de votes, et il rendait la sentence qu'il voulait.

Les successeurs immédiats de Néron, Galba, Othon et Vitellius, semblent avoir été beaucoup plus occupés de leurs plaisirs que des affaires publiques. Vitellius, nous dit Tacite, agissait comme au milieu d'hommes ivres.

31. — Mais sous Titus, Domitien et Trajan, la justice impériale prit un développement considérable. Sous ces Empereurs, le Conseil, bien que n'ayant pas encore une organisation fixe, acquiert une très grande importance.

La justice impériale se développe à deux points de vue, au point de vue civil et au point de vue criminel.

L'influence des Empereurs en matière de procès civils grandit

(1) Dion Cass. LX, 4.
(2) Annales, XIV, 62
(3) Suétone, Ner. 15.

moins vite qu'en matière de procès criminels. Toutefois, dans notre période, les Empereurs se prononcent quelquefois en matière civile. Nous avons dit (suprà, n° 12) que l'Empereur était sollicité par les particuliers à juger en appel ; mais ce n'est pas seulement en appel que l'Empereur joue le rôle de juge : il statue aussi en première instance.

Ce pouvoir de juger les procès civils en première instance ne pouvait être légalement contesté aux Empereurs. Indépendamment des magistratures dont ils étaient revêtus et qui leur donnaient compétence, la « lex Regia », c'est-à-dire la loi qui les investissait du pouvoir suprême, leur donnait certainement le droit d'évoquer à leur tribunal la connaissance des procès civils. Mais ils ne procédèrent pas brusquement. Ils ne dépouillèrent pas tout d'un coup les anciens magistrats de leurs prérogatives, et ils profitèrent habilement d'une situation créée par le progrès même du droit.

A l'époque où nous sommes, le système de la procédure formulaire est en pleine vigueur. Or, au fur et à mesure que le droit avait perdu de sa rigueur ancienne et que l'équité avait pénétré dans l'esprit des Prudents, certaines situations avaient été créées auxquelles il était impossible d'appliquer le mécanisme du système formulaire et où cependant il était indispensable de faire intervenir l'autorité.

En premier lieu, le progrès du droit avait rendu possibles des différends entre personnes qui ne pouvaient avoir ensemble un véritable procès: telles que le maître et l'esclave ; les enfants et les parents. Sous Auguste ou sous Néron, une loi avait en effet décidé qu'un maître ne pourrait sans raison livrer son esclave aux bêtes féroces (1). Plus tard, sous Claude, on avait décidé que si le maître abandonnait son esclave malade au lieu de le soigner, cet esclave deviendrait Latin-Junien. Enfin, il avait été admis que dans certains cas les enfants pou-

---

(1) L. 11, § 2, D. ad leg. Cornel. de Sic. XLVIII, 8.

vaient se plaindre de leurs parents (1). Il fallait donc, dans ces circonstances, qu'une autorité intervînt, en dehors des règles ordinaires, et il était naturel qu'on s'adressât à l'Empereur.

En second lieu, il y avait des situations qui n'étaient ni prévues par le droit civil, ni par le droit prétorien, et où l'intervention d'un magistrat pouvait être nécessaire. C'est lorsqu'il s'agissait de certains devoirs de conscience qui avaient fini par être transformés en obligations légales. On peut citer les fidéicommis et la dette alimentaire (2).

Dans ces divers cas, il y avait lieu à une « cognitio extraordinaria », c'est-à-dire à une procédure extraordinaire où l'Empereur intervenait. Souvent il déléguait à un magistrat la connaissance de ces affaires. Souvent aussi il les examinait lui-même. Et il arriva que, sous le couvert de ces « cognitiones extraordinariæ », les Empereurs jugèrent aussi des matières qui auraient parfaitement pu être tranchées suivant les règles ordinaires.

Le mouvement avait déjà commencé, comme nous l'avons vu, sous les premiers Empereurs. Sous Domitien, il semble s'accentuer. Suétone nous dit que Domitien jugea souvent des « cognitiones » : « Jus diligenter dixit, plerumque in foro pro « tribunali extraordinem » (3).

Or, pour ces jugements, Domitien ne manquait pas de s'entourer de conseillers. Nous savons déjà par Juvénal qu'il consultait des jurisconsultes, tels que Pegasus, et des fonctionnaires d'un ordre élevé, tels que les préfets du prétoire. C'est surtout au point de vue judiciaire qu'il devait consulter ces personnages versés dans la connaissance des lois. Il semble même que Domitien se déterminait dans le choix de ses assesseurs plutôt par la considération de leur mérite personnel et

---

(1) L. 5, D. Si a parente quis manumissus sit, xxxvii, 12.
(2) Titre D., de agnoscendis et alendis liberis, xxv, 3.
(3) Suétone, Domit. 8.

de leur science que par la considération de leur situation sociale. Les deux préfets du prétoire auxquels Juvénal a fait allusion (suprà, nº 27) étaient de l'ordre équestre. En outre, une inscription (1) nous rapporte un jugement de l'Empereur du 19 juillet 82, rendu avec l'assistance de chevaliers: « adhibitis « utriusque ordinis splendidis viris cognita causa ».

La sagesse des conseillers du prince et, par suite, la sagesse des décisions rendues firent que les particuliers s'habituèrent peu à considérer le tribunal de l'Empereur comme digne d'une confiance particulière. On préféra être jugé par le prince dans la forme « extra ordinem » que d'être jugé par le magistrat et le « judex » suivant les règles ordinaires. Les parties suppliaient l'Empereur de trancher lui-même leurs différends, si bien qu'à une certaine époque, vers la fin du IIIᵉ siècle, la procédure « extra ordinem » était devenue la plus fréquente.

32. — Au point de vue des procès criminels, le mouvement fut plus rapide.

A la fin de la République, ce que nous appellerions aujourd'hui la juridiction ordinaire et le droit commun en matière criminelle, c'étaient les « quæstiones perpetuæ ».

Ces « quæstiones » étaient des commissions composées de plusieurs « judices » présidés par un préteur ou par un « quæsitor » ou « judex quæstionis ». Instituées à l'origine pour juger des crimes, déterminées, elles s'étaient multipliées et avaient vu s'élargir le cadre de leurs attributions au fur et à mesure qu'il devenait plus difficile de réunir les Comices par centuries ou par tribus qui jugeaient antérieurement les crimes et délits, sous la direction des « duumviri perduellionis », des « quæstores parricidii » et surtout du « pontifex maximus ».

Or les « quæstiones perpetuæ », dès notre époque, étaient tombées en discrédit, et souvent les accusés sollicitaient l'Empereur de juger leur cause. La correspondance de Pline nous

---

(1) Mommsen. Corpus inscr. lat. IX, 5420.

en donne la preuve. La lettre xxxi du livre IV est précieuse
pour l'histoire du « Consilium ». Elle nous montre l'importance
de la juridiction impériale en matière de procès criminels ;
elle nous indique que l'Empereur s'entourait des hommes les
plus distingués de son temps, et que c'était un grand honneur
d'être appelé au Conseil ; enfin elle nous permet d'affirmer que,
sous Trajan, le Conseil n'a pas encore d'organisation. Chaque
fois qu'il y avait à juger une affaire ou une série de plusieurs
affaires, l'Empereur réunissait auprès de lui, dans son palais,
un certain nombre de personnages, et travaillait avec eux à
rendre la justice. C'était comme une sorte de session d'assises.
Pline nous apprend qu'il a été appelé au Conseil : « Evocatus
in Consilium à Cæsare nostro » (1). Le premier jour, on jugea
un certain Claudius Ariston qui fut absous. Pline ne nous dit
pas de quel crime il était accusé. Le second jour, on jugea un
procès d'adultère ; enfin le troisième jour fut consacré à
l'examen d'une affaire de faux. Les héritiers d'un certain Tiron
accusaient Sempronius Senecron, chevalier romain, et Euryth-
mus, affranchi de l'Empereur, d'avoir falsifié les codicilles de
Tiron. C'est sur la prière des accusés que l'Empereur avait
conservé la connaissance de l'affaire. Pline raconte avec quel
soin on procéda à l'examen de ces divers procès : « Vides quam
« honesti, quam severi dies ». Le caractère temporaire de ce
Conseil est bien démontré par certaines circonstances. Le
prince admettait les conseillers à sa table ; il leur procurait des
distractions, faisant jouer la comédie devant eux. Enfin, dernier
trait, avant le départ des conseillers, Trajan leur remit des
présents. « Adhibebamur quotidie cœnæ ; erat modica, si prin-
« cipem regitares. Interdum ἀκροάματα audiebamus ; interdum
« jucundissimis sermonibus nox ducebatur ; summo die abeun-
« tibus nobis (quam diligens in Cæsare humanitas). »

33. — La même correspondance de Pline nous montre que

(1) Pline, Ep. vi, 31.

le Sénat avait, lui aussi, une certaine compétence en matière
de procès criminels (1).

Il était notamment appelé à se prononcer sur les accusations
de concussions dirigées contre les gouverneurs des provinces
sénatoriales. D'ailleurs il semble que l'ordre et la sagesse qui
présidaient à l'examen des causes portées devant l'Empereur
ne se rencontraient pas toujours dans le Sénat. « Solet esse
« gaudio tibi, si quid actum est in Senatu dignum ordine illo »,
dit Pline à Arrien (2), ce qu'on pourrait traduire : Vous avez
coutume de montrer de la joie lorsque par hasard il se passe
dans le Sénat quelque chose digne de cette assemblée. Et il
lui raconte un procès où le Sénat jugea bien. La lettre XIII du
liv. VI peut être citée dans le même sens. Enfin la lettre XX du
liv. III est plus explicite, et montre que les séances du Sénat
n'étaient pas toujours bien remplies. Il ne faut donc pas s'é-
tonner si les accusés préféraient la justice de l'Empereur
non seulement à celle « des quæstiones perpetuæ », mais
aussi à celle du Sénat.

C'est ainsi que la cause de Varenus, d'abord soumise au
Sénat, fut ensuite soumise au prince (3).

34. — En résumé, depuis Tibère, les Empereurs n'ont
jamais cessé de consulter certaines personnes pour le gouvernement et l'administration de l'Etat ; ils ont toujours pris des
assesseurs pour rendre la justice. Mais il n'existe pas encore
un Conseil organisé et faisant partie de la Constitution
romaine.

---

(1) Pline, Ep. II, 11 ; III, 4 ; IV, 9 ; V, 20 ; VII, 6, 10.
(2) Pline, Ep. II, 11.
(3) Pline, Ep. VII, 6.

CHAPITRE II.

LE CONSILIUM PRINCIPIS D'HADRIEN A DIOCLÉTIEN.

SECTION Ire.

HISTOIRE DE LA FORMATION DU CONSEIL.

SOMMAIRE.

3

35. — L'étude de la période à laquelle nous arrivons nous montrera la naissance du Conseil des Empereurs en tant qu'institution officielle et permanente. Le Conseil va être organisé en collège : il va devenir un des rouages de la Constitution. L'autorité impériale grandissait tous les jours. Mais, en même temps que le pouvoir impérial se développait, les devoirs du prince devenaient plus nombreux, ses travaux plus compliqués. Nous avons vu quelle extension avait prise, dans la période précédente, la justice impériale. Le mouvement continue pendant la période actuelle. Quant à l'œuvre du gouvernement proprement dit, elle devient de plus en plus complexe. Et les Empereurs ont plus que jamais besoin d'auxiliaires. Avant Hadrien, ces auxiliaires étaient pris dans le cercle des familiers, « amici « et comites » ; mais déjà, au début de la période actuelle, le nombre assez restreint de ces courtisans ne suffisait plus pour que le prince pût recruter exclusivement parmi eux le personnel de ses collaborateurs.

Si les Romains n'ont guère connu la séparation des pouvoirs, la loi de la division du travail s'est imposée à eux comme elle s'impose à tous. Or qui dit division dit spécialisation. Il fallut donc faire appel aux hommes dont les aptitudes et les connaissances spéciales pouvaient assurer le bon accomplissement des opérations diverses du gouvernement.

Veut-on un exemple de l'importance qu'avaient prise peu à peu certaines fonctions et de la division qui s'était opérée ? L'organisation de la chancellerie impériale va nous le fournir. Nous avons déjà fait allusion à cette chancellerie en parlant du Conseil d'Auguste. Ce prince avait quelques secrétaires qui suffisaient à toute la besogne ; les secrétaires étaient des esclaves ou des affranchis. Or, à l'époque d'Hadrien, nous trouvons des bureaux complètement organisés, des « scrinia ». Chaque bureau a sa compétence propre. A la tête est un chef portant un titre spécial, et ce chef est choisi par l'Empereur dans les rangs des chevaliers.

Nous aurons, dans le courant de cette étude, l'occasion de voir grandir sans cesse l'importance de ces bureaux, qui finirent par correspondre aux bureaux de nos ministères.

Les différents offices de la chancellerie, confiés primitivement à des esclaves, sont peu à peu devenus des fonctions publiques, souvent remplies par des personnages considérables.

Or ce qui s'est produit pour les bureaux se produisit aussi pour les Conseils. Dans la période précédente, ceux qui étaient appelés au Conseil de l'Empereur, l'étaient d'une manière temporaire ; dans la période actuelle, ils le sont d'une façon permanente. Ils étaient des citoyens investis d'une mission passagère : ils deviennent des fonctionnaires chargés d'un service permanent.

36. — Mais cette transformation ne fut pas le résultat d'un acte unique. La genèse du Conseil impérial comprend trois phases distinctes. La première se place sous Hadrien ; la seconde, sous Septime Sévère ; la troisième, sous Alexandre Sévère.

Essayons de déterminer la part qui revient à chacun de ces Empereurs dans l'œuvre commune.

I. — Le Consilium principis sous Hadrien.

37. — Le rôle d'Hadrien au point de vue de la formation du Conseil peut se résumer dans la proposition suivante : Hadrien eut, comme tous ses prédécesseurs, des conseillers. Un certain nombre de ces conseillers permanents sont des jurisconsultes.

Développons maintenant cette thèse.

Dion Cassius nous apprend qu'Hadrien essaya de gouverner avec l'aide du Sénat. « Il ne prenait, dit l'historien, qu'avec la « participation du Sénat les mesures les plus importantes et les « plus nécessaires (1). »

Mais, indépendamment du Sénat, l'Empereur eut des conseillers, soit pour l'aider à rendre la justice, soit pour statuer, en matière administrative, sur des matières qui, pour une raison quelconque, ne pouvaient être portées devant le Sénat.

Plusieurs des Empereurs précédents ne s'étaient pas toujours montrés fort sévères dans le choix de leurs conseillers. Nous savons que Claude, par exemple, se laissait mener par des affranchis. Hadrien au contraire, suivant l'exemple de Trajan, s'efforça de s'entourer des personnages les plus instruits et les plus honnêtes. Ce qui fait la force d'un gouvernement, c'est souvent moins la logique de son principe que le talent et les vertus des hommes qui remplissent les magistratures. Hadrien l'avait compris. Il voulut prendre comme auxiliaires ceux-là qui étaient capables de bien remplir une fonction. Spartien nous apprend qu'il évita surtout les affranchis : « Libertos suos nec « sciri voluit in publico, nec aliquid apud se posse, dicto suo

(1) Dion Cass. LXIX, 7.

« omnibus superioribus principibus vilia imputans libertorum,
« damnalis omnibus libertis suis quicumque se de eo jactave-
« rant (1). »

L'organisation nouvelle donnée aux bureaux témoigne de ce
soin qu'Hadrien prit d'éloigner les affranchis. Il leur retira l'office
d' « ab epistolis » et d' « a libellis» : il fit de cet office une fonction et la confia à des chevaliers : « ab epistolis et 'a libellis pri-
« mus equites romanos habuit » (2).

Nous connaissons la pensée qui guida l'Empereur dans le
choix de ses conseillers. Nous savons aussi que l'Empereur use
de ces conseillers pour des affaires politiques, administratives,
juridiques et contentieuses. Nous pouvons maintenant rechercher quelles personnes étaient appelées à donner des avis.

Tout d'abord, au nombre des conseillers du prince se trouvent
ses amis et ses compagnons (3). Nous y voyons aussi un certain
nombre de sénateurs choisis parmi les plus considérables : « Op-
« timos quosque de Senatu in contubernium imperatoriæ majes-
« tatis adscivit », dit Spartien (4). L'Empereur prend aussi l'avis
des magistrats, comme les consuls et les préteurs : « causas Romæ
« atque in provinciis frequenter audivit, adhibitis consilio suo
« consulibus atque prætoribus et optimis senatoribus » (5).

Il consulte encore des chevaliers lorsqu'il s'agit d'affaires
contentieuses; mais il ne les appelle jamais à juger des sénateurs. « Equites romanos nec sine se de senatoribus nec secum
« judicare permisit. Erat enim tunc mos, ut quum princeps cau-
« sas cognosceret et senatores et equites romanos in Consilium
« vocaret, et sententiam ex omnium de liberatione proferret (6). »

Enfin Hadrien s'entoure des avis de jurisconsultes (7).

(1) Spartien, Hadr. 8.
(2) Spartien, Hadr. 22.
(3) Spartien, Hadr. 17.
(4) Spartien, Hadr. 8. — Dion Cassius, 69, 7.
(5) Spartien, Hadr. 22.
(6) Spartien, Hadr. 8.
(7) Spartien, Hadr. 17.

Tels sont les différents personnages auprès desquels le prince
prend des avis

Nous devons maintenant, pour prouver l'exactitude de notre
thèse, démontrer deux propositions : .

1° Les personnages autres que les jurisconsultes, appelés au
Conseil de l'Empereur, ne sont pas encore des fonctionnaires
ayant la mission spéciale et continue de donner des avis au
prince ;

2° Les jurisconsultes au contraire sont investis d'une charge
permanente.

38. — Reprenons la première de ces deux propositions. Les
conseillers autres que les jurisconsultes ne sont pas encore
des fonctionnaires.

Il y a tout d'abord une catégorie de personnes pour lesquelles
la question ne se pose pas. Nous voulons parler des préteurs et
des consuls. L'Empereur, lorsqu'il rend la justice, les prend souvent comme assesseurs, et par suite leur demande des avis ; mais
ce sont là des conséquences naturelles de leur fonction de
consul ou de préteur et qui n'impliquent en rien la qualité de
conseiller permanent. Ce qu'il y a de permanent pour eux, c'est
la charge de préteur ou de consul, non la qualité de conseiller.

La question ne se pose vraiment que pour les sénateurs dont
parle Spartien dans le passage déjà cité : « Optimos quosque de
Senatu in contubernium imperatoriæ majestatis adscivit. » L'expression « contubernium » signifie, suivant l'explication qu'en
ont donnée Casaubonus et après lui Haubold (1), assemblée pour
délibérer sur les affaires publiques. Nous savons donc, par ce
texte de Spartien, qu'Hadrien adjoignit à son Conseil rassemblé
pour les affaires publiques les principaux des sénateurs.

Mais est-ce à dire que ces sénateurs sont investis par là même
d'une fonction spéciale et permanente ? Nous ne le croyons pas,
et le texte nous paraît beaucoup trop vague pour qu'on puisse

(1) Page 218.

émettre une pareille affirmation. Hadrien prit des conseillers comme tous ses prédécesseurs ; il les choisit dans les rangs du Sénat, comme avaient fait encore ses prédécesseurs. Le texte ne dit rien de plus, et si la mesure d'Hadrien avait constitué une innovation aussi importante que celle de créer pour ces sénateurs une fonction spéciale, l'auteur n'aurait probablement pas manqué de nous en avertir. Le même Spartien, dans un autre texte déjà cité (1), indique aussi que l'Empereur appelle des sénateurs pour l'assister dans les jugements ; mais là encore il n'y a rien qui puisse faire même soupçonner que l'Empereur confère aux sénateurs ainsi appelés à siéger, une fonction permanente. L'auteur nous indique la continuation pure et simple d'un fait antérieur ; il ne signale aucune réforme. On peut faire une observation identique pour un texte de Dion Cassius (69, 7).

Les textes sont donc muets sur le caractère permanent des conseillers. Ce silence doit être interprété en faveur de notre thèse, puisque celle-ci consiste à dire que sur le point actuellement discuté Hadrien ne fit aucune innovation.

Mais nous pouvons faire valoir des arguments d'un caractère plus positif. Lorsque le Conseil fut définitivement organisé, les membres, devenus des fonctionnaires, furent désignés par un nom spécial : les « consiliarii ». Or ce titre de « consiliarius » ne se rencontre qu'à partir de Septime Sévère. Lorsqu'un personnage était appelé au Conseil de l'Empereur, on disait qu'il était « evocatus in consilium », ou bien encore « adsumptus in consilium » (2), expression qui prit dans la suite un sens un peu différent. Le titre de « consiliarius » se trouve pour la première fois dans les ouvrages d'Ulpien qui vivait au troisième siècle (3) et dans les inscriptions de la même époque (4).

(1) Spartien, Hadr. 22.
(2) Pline, Ep. VI, 31.
(3) L. II, § 2, D. de minoribus XV annis, IV, 4.
(4) Mommsen. Corp. inscr. lat. VI, 1634 ; X, 6662. Cette dernière inscrip-

Enfin, comme dernière raison, nous ferons remarquer que les
conseillers ne furent salariés qu'à partir de Septime Sévère. C'est
ce que nous apprennent les deux inscriptions déjà citées.

Tels sont les arguments que nous invoquons. Nous devons
maintenant répondre à une objection qui pourrait nous être
faite. Certains auteurs ont cru voir dans un passage d'Aurelius Victor, la preuve que le Conseil avait été complètement or·
ganisé en collège, et que par suite l'office de conseiller devint,
même pour ceux qui n'étaient pas jurisconsultes, une charge permanente. M. Charreyron (1) s'exprime ainsi : « Depuis ce règne
« (le règne d'Hadrien), l'office de conseiller du prince devint une
« véritable charge, comportant certains degrés, permanente et
« entraînant diverses prérogatives que nous étudierons tout à
« l'heure. Ce qu'il importe de constater, c'est l'existence officielle
« du « Consilium principis » sous Hadrien ; elle nous est formel-
« lement attestée par un passage d'Aurelius Victor. » Puis l'auteur cite le passage, qui est ainsi conçu : « Officia sane publica
« et palatina necnon militiæ in eam formam statuit quæ paucis
« per Constantinum immutatis hodie perseverat » (2).

Il nous semble que ce texte d'Aurelius Victor est bien vague et
qu'il se rapporte trop indirectement au « Consilium principis »
pour qu'on en puisse tirer un argument d'un grand poids. Aurelius Victor nous apprend que Constantin changea peu de chose
à l'organisation des charges publiques, militaires et impériales
établie par Hadrien. Mais dire qu'il y eut peu de changements
après Hadrien, c'est dire qu'il y en eut cependant quelques-uns.
Et, d'ailleurs, le texte ne résout en aucune façon la question de
savoir si le « Consilium » fut organisé par Hadrien ou bien par

tion est probablement du temps du Septime Sévère. Dans tous les cas, elle
n'est pas antérieure à l'année 185, car l'Empereur y porte le nom de Pius
Felix Augustus. Or c'est Commode qui a le premier porté ce titre de Felix,
après la mort de Perennis arrivée en 185. Cf. Cuq, Mémoire, p. 355, et Ca-
gnat, Cours élém. d'épigraphie latine, p. 101.

(1) Page 33 de l'Étude citée dans notre bibliographie.

(2) Aurelius Victor, Epitome Ælius Hadrianus, 4.

ses successeurs. Ceux-ci en effet ont parfaitement pu laisser subsister les règles établies par Hadrien à l'occasion des fonctions publiques ; mais ils ont pu aussi créer des fonctions nouvelles inconnues sous Adrien.

Nous acceptons d'ailleurs une partie des idées de M. Charreyron. Lorsqu'il dit que le « Consilium principis » eut sous Hadrien une existence officielle, nous sommes avec lui. Seulement, tandis qu'il ne fait aucune distinction entre les différents personnages qui figurent au « Consilium », nous plaçons les jurisconsultes dans une catégorie à part, et nous disons : eux seuls constituent, sous Hadrien, la section permanente du « Consilium « principis ».

39. — La première partie de notre thèse se trouve ainsi justifiée ; il reste à démontrer que les jurisconsultes sont investis d'une charge continue.

Cette seconde proposition résulte du texte suivant de Spar- « tien (1) : Quum judicaret, in Consilio habuit non amicos suos « aut comites solum, sed jurisconsultos et præcipue Julium Cel- « sum, Salvium Julianum, Neratium, Priscum aliosque quos tamen « Senatus omnis probasset. » L'auteur, en nous donnant les noms des principaux jurisconsultes auxquels le prince demande des avis, montre bien qu'il s'agit de jurisconsultes attitrés et aux lumières desquels le prince a recours chaque fois qu'il en a besoin. La désignation nominale de ces jurisconsultes ne se comprendrait plus s'il s'agissait simplement de personnages appelés à délibérer dans une affaire particulière et dont la mission se terminerait avec cette affaire. L'auteur nous dit ensuite que ces jurisconsultes recevaient du Sénat une sorte d'investiture. Le Sénat approuvait leur nomination. Il est impossible, en présence de cette règle signalée par Spartien, de ne pas reconnaître à la mission confiée à ces jurisconsultes le caractère d'une charge permanente.

(1) Spartien, Hadr. 17.

Toutefois, il ne faut pas exagérer cette proposition. Ce serait une erreur de croire que la réunion de ces jurisconsultes, conseillers permanents, forme sous Hadrien un corps constitué ayant sa place dans la Constitution. La marche de notre institution ne fut pas aussi rapide. La situation des jurisconsultes conseillers est assez analogue à celle qui est faite de nos jours à certains avocats accrédités auprès des différents ministères et de certaines administrations. Ce n'est que peu à peu que la mission de conseillers se transforme en une charge publique. Nous verrons plus tard que les conseillers furent dispensés de la tutelle, comme tous ceux du reste qui remplissaient une fonction près du prince. Or la question de dispense de tutelle se présente pour la première fois pour le jurisconsulte conseiller Arrius Menander, contemporain de Caracalla, c'est-à-dire postérieur à Hadrien de près de quatre-vingts ans (1). En résumé donc, sous Hadrien, le Conseil commence à s'organiser d'une manière fixe : il comprend un certain nombre de jurisconsultes. Ces jurisconsultes se distinguent des autres conseillers par deux traits : leur nomination est soumise à une sorte d'homologation du Sénat, tandis que pour les autres la volonté impériale est souveraine ; les jurisconsultes ont une fonction permanente ; les autres n'ont qu'une mission temporaire.

40. — Cette distinction doit-elle être poussée plus loin ? Et si nous nous plaçons maintenant au point de vue des attributions, faut-il distinguer entre la section permanente de jurisconsultes et le reste des conseillers ?

L'affirmative a été soutenue par Haubold. Cet auteur distingue dans le « Consilium principis » deux Chambres : l'une chargée d'éclairer le prince sur les questions relatives au gouvernement et à l'administration, l'autre, celle des jurisconsultes, chargée d'examiner les affaires contentieuses et juridiques : « In ea equi- « dem versor opinione, dit-il (p. 231), fuisse iam ab Hadriani

---

(1) L. 11, § 2. D. de minoribus vigintique annis, IV, 4.

« ætate, et postea perpetuo obtinuisse duplex consilii impera-
« torii genus ; alterum, quod cum principe solam publicorum
« negotiorum curam participaret, et summa ejus familiaritate
« uteretur, alterum quod caussis tantum cognoscendis legibus-
« que sanciendis, quatenus earum rogatio ad sanctius Consi-
« lium haud pertineret, vocaret. » Le Conseil pour les affaires
publiques, c'est le « Consilium » appelé plus tard « Consisto-
« rium » ; le Conseil pour les procès et pour les lois, c'est
« l'Auditorium ». En général, les auteurs qui se sont occupés du
« Consilium principis » rejettent cette opinion. Bethmann-
Holweg notamment l'a combattue (1), et depuis lui on considère
comme absolument erronée la distinction d'Haubold (2).

Nous devons examiner cette controverse avec quelque détail.

Avant d'entrer en matière, nous ferons une observation.
Haubold ne distingue pas suivant les époques. Son opinion se
réfère à l'ensemble de l'histoire du « Consilium ». Les autres
auteurs ont agi de même. Il nous semble au contraire qu'il
faut tenir compte de la différence des temps. Mais, pour ne
pas scinder la question, et bien que nous étudiions ici d'une
manière spéciale le « Consilium principis » sous Hadrien, nous
traiterons, pour n'y plus revenir, la question dans son entier.

Exposons d'abord les arguments fournis par Haubold en
faveur de sa thèse (3).

Ces arguments sont tirés de différents textes dans lesquels
notre auteur croit voir la distinction formellement établie.

C'est tout d'abord le passage de Spartien déjà cité. « Quum
« judicaret, in consilio habuit non amicos aut comites solum,
« sed etiam jurisconsultos. » Spartien oppose ainsi les amis et
les compagnons aux jurisconsultes. Aux jurisconsultes est
confié le soin d'étudier des procès : « quum judicaret »... La
mission des « amici » ou des « comites » est, au contraire, plus

---

(1) Bethmann-Holweg, Handbuch des Civilprozesses, III, § 137.
(2) Charreyron, pages 33 et 34 ; Cuq, p. 482.
(3) Haubold, loco citat., p. 232.

large. En effet, ce sont ces « amici » et ces « comites » qui sont appelés « in contubernium imperatoriæ majestatis ». Et Haubold admet, comme nous l'avons fait nous-même d'après Casaubonus (no 64), que « contubernium » est une assemblée qui délibère sur des affaires publiques, « negotia ». Les mots « causæ » et « negotia » sont souvent opposés l'un à l'autre par les auteurs. Il a été prouvé que l'expression « causæ » désigne les affaires juridiques, contentieuses, celles où il s'agit de résoudre une question de droit. Ce sont des affaires intéressant les particuliers. « Negotia ». au contraire, c'est ce qui touche l'intérêt général. Et Haubold cite à l'appui de la terminologie qu'il indique, deux passages de Suétone (1).

La distinction entre les autres conseillers et les jurisconsultes est également reproduite dans un passage de Lampride (2). Cet auteur, en effet, nous parle de vingt jurisconsultes qu'il oppose à cinquante autres conseillers. Le même Lampride indique qu'il était d'usage de séparer les missions et de les distribuer suivant les connaissances et les aptitudes. « Fuit præ- « terea illa consuetudo, ut si de jure aut de negotiis tractaret, « solos doctos et disertos adhiberet , si vero de re militari, « milites veteres, et senes, ac bene meritos, et locorum peritos « ac bellorum et castrorum, et omnes litteratos, et maxime « eos, qui historiam norant. »

Enfin un passage de Zozime prouve aux yeux d'Haubold que la distinction s'est conservée sous Justinien : αἱρεθεὶς παρὰ Στελίχωνος πάρεδρός τε ὁμοῦ καὶ σύμβουλος. Πάρεδρός est ici opposé à σύμβουλος. L'une de ces expressions désigne les membres du « Consistorium », l'autre désigne ceux de « l'Auditorium ».

Tels sont les arguments invoqués par Haubold.

Ajoutons, pour être complet, que, d'après Haubold, les deux qualités de membre de « l'Auditorium » et de membre du

(1) Suétone, Aug. 35. Tib. 55.
(2) Lampride, Alex. Sev. 15.

« Consistorium » peuvent être réunies sur la même tête. Un membre du « Consistorium peut aussi faire partie de « l'Auditorium »; mais la réciproque n'est pas vraie.

Il nous faut voir maintenant comment on a combattu les considérations qui servent de fondement à l'opinion d'Haubold.

En premier lieu, on remarque que l'expression « Auditorium » n'apparaît pas encore sous Hadrien. Elle ne se rencontre pour là première fois que dans des textes relatifs à l'Empereur Marc-Aurèle, sans d'ailleurs avoir le sens spécial qu'Haubold lui attribue. Or l'institution, sous Hadrien, d'une section exclusivement judiciaire eût nécessité l'emploi d'un nom distinct (1).

En second lieu, le « Consistorium » est appelé à juger des procès, ce qui est absolument incompatible avec le système d'Haubold. Les textes qui prouvent cette proposition sont nombreux. On peut citer : 1°) l. 5, §§ 2 et 3, C. J. « de temporibus et repar. adpellat. » (VII, 63)... « et litem in sacrum nostrum Consistorium introducere « Cogantur », dit le § 2. Le § 3 commence ainsi : «Si tamen in sacro nostro Consistorio lis exordium cœperit...... » 2°) Novelle 124, ch. 1. Dans cette Novelle, Justinien ordonne aux plaideurs de prêter un serment devant les tribunaux, et il décide que cette formalité doit être remplie devant le « Consistorium ». « Hoc autem servari præcipimus et in sacro nostro Consistorio, quando consultationes intromittuntur. » Dans le même sens on peut citer Nov. 23, ch. 2.

En troisième lieu, les membres appelés à se prononcer dans les affaires contentieuses sont les mêmes que ceux qui examinent les affaires administratives ou politiques (2).

Nous avons vu, il est vrai, qu'Haubold admet qu'un membre du « Consistorium » peut faire partie de « l'Auditorium » ; mais il faut aussi se rappeler qu'Haubold n'admet pas la réciproque.

(1) Charreyron, op. cit., p. 34
(2) Voir LL. 37 et 39, C. Just. VII, où ils sont appelés « proceres palatii ». Lanov. 23, ch. 2, et l. 28, C. Th. VI, 4 ; et L. 8, § 1, VI, 2, où ils sont désignés par l'expression « comites consistoriani ».

Or les textes cités ne permettent en aucune façon d'établir cette distinction si subtile, à l'appui de laquelle d'ailleurs Haubold ne donne aucun argument.

Enfin on remarque que les inscriptions confirment la démonstration précédente, « car on n'y rencontre ordinairement qu'un « seul titre : d'abord celui de « consiliarius » ou « a consiliis », « et plus tard celui de « comes Consistorii », ou « in Consisto- « rio », très rarement « Auditorii » ou « in auditorio » (1).

Nous avons ainsi examiné les deux systèmes en présence. Nous devons maintenant faire connaître notre opinion.

Il nous semble que l'argumentation de Bethmann-Holweg reproduite par Mispoulet est inattaquable. Nous admettons donc avec lui que le « Consistorium » et « l'Auditorium » ne sont qu'une seule et même chose. Mais cette argumentation est tirée de textes du Code de Théodose et de Justinien et des Novelles, c'est-à-dire de textes qui s'échelonnent du IVe au Ve siècle. Elle n'infirme donc pas les considérations d'Haubold en ce qui concerne la période antérieure. Est-ce à dire que nous adhérons complètement au système d'Haubold en ce qui concerne la période antérieure au VIe siècle ? Non. Il nous parait exagéré de tirer des textes de Spartien et de Lampride, cette conclusion qu'il existe dès l'origine deux sections du Conseil : l'une judiciaire, l'autre politique et administrative. C'est, il nous semble, donner à ces textes une portée qu'ils n'ont pas ; c'est transporter dans le domaine romain des idées beaucoup trop modernes. D'ailleurs, pour l'époque d'Hadrien, la question est mal posée. Dire que dès cette époque il y a deux Chambres du Conseil, c'est supposer que le Conseil est déjà organisé. Or nous avons vu que le Conseil ne reçoit sous cet Empereur qu'un commencement d'organisation. Et ce commencement d'organisation, c'est précisément la création d'un certain nombre de conseillers permanents, ayant des connaissances juridiques.

(1) Mispoulet. Inst. pol. des Romains, t. 1, p. 335, note 20.

Jusqu'à présent donc, toute cette discussion ne nous a donné que des résultats négatifs.

Essayons maintenant d'en dégager ce qui peut nous intéresser pour l'histoire du « Consilium principis ». Le système d'Haubold contient une vérité de fait incontestable.

Si les jurisconsultes n'ont jamais formé une section à part dans le Conseil, s'il n'y a jamais eu, en ce qui les concerne, des règles exclusives d'attributions, tout au moins faut-il reconnaître, d'après les textes de Spartien et de Lampride, qu'ils ont surtout été chargés d'étudier les affaires contentieuses et juridiques, celles où il y a une question de droit à examiner. Cette proposition, naïve à force d'être simple et vraie, ne laisse pas que d'être importante, parce qu'elle nous met sur la trace des motifs qui ont amené la création des conseillers jurisconsultes permanents. Et nous verrons plus tard que c'est de là qu'est sorti le « Consistorium ».

41. — On peut en effet se demander pourquoi Hadrien conféra ainsi, sous l'approbation du Sénat, à certains jurisconsultes la mission continue et permanente de lui donner des avis.

Haubod (p. 220), qui du reste admet la permanence des fonctions pour tous les conseillers, explique cette permanence par une mauvaise raison. Le prince, étant toujours en voyage, dit-il, veut avoir auprès de lui comme un petit Sénat, de telle sorte qu'il soit vrai de dire: « Ubi imperator ibi Roma » (1).

Nous ne pouvons admettre un tel motif : il faut remarquer en effet qu'en se plaçant au point de vue particulier du pouvoir impérial, la création d'une section permanente de jurisconsultes, c'est-à-dire d'hommes spéciaux, n'était pas sans danger. Les Empereurs tendaient à devenir absolus. La Constitution républicaine, qui au fond n'était qu'une constitution municipale, ne pouvait plus suffire aux besoins d'un empire déjà considérable et qui grandissait tous les jours. La tendance du pouvoir impé-

(1) Hérodien, I, 6.

rial à devenir une monarchie absolue est donc toute naturelle.
Or confier à des jurisconsultes le soin de statuer sur certaines
matières, c'était, de la part des Empereurs, limiter leur propre
pouvoir et par suite aller à l'encontre du but qu'ils se propo-
saient d'atteindre. En effet, d'une part, les jurisconsultes jouissaient auprès du public d'un crédit très considérable. D'autre
part, la science même à laquelle ils se livraient pouvait donner
à leur caractère une certaine indépendance. Dès lors, bien qu'il
ne fût pas question de leur donner un pouvoir propre, il était
facile de prévoir qu'on résisterait difficilement à leurs avis.
Hadrien, en instituant un Conseil permanent de jurisconsultes,
imposait donc une barrière à sa propre action. Phénomène
curieux : le pouvoir impérial, qui tend à l'absolutisme, se limite
lui-même.

Une telle anomalie ne peut s'expliquer par la raison que
donne Haubold. Il a fallu évidemment des motifs plus impérieux
pour amener le pouvoir impérial à chercher des collaborateurs
parmi les jurisconsultes, d'autant plus qu'Hadrien n'avait pu
manquer de voir le danger. Depuis longtemps, en effet, les hommes d'Etat voyaient d'un mauvais œil la faveur dont le public
entourait les jurisconsultes ; et Hadrien devait avoir à leur égard
les mêmes sentiments que Cicéron, César, Auguste, Caligula et
autres (1). En réalité, les jurisconsultes furent appelés au Conseil non par la volonté du prince, mais par la force des choses.
La science juridique est, quoi qu'en ait dit Cicéron, la science
la plus utile à un Etat. Et dans cette science, la branche la plus
importante, c'est le droit privé. Les lois de droit privé, auxquelles
les jurisconsultes romains se consacraient presque exclusivement,
constituent les premières assises sur lesquelles reposent les
sociétés, parce qu'elles règlent les rapports d'individu à individu.
Les lois rentrant dans ce qu'on appelle le droit public ne vien-

---

(1) Cf. Glasson, Etudes sur Gaïus, p. 94 et 95. — Caligula se vantait
d'anéantir tout usage de la science juridique. Suétone, Calig. 34.

nent qu'après, parce qu'elles sont toujours plus ou moins des lois de forme et de procédure. Si bien que pour juger du degré de civilisation auquel est parvenue une nation, c'est surtout à son droit privé qu'il faut se référer.

Or, l'état juridique de la nation romaine à l'époque d'Hadrien rendait nécessaire l'intervention de jurisconsultes.

La législation avait beaucoup progressé. L'ancienne codification des XII Tables était bien loin de refléter le droit en vigueur. Beaucoup de réformes avaient été introduites par la coutume et par la jurisprudence des préteurs. Cette dernière jurisprudence formait, sous le nom de droit honoraire, une couche distincte de législation qui était venue se superposer à la vieille législation quiritaire. Il ne suffisait plus pour appliquer le droit de se référer aux textes : il fallait développer ces textes, les discuter, les compléter, les corriger. Et pour ce faire on était bien obligé d'avoir recours aux lumières des jurisconsultes. L'époque dite classique du droit romain peut être comparée, avec assez d'exactitude, à la période de notre histoire juridique, comprise entre la fin du xve siècle et le commencement du xviie. Le droit français dans cette période est en pleine formation. Les éléments romain, germanique, féodal, se combinent de manières et dans des proportions diverses. Les docteurs ne sont pas seulement, comme de nos jours, des interprètes : ils n'expliquent pas une formule ; ils cherchent une idée. Le rôle des Gaïus, des Papinien, des Paul, des Ulpien est analogue à celui des Loysel, des Coquille, des d'Argentré, des Dumoulin. Il ne s'agit pas pour eux d'être l'oracle d'un droit codifié : il s'agit de faire ce droit.

On peut dès lors se faire une idée de la diversité, de l'incohérence même des éléments qui composent le droit romain à l'époque où règne Hadrien. Non seulement la jurisprudence des magistrats s'écarte des anciens textes et combat quelquefois les avis des docteurs ; mais les docteurs eux-mêmes ne sont pas d'accord entre eux. Il y a des écoles aux tendances opposées : nous connaissons les divergences des Sabiniens et des

4

Proculéiens. Cependant, la pratique ne s'accommode pas de toutes ces variations : elle a besoin d'unité, de fixité. Hadrien comprit qu'il était nécessaire de donner satisfaction à ce besoin. Il fut, pour cela, obligé de recourir aux lumières des hommes spéciaux , c'est-à-dire des jurisconsultes. Tout ce qu'Hadrien eût fait sans eux n'eût probablement pas été bien accueilli par le public qui les entourait d'une grande considération. Les magistrats usaient largement de leur science, et ne rendaient jamais une décision sans prendre leurs avis. Le prince qui voulait devenir juge suprême des procès, afin de fixer la jurisprudence, ne pouvait se dispenser, au risque de voir ses arrêts moins bien reçus que ceux des magistrats, de s'entourer, lui aussi, de jurisconsultes qu'il était d'ailleurs politique de ménager.

42. — La création du Conseil des jurisconsultes n'est pas un acte isolé d'Hadrien, mais rentre dans un ensemble de mesures concourant au même but et qui sont les suivantes : codification du droit honoraire; réglementation du « jus publice respondendi » ; création d'un Conseil de jurisconsultes. Ce Conseil devint une sorte d'autorité souveraine pour régler la jurisprudence. Et nous devons remarquer qu'Hadrien avait eu le soin d'y appeler les chefs des deux écoles rivales : Juventius Celsus et Salvius Julianus (1).

Ce n'est pas d'ailleurs la première fois que le prince fait appel à la science des Prudents. Sous Auguste, on avait rassemblé un Conseil de jurisconsultes pour délibérer sur la validité des codicilles (2). Mais il s'agissait ici pour les Prudenst d'une mission absolument temporaire, tandis que, sous Hadrien, les jurisconsultes reçoivent une charge permanente.

43. — Nous venons d'indiquer le lien qui rattache la création par Hadrien, de conseillers permanents pris parmi les juris-

(1) Spartien, Hadr. 17.
(2) Inst. Just. liv. I. titre 25, pr.

consultes, à la rédaction de l'Edit perpétuel et au « jus publice respondendi ». Ces différentes réformes ont soulevé de nombreuses controverses.

Nous ne parlerons pas de celles qui sont relatives à l'Edit perpétuel, mais nous sommes obligés d'examiner celles qui se sont produites à l'occasion du « jus publice respondendi ».

Quelques auteurs ont en effet cru pouvoir identifier les deux réformes : réglementation du « jus publice respondendi », et création du conseil de jurisconsultes. De telle sorte que ce conseil aurait été, d'après eux, un corps investi, à l'exclusion de tous autres jurisconsultes de ce « jus publice respondendi. » En d'autres termes « le jus publice respondendi » serait une mission en vue de laquelle aurait été créé le Conseil de jurisconsultes ; et les réponses faites « publice » ne seraient pas autre chose que les délibérations du Conseil.

Nous devons examiner ce système, et nous ne pouvons le faire sans résumer brièvement la question tout entière du « jus publice respondendi (1) ».

44. — Les textes qui ont donné lieu à cette question, et que nous allons commenter dans les développements suivants, sont :

1° Un fragment de Pomponius.

2° Un passage des Institutes de Gaïus.

3° Enfin un paragraphe des Institutes de Justinien.

Nous reproduisons ces trois textes :

1°) Pomponius, l. 2, § 47, de origine juris, D. I, 2 :

« Massurius Sabinus in equestri ordine fuit, et publice primus
« scripsit, posteaque hoc cœpit beneficium [dari] a Tiberio
« Cæsare, hoc tamen illi concessum erat. Et ut obiter sciamus,
« ante tempora Augusti publice respondendi jus non a princi-
« pibus dabatur; sed qui fiduciam studiorum suorum habebant,
« consulentibus respondebant. Neque responsa utique signata

---

(1) Sur cette question, V. Glasson, Etude sur Gaïus, § 6.

« dabant : sed plerumque judicibus ipsi scribebant, aut testa-
« bantur, qui illos consulebant. Primus divus Augustus ut major
« juris auctoritas haberetur, constituit, ut ex auctoritate ejus res-
« ponderent, et ex illo tempore peti hoc pro beneficio cepit ; et
« ideo, optimus princeps Hadrianus, cum ab eo viri prætorii pe-
« terent, ut sibi liceret respondere, rescripsit eis, hoc non peti,
« sed præstari solere : et ideo si quis fiduciam sui haberet, de-
« lectari se ; populo ad respondendum se præpararet (1). »

2°) Gaïus, Inst. I, 7 :

« Responsa Prudentium sunt sententiæ et opiniones eorum
« quibus permissum est jura condere : quorum omnium si in
« unum sententiæ concurrant, id quod ita sentiunt legis vicem
« obtinet ; si vero dissentiunt, judici licet, quam velit senten-
« tiam sequi. Idque rescripto divi Hadriani significatur.»

3°) Justinien, Inst. I, § 8 :

« Responsa Prudentium sunt sententiæ et opiniones eorum qui-
« bus permissum est jura condere. Nam antiquitus institutum
« erat, ut essent qui jura publice interpretarentur, quibus a
« Cæsare jus respondendi datum est, qui jurisconsulti appella-
« bantur : quorum omnium sententiæ et opiniones eam auctori-
« tatem tenebant, ut judici recedere a responso eorum non lice-
« ret, ut est constitutum »

Les anciens auteurs ont beaucoup discuté sur cette question
du « jus publice respondendi »; mais la découverte du manuscrit
de Gaïus d'où nous extrayons le texte ci-dessus, ayant jeté un
our nouveau sur la question, nous nous référerons surtout aux
systèmes émis depuis la découverte de ce nouveau docu-
-ment.

45. — A l'origine, le droit était, chez les Romains, une
science mystérieuse réservée aux patriciens. La publication de
la loi des XII Tables n'avait eu qu'une influence médiocre sur

---

(1) L'édit. Kriegel porte : « delectari si populo ad respondendum se præpararet »,

le développement des connaissances juridiques. L'aristocratie, en publiant cette loi, avait cédé à la pression de la plèbe, mais elle avait cédé à regret. Une loi positive, qui pût être connue de tous, n'était-ce pas une barrière devant laquelle devaient s'arrêter désormais toutes les exactions des grands contre les petits ? Les patriciens comprenaient bien que cette rédaction, à laquelle ils étaient obligés de consentir, diminuerait leur puissance dans une proportion considérable. Aussi, tout en donnant les lois qu'on leur demandait, conservèrent-ils pour eux la science des moyens de mettre ces lois en œuvre, de ramener à la pratique le droit désormais codifié. Pendant longtemps les pontifes et les patriciens eurent seuls le secret des formules de procédure et des jours pendant lesquels il était permis de plaider. Mais, en 450 de Rome, un certain Cnæus Flavius, issu d'affranchis, secrétaire du pontife Appius Claudius Cæcus, divulgua les formes de la procédure et la liste des jours fastes, c'est-à-dire des jours pendant lesquels il était permis d'engager et de poursuivre une instance. A partir de ce moment, tout le monde put étudier le droit. Les connaissances juridiques se développèrent rapidement, et en peu de temps les jurisconsultes devinrent nombreux. Ces jurisconsultes, ou Prudents, comme on les appelait, donnaient des consultations à tous ceux qui avaient recours à leurs lumières. Ils se réunissaient sur le forum, auprès des tribunaux, et discutaient des questions de droit. Ce sont ces discussions qu'on a désignées par l'expression : « disputationes fori ». Les avis auxquels s'arrêtaient les jurisconsultes n'avaient qu'une autorité doctrinale. Mais en général on les acceptait dans la pratique. D'où l'expression « sententiæ receptæ » qui les désigne. Peu à peu la coutume les transformait en règles obligatoires.

Les jurisconsultes étaient donc une puissance à Rome. Auguste avait à compter avec eux : c'est pourquoi il résolut de se ménager leurs sympathies. Et le texte de Pomponius rapporté plus haut nous dit que le moyen par lui employé fût de concéder à certains d'entre eux le droit de répondre en son nom. Le même texte de Pomponius, ceux de Gaïus et de Justinien, nous apprennent qu'Hadrien prit aussi, dans le même ordre d'idées, certaines mesures.

46. — En quoi au juste consistent ces mesures soit d'Auguste, soit d'Hadrien? Quelle est la portée respective des actes de chacun de ces deux Empereurs?

Telles sont les principales questions soulevées par les textes rapportés ci-dessus et que nous allons étudier. Dans un intérêt de clarté, nous étudierons séparément ce qui concerne Auguste et ce qui concerne Hadrien.

47. — Tout d'abord, quelle fut l'œuvre d'Auguste? Sur ce point deux questions se posent : 1°) quelle était l'autorité des Prudents autorisés? 2°) les Prudents non autorisés continuèrent-ils à pouvoir donner des consultations (1) ?

48. — Première question. Quelle était l'autorité des réponses faites par les jurisconsultes autorisés?

Trois systèmes sont en présence.

Dans une première opinion, on soutient que les réponses des Prudents autorisés obtient force de loi (2). Ce système est inadmissible. Il ne faut pas oublier qu'à l'époque d'Auguste l'autorité législative appartenait aux Comices, et, dans une certaine mesure, au Sénat (3). Nous avons vu tous les efforts du prince pour arriver à exercer seul, en fait sinon en droit, ce pouvoir. S'il avait pu atteindre le même résultat au moyen des réponses des Prudents autorisés, il n'aurait pas eu la peine de recourir au mécanisme compliqué du « Consilium principis » que nous avons décrit. D'ailleurs cette opinion est en contradiction avec le texte de Pomponius. Que nous dit en effet celui-ci ? qu'Auguste résolut de donner à certains juris-

---

(1) Cf. Accarias, t. 1, p. 56.
(2) Etienne. Inst. Just. I, § 18.
(3) Voir nᵒˢ 7 et suivants.

. consultés le droit de répondre en son nom, afin que l'autorité de leurs réponses fût plus grande : « ut major juris auctoritas « haberetur ». Si ces réponses avaient été obligatoires, Pomponius n'aurait pu tenir un pareil langage.

Un second système, qui n'est guère qu'une variante du précédent, consiste à dire que les réponses, obligatoires du reste, sont l'œuvre d'un Conseil de jurisconsultes institué par l'Empereur pour répondre sous son autorité. En d'autres termes, il s'agissait non pas de réponses faites par des jurisconsultes envisagés individuellement, mais par un collège (1).

D'après les partisans de cette opinion, Hadrien n'aurait fait plus tard que confirmer et développer cette institution.

Nous avons réfuté par avance cette manière de voir, en montrant que les réponses des Prudents n'ont pas force obligatoire. Quant à l'idée d'un collège de jurisconsultes, idée qui nous a amené à parler du « jus publice respondendi », nous verrons ce qu'il faut en penser pour l'époque d'Hadrien. Nous nous bornerons en ce moment à dire qu'en ce qui concerne Auguste, elle n'a aucune espèce de fondement. En effet, ce Conseil n'est certainement pas le « Consilium principis » que nous avons déjà étudié. Le « Consilium principis » n'était pas un Conseil de jurisconsultes (2). Or nulle part il n'est fait mention d'un autre conseil. Un seul texte, le principium aux Institutes de Justinien, liv. 2, titre 25, fait allusion à un conseil de Prudents. Mais, ainsi que nous l'avons déjà dit (n° 42), il s'agit là d'une assemblée absolument temporaire et convoquée pour une question toute spéciale, ainsi qu'on en peut juger par la lecture de ce passage : « Dicitur Augustus convocasse Prudentes inter « quos Trebatium quoque, cujus tunc auctoritas maxima erat, « et quæsisse, an posset hoc recipi, nec absonans a juris ratione « codicillorum usus esset : et Trebatius suasisse Augusto, quod

---

(1) Muhlenbruch, Doct. Pand. § 8.
(3) Voir nᵒˢ 3 et suivants.

« diceret utilissimum et necessarium hoc civibus esse, propter
« magnas et longas peregrinationes quæ apud veteres fuissent,
« ubi, si quis testamentum facere non posset, tamen codicillos
« posset. »

Ces deux premiers systèmes écartés, on doit tout naturellement se rallier au troisième, d'après lequel Auguste n'aurait fait
que désigner à la confiance du public certains jurisconsultes
dont l'autorité était ainsi augmentée par une sorte de consécration impériale. Cette explication, la plus simple, est en même
temps la plus conforme au texte de Pomponius. Aussi a-t-elle
été adoptée par la majorité des auteurs.

49. — Seconde question. Les jurisconsultes non investis du
« jus publice respondendi » conservèrent-ils la faculté de donner des consultations?

On a essayé de le nier; mais les deux considérations qui
suivent permettent d'affirmer de la manière la plus positive
que les Prudents non autorisés continuèrent à faire des réponses. En premier lieu, on peut invoquer le texte de Pomponius. Ce texte dit que l'autorité des réponses faites par les
Prudents était plus grande; « major, » plus grande que quoi?
Evidemment, plus grande que l'autorité des réponses des autres
Prudents. Ces autres Prudents avaient donc le droit de répondre.
En second lieu, il faut remarquer que le fameux jurisconsulte
Labéon, chef de l'Ecole des Proculéiens, ne fut jamais investi du
« jus publice respondendi ». Dans le système que nous combattons, il faudrait conclure de là que Labéon ne put donner
aucune consultation. Or Aulu-Gelle (liv. 13, ch. 10) nous apprend
que Labéon employait une partie de l'année à composer des
ouvrages, et l'autre à donner des consultations.

Telles sont les solutions auxquelles on doit s'arrêter, suivant nous, en ce qui concerne la mesure prise par Auguste.
Arrivons maintenant à Hadrien.

50. — C'est surtout à l'occasion des réformes d'Hadrien que se sont produites les controverses.

Elles portent sur deux points. 1° Quel est le sens du rescrit d'Hadrien signalé par Pomponius et relatif aux « viri præ-torii » ?

2° Comment faut-il interpréter les deux textes de Gaïus et de Justinien?

La plupart des nombreux systèmes qui ont été émis sur le « jus respondendi » embrassent à la fois les deux questions.

Il existe en effet entre elles un lien étroit. Cependant, pour plus de clarté, nous les séparerons.

51. — Tout d'abord, que signifie le rescrit adressé par Hadrien aux « viri prætorii » ?

Beaucoup d'interprétations ont été proposées.

Quelques-uns ont prétendu que l'Empereur avait voulu adresser aux « viri prætorii » un compliment, et traduisent ainsi le rescrit : « Ce n'est pas moi qui vous accorde une faveur, c'est vous qui rendez un service à vos concitoyens » (1).

Dans le même ordre d'idées, d'autres ont pensé qu'Hadrien dispensa par le rescrit les « viri prætorii » d'une concession spéciale, et que leur qualité seule de « viri prætorii » leur permettait de répondre au nom de l'Empereur (2).

Plusieurs auteurs, loin de considérer comme une politesse à l'égard des « viri pretorii » le rescrit d'Hadrien, y ont vu une réponse un peu sévère à des solliciteurs importuns, et traduisent ainsi le rescrit d'Hadrien : « Ce n'est point une chose qu'il suffit « de demander; il faut l'obtenir. Si quelqu'un d'entre vous a « confiance en lui-même, je serai heureux de le voir se préparer « à répondre au peuple ».

Toutes ces opinions ne sont guère que des conjectures, peu importantes du reste. Le rescrit d'Hadrien semble contenir un

(1) Puchta, I, § 116.
(2) Schweppe. RömischeRechtsgeschichte, § 77.

trait d'esprit qui nous échappe. Mais nous n'avons aucun intérêt à le comprendre.

Il existe toutefois un système qui doit appeler toute notre attention, parce qu'il porte sur le fond même de la question.

On a prétendu que, dans ce rescrit adressé aux « viri prætorii », Hadrien avait supprimé l'innovation d'Auguste relative au « jus publice respondendi », de telle sorte qu'à partir d'Hadrien il n'y aurait plus eu de jurisconsultes officiels chargés de répondre au nom de l'Empereur (1).

Dans cette opinion, on traduit ainsi le rescrit : Les « viri prætorii » sollicitent de l'Empereur la concession du « jus publice respondendi ». L'Empereur répond qu'il n'est pas besoin pour donner des consultations d'une concession du prince : « hoc non « peti sed præstari solere » ; que par conséquent tout individu qui a assez de confiance en lui-même peut répondre à ceux qui le consultent. L'innovation d'Auguste était donc supprimée, et on retombait dans la pratique antérieure. Les partisans de ce système le justifient par cette considération que l'Empire étant désormais accepté par tous, le prince n'avait plus besoin du « jus publice respondendi » pour se ménager les sympathies des jurisconsultes. « Les institutions politiques nouvelles ayant « poussé de profondes racines dans les mœurs, le motif politi- « que qui avait principalement inspiré le fondateur de l'Em- « pire, n'existait plus (2). »

Cette opinion ne nous paraît pas exacte. Il nous semble impossible que le rescrit adressé aux « viri prætorii » ait une telle portée.

Deux considérations prouvent jusqu'à l'évidence que le « jus publice respondendi » en vertu d'une concession impériale continua de subsister.

En premier lieu, le texte de Pomponius fournit un argument

---

(1) En ce sens Bodin. Revue Historique, 1858, IV, pages 197 et suiv.
(2) Bodin, loco citato.

très fort. Il ne faut pas, en effet, isoler le rescrit rapporté par le jurisconsulte du reste du texte. Or, dans ce qui précède, Pomponius dit que, depuis Auguste, l'Empereur accorde à certaines personnes le « jus publice respondendi » et que cette faveur est recherchée. C'est pourquoi, ajoute-t-il, des « viri prætorii » ayant sollicité d'Hadrien la concession du « jus respondendi », l'Empereur leur répond. Puis vient le rescrit qui est ici un simple incident (1). Et après avoir rapporté cet incident, le jurisconsulte continue : « Ergo Sabino concessum est a Tiberio « Cæsare ut populo responderet. » Si le rescrit aux « viri prætorii » eût supprimé le « jus publice respondendi », Pomponius ne l'eût certes pas inséré ainsi sans observation entre deux phrases qui supposent nécessairement une concession officielle de ce droit.

Un second argument tout à fait topique est tiré de l'histoire. Un auteur postérieur à Dioclétien, Eunapius, dit dans une biographie de Chrysanthius, que sous Dioclétien un certain jurisconsulte Innocentius avait obtenu la νομοθετικη δύναμις, ce qui correspond au « jus publice respondendi ». Ce « jus publice respondendi » en vertu d'une concession impériale existait donc encore sous Dioclétien, et par conséquent Hadrien ne l'avait pas supprimé.

Les textes de Gaïus et de Justinien que nous avons rapportés après celui de Pomponius fournissent encore un argument très puissant, puisqu'ils nous présentent les réponses des Prudents comme obligatoires, lorsqu'elles sont unanimes et faites en vertu d'une concession impériale.

52. — Mais comme l'interprétation de ces deux textes a soulevé des difficultés, nous retenons seulement pour l'instant les deux premiers arguments, et nous arrivons de suite à ces textes de Gaïus et de Justinien qui forment l'objet de notre second point annoncé.

(1) Accarias, I, page 57, note 3.

Ces deux textes (voir n° 44) semblent assez simples. Ils défi-
nissent d'abord les réponses des Prudents en disant qu'il faut
entendre par cette expression, les maximes et les opinions de
ceux auxquels il a été permis de faire des lois : « quibus permis-
« sum est jura condere ». Puis ils donnent force de loi à ces
réponses, lorsqu'elles sont unanimes.

Or, les interprètes ont été arrêtés par une double difficulté.
En premier lieu, ils ont remarqué une contradiction entre le
texte de Pomponius et ceux de Gaïus et d'Ulpien. Tandis que
Pomponius considère les réponses des Prudents comme des
sources du droit non écrit (1), Gaïus et Justinien les rangent
formellement parmi les sources du droit écrit (2). Comment
donc résoudre cette antinomie ?

En second lieu, on a remarqué qu'il était presque impossible,
en pratique, de constater l'unanimité des jurisconsultes. De telle
sorte que si l'interprétation littérale était exacte, la mesure
dont parle Gaïus serait presque illusoire.

A ces difficultés vient s'en joindre une troisième pour ceux
qui voient dans le rescrit rapporté par Pomponius l'abolition du
« jus publice respodendi ». En effet, les textes de Gaïus et de Justinien semblent impliquer des réponses de Prudents autorisés.
Comment donc concilier ces textes avec l'opinion d'après
laquelle le « jus publice respondendi » n'existe plus à partir
d'Hadrien ?

Nous allons examiner les principaux systèmes qui ont été
proposés.

53. — Une opinion nouvelle à laquelle se rattache le nom de
M. Bodin (3) a, dans ces dernières années, rallié un assez grand
nombre de suffrages. M. Bodin est un de ceux qui pensent que le
« jus publice respondendi » fut supprimé par Hadrien. Pour lui, les

---

(1) L. 2, § 5 et § 12. D. de origine juris, I, 2.
(2) Gaïus, loco cit., et Comment., I, § 1. — Inst. Just. loco cit. et liv. I,
titre II, § 3.
(3) Revue historique 1858, t. IV, p. 197.

« responsa » dont il est question dans Gaïus et dans Justinien ne peuvent donc être ces réponses faites « publice » au nom du prince dont parle Pomponius. Que sont donc ces « responsa »? En lisant attentivement Gaïus et Justinien, on remarque que les réponses dont ils parlent sont les maximes et les opinions émises par les jurisconsultes qui ont l'autorisation, non plus de répondre « publice », mais de faire des lois : « quibus permissum est jura « condere ». De ce texte on conclut que le « jus publice respon dendi et la « permissio jura condendi » sont deux choses distinctes. Le « jus publice respondendi » créé par Auguste cesse d'exister sous Hadrien. Au contraire, la « permissio jura condendi » prend naissance sous le même Hadrien. Gaïus donc nous apprend qu'à partir d'Hadrien les opinions et maximes des jurisconsultes peuvent passer dans le « jus scriptum » en vertu d'une « permissio jura condendi », lorsque les jurisconsultes sont unanimes. Et cette « permissio » résulte d'une constitution impériale : c'est ainsi que s'explique l'antithèse signalée entre le texte de Pomponius d'une part et ceux de Gaïus et de Justinien d'autre part.

Mais reste un point : comment constater en pratique l'unanimité des jurisconsultes ? On répond que cette constatation sera facile, car les opinions et maximes dont il s'agit sont renfermées dans les écrits des jurisconsultes décédés.

En résumé, ce système a pour point de départ la distinction du « jus publice respondendi » et de la « permissio jura condendi ». Puis il s'analyse dans les trois points suivants :

1° Gaïus et Justinien parlent d'écrits.

2° De jurisconsultes morts.

3° Auxquels les Constitutions impériales ont donné force de loi.

Ce système très ingénieux a déjà le mérite de supprimer les difficultés que nous avons signalées au début. Mais ses partisans font encore valoir en sa faveur les considérations suivantes :

Tout d'abord, disent-ils, la preuve que le « jus jura condendi » est distinct du « jus publice respondendi », résulte du fait sui-

vant. Justinien voulut comprendre dans la compilation du Digeste
des fragments de jurisconsultes autorisés : « quibus auctoritatem
« conscribendarum interpretandarumque legum sacratissimi
« principes præbuerunt »(1). Or ces jurisconsultes dont on a
compilé les ouvrages sont au nombre de trente-neuf seulement. Il est impossible d'admettre que le « jus publice respondendi » n'ait été accordé qu'à un si petit nombre de jurisconsultes. L'autorisation dont il est parlé dans les textes discutés
aussi bien que dans la constitution Deo auctore, § 4, ne peut donc
viser ce « jus publice respondendi » : elle se réfère au « jus
jura condendi ».

Enfin, toujours à l'appui du même système, on peut citer des
Constitutions formelles, qui sont relatives à l'autorité des Prudents : l'une de Constantin abrogeant les notes de Paul et
d'Ulpien sur Papinien ; l'autre de Théodose et Valentinien bien
connue sous le nom de loi des citations (2).

Nous ne pensons pas que ce système doive être admis, et nous
allons reprendre une à une pour les combattre toutes les propositions dont il se compose.

En premier lieu, la distinction entre le « jus publice respondendi » et la « permissio jura condendi » ne saurait être admise.

Nous avons pour ainsi dire réfuté par avance cette distinction en démontrant que le « jus publice respondendi » n'avait
pas été aboli par le rescrit adressé aux « viri prætorii » (3).

De telle sorte qu'il faudrait admettre la coexistence du « jus
publice respondendi » et de la « permissio jura condendi ». Or
il est bien étrange que ces deux institutions aient existé ensemble
chacune avec un caractère distinct. Il est bien plus simple de
penser qu'elles ne forment qu'une seule et même chose. C'est,

_____

(1) Const. Deo auctore, § 4. De conceptione Digestorum.
(2) L. 1 et L. 3, C. Th. de responsis Prudentium, I, 4. — M. Demangeat,
bien qu'il n'admette pas l'abolition du « jus publice respondendi », s'est
néanmoins rallié à ce système. Cours élém. de dr. rom., t. I, p. 88 et suiv.
(3) Voir n° 51.

d'ailleurs, ce qui résulte des textes. En effet, dans le passage
des Institutes qui sert de thème à cette discussion, on voit que
le « jus publice respondendi » est mis sur la même ligne que le
« jus jura condendi. » Le texte confond ces deux institutions.
Après avoir défini les réponses des Prudents : « Sententiæ et
« opiniones eorum quibus permissum est jura condere », le texte
ajoute : en effet, autrefois il a été établi que certains personnages interprèteraient le droit « publice ». Ce sont ceux auxquels
a été concédé le « jus publice respondendi » : « quibus a Cesare
jus « respondendi datum est ». Et le texte ajoute encore que : ce
sont les sentences et les opinions de ces personnages qui, en cas
d'unanimité, liaient le juge et avaient force de loi : « Quorum
« omnium sententiæ et opiniones eam auctoritatem tenebant
« ut judici recedere a responso eorum non liceret. »

Le § 4 de la Constitution « Deo auctore » qui forme la préface
du Digeste, confond également le « jus publice respondendi »
et « le jus jura condendi ». De telle sorte que si la distinction
était fondée, il faudrait accuser Justinien et Tribonien d'un non-
sens et d'une confusion, ce qui est évidemment grave, surtout
si l'on considère que nul document, nul texte ne parle de la
« permissio jura condendi » comme d'une institution distincte
du « jus publice respondendi ».

Quant à l'objection consistant à dire qu'il n'est pas croyable
que le « jus respondendi » n'ait été accordé qu'à trente-neuf
jurisconsultes, on a déjà répondu « que les Empereurs durent se
« montrer assez sobres de cette concession ; que sans doute les
« jurisconsultes officiels n'avaient pas tous écrit ; que peut-être
« même les ouvrages de plusieurs d'entre eux avaient été
« perdus, et qu'enfin il n'est pas prouvé que l'on ait emprunté
« à tous ceux qui avaient écrit (1) ».

En second lieu, on prétend que les « responsa » dont il s'agit
dans les deux passages discutés sont des écrits. Mais la lecture

(1) Accarias, Précis, t. 1, page 59, note 1.

seule du texte de Gaïus suffit pour détruire une telle assertion :
« Responsa sunt sententiæ et opiniones », dit le jurisconsulte.
Traduire ces expressions par « ouvrages écrits », c'est, il faut
l'avouer, leur donner un sens bien spécial, bien différent du
sens ordinaire. Et si telle eût été l'intention de Gaïus, il n'aurait
certes pas manqué de nous en avertir. D'ailleurs, il ne faut pas
entendre par « jus scriptum » le droit fixé par l'écriture, mais
bien le droit émanant d'une autorité qui exerce la puissance
législative.

Nous avons déjà réfuté le troisième point qui consiste à dire
que Gaïus et Justinien visent des jurisconsultes morts. En effet,
nous avons démontré que le « jus respondendi » et le « jus jura
condendi » sont une seule et même chose. Or, pour exercer le
« jus respondendi », c'est-à-dire pour donner des consultations,
il faut vivre. Ajoutons que dans la Constitution « Deo auctore », Justinien parle de jurisconsultes auxquels les princes
« præbuerunt auctoritatem ». Or on ne peut donner une autorisation qu'à une personne vivante. Toutefois, il faut remarquer que l'autorité qui s'attache aux réponses des Prudents
officiels ne meurt pas avec eux. Si donc ces jurisconsultes ont
laissé des ouvrages, les opinions et maximes qui y sont contenues conservent, en cas d'unanimité, force de loi. C'est là une
part de vérité contenue dans le système que nous combattons.
Mais ce qui est une erreur, c'est de croire que les jurisconsultes
morts peuvent seuls être pourvus de la « permissio jura condendi ».

Enfin, en quatrième et dernier lieu, le système prétend qu'une
constitution impériale doit intervenir pour donner force législative aux réponses d'un jurisconsulte. Si cette assertion était
fondée, il serait bien étrange qu'aucune Constitution donnant
force de loi à des écrits de jurisconsultes ne nous soit parvenue.
Et pourtant il n'en existe aucune. On argumente ainsi que nous
l'avons vu de la Constitution 1 au Code Théod. (I, ɪv), en disant
que puisque cette Constitution enlève force de loi aux notes de

Paul et d'Ulpien, c'est que ces notes avaient, en effet, force d
loi. L'argument tiré de la l. 3 (même titre) est analogue. Mais
l'insuffisance de ces arguments est manifeste. Sans doute les
écrits divers avaient force de loi avant ces constitutions, mais
tenaient-ils cette autorité d'une Constitution antérieure ? Telle
est la question, et rien dans le système contraire ne peut fournir
les éléments d'une réponse.

54. — Nous arrivons maintenant à tout un groupe de systèmes qui se rattachent les uns aux autres par une idée commune.

Leurs auteurs ont surtout été frappés de la difficulté qu'il y
avait dans la pratique à constater l'unanimité des jurisconsultes.
Ils ont alors pensé que les réponses unanimes étaient les avis
émis par un Conseil de jurisconsultes (1).

Mais lorsqu'il faut déterminer quel fut ce Conseil ainsi chargé
de légiférer par voie d'avis unanimes, on tombe dans l'incerti-
tude la plus grande. S'agit-il d'un Conseil créé *ad hoc ?* S'agit-il du
Conseil formé par les assesseurs des magistrats ? ou bien enfin
s'agit-il du « Consilium principis », de l' « Auditorium » qui
depuis Hadrien comprend une section permanente de jurisconsultes ?

Ces trois opinions ont été soutenues. Aucun d'elles n'est
fondée.

En premier lieu, il ne peut être question d'un Conseil spécial,
car on ne retrouve nulle part la trace d'un tel Conseil. Comment
Gaïus aurait-il omis de nous parler de ce Conseil ? Lui qui prend
la peine de nous enseigner une réforme qui vient d'être opérée
par Hadrien : « Idque rescripto divi Hadriani significatur ».
aurait passé sous silence la partie peut-être la plus importante
de la réforme d'Hadrien ? Cela est inadmissible.

Faut-il croire, avec la seconde opinion, qu'il s'agit du Conseil
formé par les assesseurs auprès du magistrat ?

(1) En ce sens, Muhlenbruch, Doct. Pand. § 8.— Ducaurroy, Inst. expli-
quées. titre « de jure naturali, gentium et civili ». — Frets, dans Themis,
VII, p. 62.

Pas davantage. D'abord les textes sont muets sur ce point. Bien plus, ils s'opposent à l'admission d'une semblable hypothèse. En effet, ils nous disent (Gaïus et Justinien) que les réponses unanimes des Prudents lient non pas le magistrat, mais bien le juge : « si vero dissentiunt, judici licet, quam velit sententiam « sequi » ; « ut judici recedere a responso eorum non liceret. »

Enfin, s'agit-il du « Consilium principis », de « l'Auditorium » que nous avons vu naître sous Adrien?

C'est cette question, on s'en souvient, qui nous a amenés à parler du « jus publice respondendi » (n° 43).

Ce nouveau système n'est pas plus fondé que les précédents. Comme les précédents, en effet, il est contraire aux textes de Gaïus et de Justinien. A ce que nous venons de dire, nous ajouterons qu'il est impossible d'entendre sous les expressions : « sententiæ et opiniones » dont se servent Gaïus et Justinien, les délibérations unanimes des membres d'un Conseil constitué.

En second lieu, nous remarquerons que donner au Conseil le droit de légiférer sous la seule condition de l'unanimité de ses membres, c'était lui donner un pouvoir propre qu'il n'a jamais eu à aucune époque de son histoire, pas plus d'ailleurs que les Conseils d'assesseurs établis auprès des magistrats. Ce pouvoir eût immédiatement placé le Conseil de l'Empereur au même rang que le Sénat, avec cette différence que l'autorité du Sénat baissait tous les jours et était plutôt nominale que réelle, tandis que celle du Conseil eût été effective. Le Conseil aurait pris facilement vis-à-vis du prince une situation indépendante ; et, comme nous l'avons vu, la politique impériale ne pouvait s'accommoder d'un tel résultat.

On pourra objecter que l'Empereur, en accordant force de loi aux réponses unanimes des Prudents, se limitait et s'exposait au danger que nous signalons. Nous répondrons qu'il est bien différent de donner force obligatoire aux décisions unanimes d'un corps constitué, que de donner force obligatoire aux opinions unanimes de savants qui n'ont entre eux d'autre lien que la communauté d'idées sur tel ou tel point spécial. Et bien qu'il y ait dans le « jus publice respondendi » ainsi entendu une limitation de la puissance impériale, il ne faut pas la comparer à celle qui serait résultée de la force obligatoire donnée aux délibérations unanimes d'un Conseil.

Entre la réforme d'Hadrien sur le « jus publice respondendi » et la création de la section permanente de jurisconsultes, il existe un lien que nous avons signalé (n° 42). Le but poursuivi par ces deux institutions est le même : unification du droit. Mais les moyens sont différents. Le Conseil, nous le verrons, agira surtout par voie de jugements. Il préparera des rescrits. Il règlera la jurisprudence. Le « jus respondendi » se réfère plutôt à ce que nous appelons aujourd'hui la doctrine. D'ailleurs, il est fort probable que certains jurisconsultes faisant partie du Conseil ont joui du « jus publice respondendi ». Mais alors ils en ont été investis en qualité de jurisconsultes, non en qualité de conseillers.

55. — Nous n'avons plus maintenant, pour en finir avec cette question du « jus publice respondendi », qu'à résumer les conclusions qui découlent des discussions précédentes. L'ensemble de ces conclusions forme un système sur le « jus respondendi », système auquel nous nous rallions, et qui d'ailleurs est le plus généralement accepté.

Tout d'abord le « jus publice respondendi » est introduit par Auguste, et il a pour effet de donner à ceux auxquels il est conféré, une autorité plus grande.

Ensuite Hadrien rend deux rescrits relatifs au « jus publice respondendi ». — Le premier rescrit adressé aux « viri prætorii » n'est qu'un incident auquel il n'y a pas lieu de s'attacher autrement que pour constater qu'il ne supprime pas le « jus respondendi ». Dans le second rescrit, Hadrien confirme l'institution du « jus publice respondendi », en la développant : il décide que les réponses unanimes des Prudents seront obligatoires. Dès lors, les personnages investis du « jus publice respondendi » peuvent devenir législateurs. Ils sont « juris auctores, juris conditores ». Ils peuvent, lorsqu'ils sont unanimes, « jura condere », et leurs réponses, qui autrefois ne faisaient que préparer la coutume, passent dans le droit écrit.

L'importance des réponses des Prudents va toujours en augmentant. L'autorité dont ces réponses ont joui pendant la vie d'un jurisconsulte subsiste après sa mort ; et par suite les opinions émises par ce jurisconsulte dans les ouvrages qu'il laisse, ont en cas d'unanimité force de loi, comme les réponses faites de son vivant.

Ce système fonctionne pendant fort longtemps. Puis, comme les réponses et les ouvrages deviennent de plus en plus nombreux et que les controverses augmentent de jour en jour, il intervient successivement deux réglementations nouvelles : 1°) la Constitution de Constantin de l'année 321, qui infirme les notes de Paul et d'Ulpien sur Papinien ; 2°) la Constitution de Théodose et Valentinien de l'année 324, ou loi des citations, qui ne permet plus de citer que cinq jurisconsultes.

Enfin la dernière étape de cette progression historique se produit sous Justinien, qui enlève force obligatoire aux ouvrages et leur substitue ses compilations.

Quoique ce système se trouve établi par avance par tout ce qui précède, nous ferons cependant une dernière observation à propos de la difficulté qu'il y avait de constater dans la pratique l'unanimité des réponses des Prudents.

Lorsqu'un procès se produisait, les choses devaient ainsi se passer. Si l'une des parties apportait deux ou plusieurs réponses de Prudents autorisés et que la partie adverse n'apportait aucune réponse opposée, il existait en faveur de la première une présomption d'unanimité qui liait le juge. Si, au contraire, la partie adverse apportait une réponse contraire, le juge reprenait sa liberté. Cette interprétation acceptée par un grand nombre d'auteurs s'harmonise très bien avec les textes, et dès lors aucun obstacle ne s'oppose plus à l'admission du système que nous avons adopté.

56. — Nous arrêtons ici les développements relatifs à la part qui revient à Hadrien dans la formation du Conseil.

Mais, avant de poursuivre plus loin cette étude, il nous paraît utile de résumer la situation du « Consilium principis » après les réformes d'Hadrien.

Lorsque l'Empereur le juge nécessaire, il consulte un Conseil qu'il compose à son gré de ses amis, de ses courtisans, de fonctionnaires. Quand l'affaire pour laquelle ces différents personnages ont été réunis est terminée, l'assemblée se sépare ; la mission de chacun a pris fin. Mais toutes les fois que le droit est intéressé, par exemple s'il s'agit de juger un procès, l'Empereur consulte des jurisconsultes approuvés par [le Sénat et qui jouissent de la qualité permanente de conseillers du prince.

Le « Consilium principis » n'existe donc pas encore comme un collège en possession d'une organisation définitive. Il est probable même qu'Hadrien ne songea pas à créer un corps constitué. Comme nous l'avons vu (n° 41), il comprit la nécessité d'unifier autant que possible la législation. Sous l'approbation du Sénat, il appela certains jurisconsultes, les plus illustres de son époque, pour collaborer à cette œuvre.

Mais, dans cette réunion de jurisconsultes, il y avait un germe qui plus tard se développa. Il était difficile que la permanence des fonctions de conseiller, déjà admise pour les jurisconsultes, ne s'établît pas pour les autres personnes. Les Empereurs prirent l'habitude de consulter souvent les mêmes individus, et cet usage finit par se transformer en loi. Bientôt toute différence disparut entre les jurisconsultes et les autres personnages appelés au Conseil.

Il faut remarquer d'ailleurs qu'à Rome la plupart de ceux qui aspiraient aux honneurs se consacraient, pendant les années de leur jeunesse, à l'étude des lois, de telle sorte que presque tous les fonctionnaires étaient, à différents degrés, versés dans la connaissance du droit. Tout le monde était plus ou moins jurisconsulte.

§ II. — *Le Conseil à partir de la mort d'Hadrien jusqu'à Septime Sévère et Caracalla.*

57. — Dans le paragraphe qui précède, nous avons eu comme point de départ de notre étude un acte précis émanant de l'Empereur Hadrien, et il nous a été facile de déterminer ainsi la part qui revient à cet Empereur dans la formation du Conseil. Dans la période à laquelle nous arrivons maintenant, nous ne trouverons aucun acte déterminé émanant de la puissance impériale. La transformation qui va s'opérer sera plutôt l'œuvre du temps, que le résultat de l'initiative des Empereurs.

58. — Cette évolution nous est attestée par quelques monuments que nous allons passer en revue. Sous Antonin le Pieux, il semble que rien n'ait été modifié à la pratique précédente.

Capitolinus (1) s'exprime ainsi : « multa de jure sanxit ; usus « est jurisperitis, Vinidio Vero, Salvio Valente, Volusio Mæciano, « Ulpio Marcello, et Jaboleno. »

Nous voyons par ce texte que les jurisconsultes conservent leurs fonctions de conseillers permanents. La désignation nominale de ces jurisconsultes en est une preuve certaine.

L'Empereur a donc toujours recours aux lumières des jurisconsultes, mais il consulte aussi ses amis. C'est ce que nous apprend le même Capitolinus (2) : « neque de provinciis neque « de ullis actibus quicquam constituit nisi quod prius ad amicos « retulit atque ex eorum sententia formas composuit. » Les amis sont donc encore ici opposés aux jurisconsultes ; mais cette

---

(1) Capitolinus, Ant. P. 12.
(2) Capitolinus, Aut. P. 6.

opposition ne devra pas être de longue durée. Le texte de Capitolinus nous dit qu'Antonin ne fit aucun acte sans consulter ses amis. Les amis et les jurisconsultes étaient donc appelés souvent à étudier les mêmes questions.

Voilà les jurisconsultes et les amis accomplis sont des travaux communs. Aussi ne faut-il pas s'étonner que bientôt les jurisconsultes vont, eux aussi, prendre place parmi les amis du prince. D'autre part, les amis du prince ne tarderont guère à devenir, eux aussi, des conseillers ordinaires et permanents.

59. — Ce double mouvement commence sous Marc-Aurèle.

D'une part, nous voyons les Empereurs donner aux jurisconsultes le titre d'ami. Ulpien (1) nous rapporte un rescrit de Marc-Aurèle et de Verus (2) dans lequel les jurisconsultes Volusius Mæcianus et Salvius Julianus sont l'un et l'autre qualifiés de « amicus noster ».

D'autre part, les amis, les courtisans, les citoyens éminents semblent bien appelés d'une manière permanente à siéger dans le Conseil du prince. C'est ce qui ressort du texte suivant de Capitolinus (3) : « Semper cum optimatibus non solum bellicas res,

---

(1) L. 17, principium D. de jure patronatus, XXXVII, 14.

(2) Voici le texte de ce rescrit. Dig., édit. Galisset, col. 1193 :

« Comperimus a peritioribus dubitatum aliquando, an nepos contra tabu-
« las aviti liberti bonorum possessionem petere possit, si eum libertum pa-
« ter patris cum annorum viginti quinque esset, capitis accusasset ? Et Pro-
« culum sane non levem juris auctorem in hac opinione fuisse, ut nepoti
« in hujusmodi causa non putaret dandam bonorum possessionem ; cujus
« sententiam nos quoque secuti sumus, cum rescriberemus ad libellum Cæsi-
« diæ Longinæ : sedet Volusius Mæcianus, amicus noster, ut et juris civi-
« lis præter veterem et sene fundatam peritiam anxie diligens, religione
« rescripti nostri ductus, sicut coram nobis adfirmavit, non arbitratum se
« aliter respondere debere ; sed cum et ipso Mæciano, et aliis amicis nos-
« tris, jurisperitis, adhibitis plenius tractaremus : magis visum est, nepo-
« tem neque verbis, neque sententia legis, aut edicti prætoris, ex persona
« vel nota patris sui excludi a bonis aviti liberti ; plurium etiam juris auc-
« torum, sed et Salvii Juliani amici nostri, clarissimi viri hanc sententiam
« fuisse. »

On peut voir par ce rescrit combien était étroite la communauté de travaux dont nous parlions plus haut entre les jurisconsultes et les amis et courtisans.

(3) Capitolinus, Anton. 22.

« sed etiam civiles prius quam faceret aliquid, contulit. Deni-
« que sententia illius præcipua semper hæc fuit : æquius est
« ut ego, tot talium amicorum consilia sequar, quam ut tot
« tales amici meam unius voluntatem sequantur. »

60. — Il n'est pas difficile de dégager à l'aide de ces textes
la marche suivie par notre institution.

Après la mort d'Hadrien, les jurisconsultes conseillers finirent
par être considérés comme formant un collège. A ce collège,
l'Empereur ajoutait différents personnages choisis parmi ses
amis et ses courtisans. Comme ces derniers étaient presque
toujours les mêmes, on devait forcément arriver à les considérer comme faisant, eux aussi, partie du collège.

Il y eut une évolution qui s'opéra par suite de la logique
même des faits ; logique qui domine la volonté des individus et
d'après laquelle tel phénomène succède à tel autre phénomène,
absolument comme dans notre esprit, telle idée succède à telle
autre idée.

61. — Sous les Empereurs Septime Sévère et Caracalla,
l'évolution est terminée et le Conseil apparaît nettement comme
un conseil de gouvernement d'administration et de justice.

Plusieurs textes ou inscriptions nous en fournissent la
preuve.

Ulpien, dans un texte auquel nous avons déjà fait allusion
(n° 39), nous parle d'un jurisconsulte nommé Arrius Menander, auquel il donne le titre de « consiliarius ». De plus,
Ulpien nous montre bien que cette charge de conseiller est
devenue même pour les jurisconsultes une véritable fonction,
car il nous dit qu'Arrius Menander fait partie, en tant que
conseiller, de ceux qui « sunt circa principem occupati **(1)** ».

_____

(1) Voici dans son entier le texte, que nous aurons l'occasion de citer
encore dans le cours de cette étude : « Ex facto quæsitum est : adolescentes
« quidam acceperant curatorem Salvianum quemdam nomine : hic, cum cu-
« ram administrasset, beneficio principis urbicam procurationem erat adep-
« tus, et apud prætorem se a cura adolescentium excusaverat, absentibus eis,

Papinien s'exprime dans des termes analogues. Il nous dit que les jurisconsultes conseillers sont dispensés de la tutelle, parce qu'ils ont une charge auprès de l'Empereur : « circa latus agerent (1) ».

Enfin, on peut citer deux inscriptions de l'époque de Septime Sévère ou postérieures à lui de peu d'années. La première (2), qui contient le « cursus honorum » d'un certain « Postimius Romulus, nous apprend que ce Postimius Romulus fut « consiliarius Augusti ». Ce titre « consiliarius » désigne bien ici une fonction permanente, faisant partie de la carrière suivie par Postimius Romulus. Il faut remarquer de plus que ce personnage n'était pas un jurisconsulte de profession. De sorte que nous avions raison de dire que si, d'une part, les jurisconsultes ont pris une situation analogue à celle des « amici, » d'autre part, ces derniers sont entrés dans le collège qui n'était primitivement composé que de jurisconsultes. La seconde inscription (3) est en quelque sorte plus topique : elle nous apprend que les conseillers étaient salariés.

Le « Consilium principis » est donc constitué dès le règne de Septime Sévère. Il nous reste à parler du développement qu'il reçut sous Alexandre Sévère.

« adolescentes adierant prætorem, desiderantes in integrum adversus eum « restitui, quod esset contra constitutiones excusatus, cum enim susceptam « tutelam non alii soleant deponere, qui trans mare causa reipublicæ, absunt « vel hi, qui circa principem sunt occupati, ut in consiliarii Menandri « Arrii persona est indultum. » L. 11, § 2. D. de minoribus viginti quinque annis, IV, 4.

(1) Voici le texte qui statue sur la même question que le précédent : « Ju- « risperitos, qui tutelam gerere cœperunt, in consilium principum adumptos, « optimi maximique principes nostri constituerunt excusandos : quoniam « circa latus agerent, et honor delatus finem certi temporis ac loci non « haberet. » — L. 30 pr. Dig. de excusationibus, XXVII, 1.

(2) Mommsen. Corpus. inscr. lat. VI, 1634.

(3) Mommsen. Corpus inscr. lat. X, 6662.

§ III. — *Le Conseil sous Alexandre Sévère.*

62. — Le Conseil fonctionna régulièrement jusqu'à Alexandre
Sévère, sous lequel il fut modifié d'une manière importante au
point de vue de la composition. Sous les derniers Empereurs,
les conseillers n'avaient pas toujours été recrutés parmi les
sénateurs.

Hadrien avait même évité les membres du Sénat qui ne lui
inspiraient qu'une confiance médiocre (1). Or le Sénat profita de
la minorité d'Alexandre Sévère pour essayer de ressaisir l'influence qui lui échappait de plus en plus, au fur et à mesure
que le Conseil du prince se formait et grandissait. Un Conseil
de régence fut institué. Il se composa de seize membres qui tous
appartenaient au Sénat. Hérodien (6,1) nous apprend que
rien ne s'exécutait sans le Conseil.

63. — Plus tard, lorsqu'Alexandre Sévère fut sorti de
tutelle, il constitua, à l'exemple de ses prédécesseurs, un
Conseil qui prit une importance inconnue jusqu'alors. C'est
l'historien Lampride qui nous indique cette réforme (2).

(1) Il en fit tuer un jour vingt-neuf convaincus d'avoir été les partisans
d'Albinus. Dion. Cass. 65, 8.

(2) Nous transcrivons dans son entier le passage de Lampride (Alex. Sev., 16)
« Negotia et causas prius a scriniorum principibus et doctissimis jurispe-
« ritis et sibi fidelibus, quorum primus tunc Ulpianus fuit, tractari ordinari-
« que, atque ita referri ad se præcepit. Leges de jure populi et fisci mo-
« deratas et infinitas sanxit, neque ullam constitutionem sacravit sine
« viginti jurisperitis et doctissimis ac sapientibus viris, iisdemque disertis-
« simis non minus quinquaginta : ut non minus in Consilio essent senten-
« tiæ, quam senatusconsultum conficerent ; et id quidem ita, ut iretur per
« sententias singulorum, ac scriberetur, quid quisque dixisset, dato ta-
« men spatio ad disquirendum cogitandumque, priusquam dicerent, ne
« incogitati dicere cogerentur de rebus ingentibus.

« Fuit præterea illi consuetudo, ut, si de jure aut negotiis tractaret, solos
« doctos et disertos adhiberet, si vero de re militari, milites veteres et
« senes ac bene meritos, et locorum peritos ac bellorum et castrorum, et
« omnes litteratos ; et maxime eos, qui historiam norant : requirens, quid
« in talibus causis, quales in disceptatione versabantur, veteres Impera-
« tores vel Romani, vel ceterarum gentium, fecissent. »

Le texte de Lampride peut s'analyser dans les propositions suivantes. Le Conseil se compose de soixante membres, dont vingt jurisconsultes de profession et cinquante autres personnages choisis parmi les hommes les plus distingués soit dans l'administration, soit dans l'art militaire. Les questions sont étudiées d'abord dans les Commissions composées des hommes spéciaux. Puis la délibération s'ouvre devant le Conseil tout entier. Enfin, aucune Constitution n'est promulguée sans avoir été soumise au Conseil.

64. — On voit par là toute l'importance qu'a prise notre institution. Il s'agit d'un véritable Conseil d'Empire. Le nombre des membres égal à celui des voix nécessaires au Sénat pour prendre une délibération valable, la valeur personnelle des conseillers, donnaient aux décisions une autorité devant laquelle le Sénat n'avait plus qu'à s'incliner.

Dans la période de 49 ans qui sépare Alexandre Sévère de Dioclétien, aucune modification ne semble avoir été apportée à ces règles. Du moins, s'il y en eut, aucun texte n'en fait mention.

Nous pouvons donc, à présent, laissant le côté historique de la question, étudier l'organisation intérieure du Conseil considéré après les progrès successifs que nous avons vu se produire.

SECTION II.

LE CONSEIL ÉTUDIÉ APRÈS SON DÉVELOPPEMENT JUSQU'A DIOCLÉTIEN.

SOMMAIRE.

§ I. — *Nom du Conseil.*

65. Sens du mot « Auditorium ».

§ II. — *Composition.*

66. Deux classes de conseillers ordinaires : « consiliarii » et « adsumpti in consilium ».
67. Les conseillers extraordinaires.

68. Auxiliaires du Conseil.
69. Les « principes officiorum ; a libellis ; a cognitionibus ; a studiis ;
    ab epistolis ; a rationibus ; a memoria ».
70. Les greffiers. — Procès-verbaux des séances.
71. Les huissiers.
72. Présidence. — Le préfet du prétoire président en l'absence de
    l'Empereur.

§ III. — *Séances.*

73. Lieu de réunion.
74. Publicité restreinte.
75. Jours d'audience.
76. Procédure.

§ IV. — *Attributions.*

77. Le Conseil n'a pas de pouvoir propre.
78. Influence du Conseil sur la législation.
79. Son rôle en matière contentieuse.
80. Prépondérance du « Consilium principis » sur le Sénat au point de
    vue législaitf et judiciaire.

§ I. — *Nom du Conseil.*

65. — Jusqu'au règne de Marc-Aurèle, c'est l'expression
« Consilium principis » qui sert à désigner le Conseil de l'Empereur. A partir de Marc-Aurèle, on trouve dans les textes le
mot « Auditorium ».

Quelques explications sur cette expression ne seront pas
inutiles.

Cette expression signifie d'une manière générale une assemblée réunie pour écouter un orateur. Elle désigne aussi le lieu où
se tient la réunion (1). On la trouve encore dans les auteurs avec
un sens tout à fait spécial. Elle désigne les conférences où l'on
s'exerce à la parole et aux discussions juridiques pour se préparer aux véritables luttes du barreau. « Auditorium » dans ce
sens est donc quelque chose d'analogue à nos conférences
d'avocats stagiaires (2). Nous savons en effet que les Romains

(1) Quintilien, Inst. Or. ii, 11. — Suétone, de claris rhet. 6. — Pline ,
Ep. iv, 7.
(2) Pline, Ep. ii, 3. — Quintilien, Inst. Or. x, 1.

étaient passionnés pour les controverses juridiques. Nous avons eu l'occasion de parler des « disputationes fori » qui contribuèrent pour une large part à la formation des coutumes romaines (n° 45). Non seulement les jurisconsultes déjà en renom discutaient entre eux, mais chacun d'eux groupait autour de lui un certain nombre de disciples ; et souvent les consultations demandées par les clients étaient délibérées dans ce petit conseil, qui s'appelait aussi « Auditorium ». Le jurisconsulte Tryphoninus, après avoir mentionné une question, s'exprime ainsi : « Ego dixi in Auditorio » (1). Papinien et les autres grands jurisconsultes avaient également leur « Auditorium ».

Nous savons aussi que c'était une coutume chez les magistrats de s'entourer d'assesseurs ; or la réunion de ces assesseurs s'appelait aussi « Auditorium » (2). On rencontre aussi le mot « Auditorium » avec le sens de tribunal (3).

Enfin le mot « Auditorium » signifie le Conseil du prince. C'est Ulpien qui emploie pour la première fois cette expression dans ce dernier sens, en l'appliquant au Conseil de Marc-Aurèle (4). Depuis, l'expression se rencontre fréquemment dans les textes (5).

Cette question de terminologie n'est pas indifférente. L'emploi du mot « Auditorium » sert à caractériser le rôle du Conseil pendant notre période. Nous avons refusé (suprà, n° 40 et suiv.) de distinguer entre le Conseil politique de l'Empereur et son Conseil judiciaire ou tribunal. Mais ce fait que le Conseil de l'Empereur s'appelle « Auditorium » est un argument de plus en faveur de notre thèse, savoir que, pendant la période actuelle, le principal rôle du Conseil a été un rôle judiciaire et juridique.

---

(1) L. 78, § 4, D. de jure dotium, XXIII, 3.
(2) L. 67, C. Theod. de adpellat. XI, 30. — L. 40, de rebus creditis, XI, 1.
(3) L. 41, D. de receptis qui arbitr. IV, 8.
(4) L. 22, pr. D. ad. S.-C. Trebell. XXXVI, 1.
(5) L. 18, § 1 et § 2, D. de minoribus, IV, 4. — L. 54, § 1, D. de re judicata, XLII, 1.

§ II. — *Composition.*

66. — L' « Auditorium » était composé de deux catégories de conseillers : les conseillers permanents, ordinaires, et les conseillers appelés à siéger extraordinairement.

Les conseillers permanents se divisaient en deux classes : les « consiliarii » et les « adsumpti in consilium ». Il ne semble pas d'ailleurs qu'il y ait eu entre ces deux classes de conseillers de différences au point de vue des attributions. La distinction n'a d'intérêt qu'au point de vue de la dignité et du traitement. Les « consiliarii » ont le pas sur les « adsumpti in consilium » et touchent un traitement de 100,000 sesterces. Ils sont qualifiés de « centenarii ». Les « adsumpti in consilium » ne viennent qu'après, avec un traitement de 60,000 sesterces, et sont nommés pour cette raison « sexagenarii ».

Nous avons déjà rencontré l'expression « adsumptus in consilium » (suprà, n° 38), et nous avons constaté qu'à cette époque l'« adsumptus in consilium » n'était pas encore un fonctionnaire. Il y a donc eu là une évolution. Un texte de Papinien inséré au Digeste ne permet pas de mettre en doute la permanence de leurs fonctions dans la période actuelle (1) ; mais il est permis de penser que les « consiliarii » furent dans les débuts les seuls conseillers permanents, et que peu à peu les « adsumpti » finirent par former une seconde classe.

La comparaison du texte de Papinien avec la l. 11, § 2, D. de minoribus, fournit une base à cette conjecture. Il résulte de ces textes que les « consiliarii » et les « adsumpti in consilium » étaient dispensés de la tutelle par ce motif qu'ils étaient « circà principem occupati ». Mais il semble bien que les « consiliarii » ont les premiers bénéficié de cette dispense qui n'a été étendue

_____

(1) L. 30 pr. D. de excusat. XXVII, 1.

ensuite aux « adsumpti » que par une décision des Empereurs Sévère et Antonin Caracalla.

Les conseillers pouvaient être choisis parmi les sénateurs. Ils pouvaient aussi être pris dans les rangs des chevaliers.

Cette dernière hypothèse se réalisait souvent pour les jurisconsultes. Mais, tandis que les personnages appartenant à l'ordre sénatorial pouvaient être directement nommés « consiliarii », il semble que ceux pris dans l'ordre équestre devaient commencer par être « adsumpti ».

Les jurisconsultes ne forment pas dans le Conseil une section à part : ils sont soit « consiliarii », soit « adsumpti in consilium. »

Quant au nombre des conseillers, nous savons qu'il a varié suivant les Empereurs.

Les renseignements qui précèdent sont fournis et par les textes des cités et par plusieurs inscriptions qui mentionnent les « consiliarii » et les « adsumpti », ainsi que le chiffre des traitements (1).

67. — Souvent, l'Empereur, avons-nous dit, appelle au Conseil divers personnages qui viennent ainsi siéger extraordinairement. Ce sont généralement des fonctionnaires tels que les préfets du prétoire ou de la ville, des consuls, des préteurs ; ou même des courtisans, des amis pris soit dans l'ordre sénatorial, soit dans l'ordre équestre.

Nous savons que c'était un usage pour les premiers Empereurs de consulter sur les affaires de l'Etat les principaux fonctionnaires. Cet usage s'était conservé, ainsi que l'atteste Vopiscus, qui écrivait à la fin du IIIe siècle (2).

Les conseillers extraordinaires ne reçoivent pas de traitement ; mais il est probable que le prince leur faisait un présent

---

(1) Mommsen, Corpus inscr. lat. x, 6662 ; ibid. vi, 1634. Corp. insc. græc. 5895 et 1117. — Cf. Cuq. p. 348 et suiv.

(2) Vopiscus, Vie d'Aurélien, 13.

Nous avons vu que cela se pratiquait sous Trajan (suprà n° 32), et cet usage a dû être conservé (1).

68. — Les « consiliarii », les « adsumpti in consilium » et les personnages que le prince appelle extraordinairement, font seuls partie de l' « Auditorium ». Seuls ils forment soit le tribunal, soit le Conseil politique. Mais à côté d'eux il faut mentionner plusieurs auxiliaires qui préparent, conservent, transmettent les délibérations et font le service des séances.

Ces différents auxiliaires peuvent être divisés en trois catégories : 1° les « principales officiorum » ou chefs de bureaux ; 2° les secrétaires ou greffiers ; 3° les huissiers et employés subalternes.

Nous allons résumer brièvement les conclusions du savant Mémoire de M. Cuq, dont les travaux épigraphiques ont jeté une vive lumière sur toutes les questions relatives à ces trois catégories de fonctionnaires (2).

69. — Déjà nous avons dit (suprà, n° 35) comment le développement des affaires avait amené la création des bureaux établis auprès du prince. L'importance de ces bureaux s'augmenta tous les jours. A la fin de notre période, on en peut compter six. A la tête de chacun d'eux est un chef. Les fonctions de ce chef, primitivement remplies par des affranchis, avaient été confiées à es chevaliers. Quelques-unes furent occupées par des jurisconsultes. Dans la période actuelle, ils portent le nom de « principes » ou « principales officiorum » (3).

Avant d'être soumises au Conseil, les questions diverses étaient préparées dans les « scrinia ». C'est là qu'on formait les dossiers et que se faisait l'instruction de toutes les affaires.

Quatre bureaux correspondaient plus particulièrement aux affaires judiciaires ou juridiques. C'étaient ceux de l' « a libellis », de l' « a cognitionibus », de l' « a studiis » et de l' « ab episto-

---

(1) Capitolinus, Ant. P. 7. — Cf. Cuq, p. 360.
(2) Cuq, Mémoire, p. 361 et suiv.
(3) Capitolinus, Ant. P., 8. L. 1. C. J. IX, 51.

lis ». Le chef du bureau « a libellis » était en quelque sorte un maître des requêtes. Toutes les demandes arrivaient à son bureau. Il les faisait dépouiller et les présentait à l'Empereur avec un rapport. Notons en passant que Papinien et Ulpien, qui devinrent l'un et l'autre conseillers et ensuite préfets du prétoire, avaient été chefs de ce bureau (1).

Le bureau « a cognitionibus » a donné lieu à bien des discussions. Longtemps on a hésité sur la nature des fonctions confiées à son chef. Pour les uns, l' « a cognotionibus » est le greffier du tribunal de l'Empereur ; pour les autres, c'est un « vice sacra judicans » ; pour d'autres encore c'est un « consiliarius ». M. Cuq, dans un ouvrage intitulé : « De quelques inscriptions relatives à l'administration de Dioclétien », a démontré que l' « a cognitionibus », qui devint plus tard le « magister sacrarum cognitionum », est un commissaire enquêteur chargé de l'instruction préalable des affaires.

L' « a studiis » était un fonctionnaire chargé de faire des recherches dans les bibliothèques, de compulser les opinions des différents auteurs qui pouvaient servir à éclairer le prince, lorsqu'il se trouvait en présence d'un cas difficile. Aulu-Gelle (2) cite une espèce qui démontre l'utilité de cette fonction.

Une veuve avait mis au monde un enfant onze mois après la mort de son mari. La loi des XII Tables fixant à dix mois la durée de la gestation, la légitimité de l'enfant fut contestée. Hadrien décida que l'enfant était légitime et que par conséquent la durée de la gestation pouvait être de onze mois. Mais Hadrien ne rendit cette décision qu'après avoir consulté l'opinion des médecins et philosophes anciens : « requisitis veterum philo- « sophorum et medicorum sentcntiis ». L'Empereur, on le comprend, ne faisait pas lui-même ces recherches dans les livres. C'est l' « a studiis » qui était chargé de ce soin.

(1) L. 12 pr. D. de distr. pignorum, xx, 15, et Spartien, Pescennius Niger, 7.

(2) Aulu-Gelle, Nuits Att. iii, 16.

L' «ab epistolis» était un fonctionnaire chargé de la correspondance officielle du prince. Il notifiait les décisions aux interéssés ; il communiquait au Conseil les rapports des gouverneurs de province. Il y avait un « ab epistolis latinis » et un « ab epistolis græcis. »

Deux autres bureaux correspondaient plus particulièrement à l'administration et au gouvernement de l'Etat : c'étaient ceux de l' « a rationibus » et de l' « a memoria ». L' « a rationibus » avait surtout des attributions financières et domaniales (1). Il s'occupait des questions relatives à l'entretien de l'armée, aux travaux publics, aux approvisionnements.

L' « a memoria » travaillait avec l'Empereur à la préparation des discours et des lettres. Il les dictait après avoir pris les ordres du prince. Il apposait le sceau impérial sur certains actes.

Le jurisconsulte Paul, qui devint préfet du prétoire sous Septime Sévère, fut « a memoria (2). »

Tous ces chefs de bureaux avaient sous leurs ordres différents employés.

70. — La seconde catégorie de fonctionnaires est celle des greffiers. Ils portent le nom de « scribæ, notarii, exceptores ».

Ils rédigent les procès-verbaux des séances (3).

Ils recueillent tous les actes de l'Empereur et les inscrivent sur des registres nommés « commentarii », d'où l'expression : « a commentariis », qui désigne les employés spécialement chargés de ces registres. Les actes plus particulièrement juridiques sont mis à part sur des registres nommés « semenstria ». C'est grâce à ces « semenstria » que les codes de Théodose et de Justinien ont pu être exécutés. Ces différents registres sont conservés dans le « tabularium Cæsaris », qui forme ainsi un véritable dépôt d'archives.

(1) Stace, Silv. III, 3.
(2) Spartien, Pescennius Niger, 7.
(3) La L. 3, D. de his quæ in test. XXVIII, 4, nous a conservé un de ces procès-verbaux.

Les greffiers délivrent les expéditions aux intéressés.

L'infidélité est sévèrement punie (1).

Ces fonctions ont probablement été créées par Hadrien, car le Code de Justinien ne renferme aucune constitution antérieure à Hadrien. Avant ce prince, les Constitutions importantes étaient conservées dans les ouvrages des jurisconsultes.

Primitivement confiées à des affranchis, les fonctions de greffiers et d' « a commentariis » avaient probablement fini par être données à des membres de l'ordre équestre (2).

71. — Enfin, il existe pour le service des séances tout un personnel d'huissiers. Le principal service est « l'officium ab admissione ». Cet office est rempli par un affranchi, qui porte le titre « d'ab admissione ». Il introduit dans la salle des séances ceux qui doivent y assister. Il fait l'appel des causes suivant l'ordre du rôle. Il fait en quelque sorte la police de l'audience et chasse de la salle ceux qui sont entrés sans autorisation.

72. — Il nous reste encore à étudier une question pour connaître d'une manière complète l'organisation intérieure de « l'Auditorium. »

C'est la question de la présidence.

La présidence appartient à l'Empereur. Mais, en son absence, qui préside ? Plusieurs auteurs ont pensé que le préfet du prétoire était de droit président du Conseil (3).

Cette opinion nous paraît devoir être admise. Le préfet du prétoire était après l'Empereur le premier magistrat de l'Empire ; il est presque un vice-empereur, et il semble assez naturel qu'il soit appelé, en l'absence du prince, à diriger les délibérations du Conseil. Cette raison générale serait, il faut le reconnaître, insuffisante. Mais on peut tirer de deux texes de Paul des arguments qui sont probants.

---

(1) Lampride, Alex. Sév. 28.

(2) Cf. Cuq, Mémoire, p. 417.

(3) Haubold, p. 243. — Mommsen, op. cit. p. 1066. — Willems, le Droit public romain, 4ᵉ édit. p. 443. — Mispoulet, Inst. pol. des R., p. 285.

Les décisions judiciaires rendues par le Conseil furent tellement nombreuses et importantes, que Paul en avait fait un
recueil en trois livres avec commentaires. Un certain nombre
de fragments de cet ouvrage, qui porte le nom de « libri decretorum », a passé dans le Digeste. Et deux de ces passages prouvent
que le préfet du prétoire présidait l' « Auditorium » en l'absence
du prince .

Le premier de ces fragments est la loi 97, D. de adquirenda
vel omittenda hered. (xxix, 14.) Paul nous dit dans ce texte qu'une
sentence fut rendue par Papinien dans l' « Auditorium ». Or
Papinien était préfet du prétoire.

Le second texte, qui est la loi 50, D. de jure fisci (xlix, 14),
parle également d'une décision rendue par le même Papinien.

On pourrait objecter qu'il n'y a rien d'étonnant à ce que le
préfet du prétoire rende des décisions judiciaires, car il est
magistrat et il a lui-même un « Auditorium ». Mais il ne faut
pas oublier que les sentences auxquelles Paul fait allusion dans
les textes cités, dans les « libri decretorum », sont des sentences
impériales. Il s'agit des décrets de l'Empereur, et non pas des
décrets du préfet du prétoire. Dans les deux exemples cités,
Papinien a donc rendu des décisions non pas en tant que préfet
du prétoire avec l'assistance de son « Auditorium » propre,
mais en tant que suppléant de l'Empereur et avec l'assistance
de l' « Auditorium » de ce dernier.

§ III. — *Les séances du Conseil.*

73. — Il semble que pendant longtemps il n'y eut pas de
local particulier affecté aux séances du Conseil.

L'Empereur le réunissait soit dans son palais, soit dans un
lieu public, comme un temple, souvent sur le Forum lorsqu'il
s'agissait d'affaires judiciaires. Domitien avait fait aménager
dans le palais qu'il fit construire sur le Palatin une salle spé-

ciale pour les réunions du Conseil (1). Il semble que depuis ce prince, ou tout au moins à partir de Marc-Aurèle, le Conseil se soit réuni dans une salle du palais impérial. On trouve, en effet, dans les textes le mot « Auditorium » avec le sens de lieu où siège le Conseil.

Toutefois, il n'y a pas de règle bien précise. D'autant plus que le Conseil accompagnait l'Empereur dans ses déplacements et se réunissait par suite où il pouvait (2).

74. — En principe, les séances n'étaient pas publiques. Il fallait pour y assister obtenir une permission de l'Empereur et être introduit par « l'ab admissione ». Cette proposition, certaine pour la période antérieure à Hadrien, (3) est confirmée implicitement pour la période actuelle par Lampride, qui félicite Alexandre Sévère d'avoir permis à ses amis de l'approcher sans qu'ils eussent besoin d'être introduits par les huissiers.

Le huis-clos était complet lorsqu'il s'agissait de juger des sénateurs (4). Dans ce cas, les membres du Conseil faisant partie de l'ordre équestre ne prenaient pas part à la délibération (5). La loi 1 C. J. de sententiam passis et restitutis (ix, 51), nous indique quel était l'ordre des préséances dans l'assemblée du Conseil. En premier lieu, le préfet du prétoire, puis les « amici ; » ensuite les « principes officiorum », enfin les membres des deux ordres.

75. — Le Conseil ne paraît pas avoir eu d'audiences fixes. Les Empereurs convoquaient les conseillers quand ils voulaient. Il était d'ailleurs facile de les réunir, car nous savons qu'ils se tiennent toujours auprès du prince : « circa principem sunt occupati » (6).

76. — La procédure n'était pas non plus soumise à des

(1) Boissier, Promenades archéologiques, p. 90.
(2) Spartien, Hadr. 13. — Capitolinus, Ant. Philos. 8.
(3) Juvénal, Sat. iv. — Suétone, Vesp. 14.
(4) Philostrate Apoll. viii, 17.
(5) Capitolin., Anton. Philos. 10.
(6) L. 41, § 2, D. de minor.

règles invariables. Le plus souvent, après le rapport fait par le
« princeps officiorum » compétent, avait lieu, devant le Conseil,
une enquête qui ne se confond pas avec l'instruction préalable
faite dans les bureaux. On entendait des témoins (1). Puis, lorsque les discussions étaient terminées, les conseillers délibéraient.
On leur accordait le temps nécessaire pour émettre un avis
réfléchi. Ils exprimaient ensuite verbalement cet avis, dont les
termes étaient recueillis par des sténographes (2).

§ IV. — *Attributions.*

77. — Il n'y a aucune règle positive en ce qui concerne les
attributions du Conseil. Cela se conçoit facilement, car le Conseil
ne prend jamais une décision ferme : il n'a pas de pouvoir
propre. Il émet simplement un avis, et c'est l'Empereur qui
décide. Dans les textes, l'intervention du Conseil est mention-
née par les expressions : « imperator in Auditorio dixit ou judi-
cavit » (3).

L'Empereur consulte donc son Conseil quand il le veut et sur
les matières les plus variées : législation, administration, justice.
Dans notre période, ce sont surtout les questions de droit qui
lui sont soumises.

78. — L'influence de « l'Auditorium » sur le progrès juridique fut considérable.

Les sénatus-consultes, encore assez nombreux dans la première partie de notre période, étaient dus bien plutôt aux
jurisconsultes qui siégeaient dans le Conseil de l'Empereur
qu'aux membres du Sénat. L'autorité du Sénat en matière législative était nominale. Le projet préparé par le Conseil était présenté par l'Empereur. Ce projet, qui était appelé « oratio prin-

---

(1) L. 3, D. de his quæ in test. xxviii, 4, et L. i, D. xlix, 9.
(2) Lampride, Alex. Sév. 16.
(3) L. 22 pr. D. ad S.-C. Trebell.

cipis », était toujours approuvé sans observation, si bien qu'on lui conservait, même après l'approbation sénatoriale, le nom d' « oratio principis ». Les textes qui substituent ainsi cette expression à celle de « senatus-consultum » sont fort nombreux (1).

Les Constitutions promulguées directement par le prince deviennent de plus en plus fréquentes. Et nous savons que depuis Alexandre Sévère aucune Constitution n'est promulguée sans l'intervention du Conseil (suprà, n° 63).

C'est surtout au moyen des rescrits que le Conseil exerce son influence sur la législation. Avant Hadrien, le rescrit était surtout employé pour accorder ou refuser une faveur. Hadrien commence à employer cette forme de Constitution pour terminer les procès. De telle sorte que la décision prise par l'Empereur était applicable à toutes les espèces du même genre. C'est par voie de rescrit que la théorie des « bonorum possessiones » s'édifia et vint modifier si profondément le système des successions « ab intestat ».

79. — Le nombre des causes jugées par l'Empereur s'était développé d'une manière considérable.

Il jugeait des affaires civiles et criminelles en premier et dernier ressort ou en appel.

En premier et dernier ressort, le prince jugeait par « cognitio ».

Les « cognitiones » dérivaient des causes les plus variées. La l. 5, D. de variis et extraord. cognit. (L. 13), s'exprime ainsi : « Cognitionum numerus cum ex variis causis descendat in « genera dividi facile non potest ; aut enim de honoribus sive « muneribus gerendis agitatur, aut de re pecuniaria discepta- « tur, aut de existimatione alicujus cognoscitur, aut de capitali « crimine quæritur. »

A la question quand y a-t-il lieu à « cognitio » ? Un Empereur

---

(1) Gaïus, II, 285. — L. 1, § 2, D. a quibus appellare non licet, XLIX, 2. — L. 1, § 1, D. de tutor. et cur., XXV, 15. — L. 32 pr. de donat. inter virum et ux., XXIV, 1.

romain aurait répondu comme le roi de France, Louis X, au comte de Champagne qui lui demandait la définition du cas royal : « Cas royal est celui qui appartient à prince souverain et non à aultre » (1).

Il y avait « cognitio cæsariana » toutes les fois que l'Empereur enlevait une affaire aux magistrats ordinaires, soit pour en connaître lui-même, soit pour la déléguer à un personnage de son choix qui jugeait ainsi « vice sacra ».

D'ailleurs, les particuliers s'adressaient souvent au prince par voie de « supplicatio », pour qu'il jugeât lui-même leur procès. De même, les magistrats ordinaires, lorsqu'ils étaient embarrassés, transmettaient l'affaire au prince par une « relatio ». Dans tous ces cas, le Conseil était saisi de la question, qui se terminait ordinairement par un rescrit.

En appel, le prince jugeait aussi beaucoup de procès. Les sentences portaient le nom de « decreta ». Comme les rescrits, ils étaient préparés par le Conseil.

Ces sentences diverses fournirent au jurisconsulte Paul la matière d'un ouvrage en six livres intitulé : « Imperialium sententiarum in cognitionibus prolatarum libri sex ». Cet ouvrage fut plus tard remanié sous le titre de « Decretorum libri III ». Le Digeste renferme vingt-huit fragments de cet ouvrage (2), qui contenait surtout des décisions des Empereurs Septime Sévère et Caracalla. On peut se faire une idée de l'importance, au point de vue juridique, de ces décrets, quand on saura que parmi les jurisconsultes, membres du Conseil à cette époque, se trouvaient Papinien, Paul et Ulpien.

80. — Avant de terminer ce chapitre, notons que le Conseil du prince est substitué au Sénat en ce qui concerne la législation et la juridiction. Le Sénat ne fait plus de lois : son rôle se borne à enregistrer les « orationes principis ». Quant à la juri-

---

(1) Cuq. Le magister sacrarum cognitionum, p. 82.
(2) Cuq. Le magister sacrarum cognitionum, p. 83, texte et note 1.

diction, s'il juge encore quelques procès, peu importants du reste au point de vue général (1), ce n'est que par une délégation de l'Empereur (2).

(1) Procès d'adultère. Dion Cass. LXXVI, 16.
(2) Cf. Mispoulet, Inst. pol. des Romains, p. 276, texte et note 7.

CHAPITRE III.

LE CONSEIL SOUS DIOCLÉTIEN

SECTION 1.

COMPOSITION ET ORGANISATION.

SOMMAIRE.

81. Inscription de Cœlius Saturninus.
82. — § 1. Multiplication des conseils.
83. — § 2. Hiérarchie des fonctions de conseiller : « sexagenarii, ducenarii, magistri scriniorum ».
84. — § 3. Le « vicarius a consiliis sacris ».
85. Tenue des séances.
86. Diminution de l'influence du Conseil en matière judiciaire.
87. Diminution de l'influence du Conseil en matière législative.

81. — Une inscription relative à un certain C. Cœlius Saturninus trouvée à Rome en 1856 (1) nous indique que le Conseil impérial subit sous Dioclétien des modifications importantes.

La date exacte de cette inscription a été contestée (2) ; mais on admet en général que Cœlius Saturninus fut membre du Conseil sous Dioclétien. D'ailleurs, les modifications annoncées par ce monument s'harmonisent parfaitement avec les réformes générales de Dioclétien. Elles peuvent s'analyser dans les

(1) Mommsen. Corp. inscr. lat. vi, 1704.
(2) Cuq. L'Examinator per Italiam, p. 33 et 34.

trois points suivants : 1° multiplication des conseils ; 2° transformation en charge de cour des fonctions de conseiller et hiérarchie de ces fonctions ; ¡3° création d'un « vicarius a consiliis ».

§ I. — *Multiplication des Conseils.*

82. — Cette multiplication est la conséquence de la division de l'Empire. On sait qu'en 286 Dioclétien s'adjoignit un collègue, Maximien, auquel il confia le gouvernement de la partie occidentale de l'Empire, en lui conférant le titre d'Auguste dont il jouissait lui-même. Le Conseil se dédouble donc et chacun des deux Augustes eut un Conseil. Ce n'est pas tout : bientôt à chaque Auguste fut adjoint un César : Constance pour l'Orient ; Galère pour l'Occident. Chacun d'eux eut évidemment un Conseil. Nous savons en effet que les Césars exercent les mêmes pouvoirs que les Augustes et ont par conséquent besoin des mêmes auxiliaires. Qu'en fait les Augustes aient eu la prépondérance sur les Césars (1), cela n'empêche pas les Césars d'avoir eu un Conseil distinct de celui des Augustes. La multiplication des conseils nous est attestée par le « cursus honorum, »de C. Cœlius Saturninus qui fut « a consiliis sacris ». Cette locution au pluriel est répétée plusieurs fois dans le corps de l'inscription et ne peut laisser place à aucun doute.

Cependant on pourrait tirer une objection de l' « inscriptio » de la loi 12, C. J. de pœnis (IX, 17), qui est ainsi conçue : « Impp. Dioclet. et Maxim. AA, in Consistorio dixerunt. » Il semble en effet, d'après ces expressions, que le Conseil est unique et se nomme désormais « Consistorium ».

Mais l'« inscriptio » de la l. 12 doit avoir été modifiée par un copiste qui a changé « in consi(liis) » en « in consi (storio) ». En effet, dans les autres monuments du temps de Dioclétien,

(1) Cf. Mispoulet. Inst. pol. des R. t. I, § 75.

comme dans le « cursus honorum » de Saturninus, on ne trouve que les expressions « consilia ». Saturninus est qualifié « a consiliis » et non pas « consistorianus » (1).

§ II. — *Transformation en charge de cour des fonctions de conseiller et hiérarchie.*

83. — Avant Dioclétien, la distinction entre les fonctions publiques et les offices de cour n'est pas très nettement établie. Et en ce qui concerne le Conseil, bien que les conseillers soient « circa principem occupati », on peut soutenir que pendant longtemps ils furent investis d'une véritable fonction ; mais peu à peu leur charge finit par être considérée comme une charge de cour. Cette évolution est définitivement achevée sous Dioclétien, qui distingua les « officia palatina » des fonctions publiques, et qui plaça dans la première catégorie les membres du Conseil. Cette proposition nous est attestée par deux Constitutions de Dioclétien (2), où il est dit que les membres du Conseil font partie du « sacer comitatus ». Le « cursus honorum » de C. Cœlius Saturninus peut être invoqué dans le même sens. Ce « cursus » nous indique que le Conseil est désormais soumis à la hiérarchie suivante : les « sexagenarii a consiliis » forment le degré le plus bas de l'échelle ; puis viennent les « ducenarii a consiliis » ; les « magistri officiorum » ; enfin le « vicarius a consiliis sacris ».

Reprenons successivement chacun de ces degrés.

1° Les « sexagenarii » correspondent aux « adsumpti in consilium » que nous avons rencontrés dans la période précédente ; leur situation n'a pas changé : seul le nom est différent.

2° Les « ducenarii » sont les anciens « consiliarii ». Leur traitement a été augmenté et porté à deux cents sesterces, au lieu de cent.

---

(1) Mommsen, Corp. inscr. lat. VI, 1739, 1740.
(2) L. 2, C. J. quibus non objic. longi temp. præcr. VII, 35, et L. 1, C. J. de his qui per metum judic. VII, 67.

Ces deux catégories de conseillers sont, comme par le passé, les membres ordinaires du Conseil. Ils jouissent, ainsi que nous l'avons déjà vu, de certaines faveurs, auxquelles il faut ajouter la règle en vertu de laquelle la « præscriptio longi temporis » ne leur était pas applicable (1).

3° Au-dessus de ces conseillers étaient les « magistri scriniorum ». Ce sont les chefs de bureaux que nous avons rencontrés sous la période précédente avec la dénomination de « principes officiorum ». Leurs attributions n'ont pas changé, mais le caractère dont ils sont revêtus n'est plus le même. Dans la période antérieure, ils étaient presque des magistrats, aujourd'hui ils sont des officiers du palais, « palatini ». L'expression « magister » indique cette transformation. Leur charge n'est plus qu'un « magisterium ». L'avancement a lieu d'un « magisterium » à l'autre, ainsi que l'indique le « cursus honorum » de Saturninus. Ce dernier n'arriva aux fonctions publiques qu'après avoir occupé la plus haute charge de cour, celle de « vicarius a consiliis ». Dans la période précédente, au contraire, les « cursus honorum » confondent les deux catégories de fonctions (2).

Les « magistri » sont au nombre de cinq : « libellorum », « sacrarum cognitionum », « studiorum », « epistolarum », « sacræ memoriæ ».

Le « magister sacræ memoriæ » a pris une partie des attributions de l'ancien « a libellis » et de l'ancien « ab epistolis ».

Il est devenu le porte-parole de l'Empereur, une sorte d'avocat général (3). Il semble que l' « a rationibus » soit resté en dehors de cette hiérarchie. Il ne porte pas le nom de « magister ». Les monuments le désignent par l'expression « rationalis » (4).

(1) L. 2, C. J. VII, 35.
(2) Mommsen, Corp. inscr. græc. 5895.
(3) Eumène. Pro instaur. schol., ch. 6.
(4) Mommsen Corp. inscr. lat. III, 385 ; VI, 1121.

Comme par le passé, les « magistri » ont sous leurs ordres de nombreux employés dont la situation fut réglementée par Dioclétien (1).

Ces différents personnages, « sexagenarii », « ducenarii », « magistri scriniorum », sont soumis à l'autorité du « vicarius « a consiliis » auquel nous arrivons.

§ III. — *Le vicarius a consiliis sacris.*

84. — Nous avons vu (n° 72) le rôle important occupé autrefois par le préfet du prétoire dans le Conseil impérial. Le préfet du prétoire ne pouvait conserver cette situation. D'une part, en effet, il occupait une fonction publique, et nous savons que désormais on distingue les fonctions publiques des charges de cour. En second lieu, le préfet du prétoire était un magistrat redoutable, dont la puissance pouvait porter ombrage aux Empereurs. Aussi, ces derniers prirent-ils un certain nombre de mesures pour l'affaiblir. C'est ainsi que, même avant Dioclétien, on nomma plusieurs préfets. Sous Dioclétien, chaque Auguste et chaque César eut le sien (2). On leur retira leur commandement militaire pour le confier à des « magistri militum » (3). Enfin, la création du « vicarius a consiliis » est précisément une de ces mesures ayant pour but de diminuer le préfet du prétoire qui était devenu presque un rival de l'Empereur.

Le « vicarius a consiliis sacris » n'a pas d'ailleurs été institué tout d'un coup. Avant Dioclétien, on avait senti la nécessité de mettre à la tête des « scrinia » un homme qui pût s'occuper effectivement de leur direction. A la place de l'Empereur, qui n'en avait pas toujours le temps, Spartien (4) nous apprend que,

(1) L. 11, C. Theod. VIII, 4.
(2) Ammien Marcellin, 16, 8.
(3) Eusèbe, Chron. an. 5491. — C. Theod. XI, 1.
(4) Spartien, Caracal. 6.

sous Caracalla, un certain Marcius Agrippa avait été placé à la
tête de plusieurs services. C'est cette idée qui fut reprise et
développée par Dioclétien. Le « vicarius a consiliis » fut placé
à la tête non seulement des « scrinia », mais de tout le personnel du Conseil. C'est ce qui résulte du nom même de cette
chargeet de la place qu'elle occupe dans le « cursus honorum»
de Saturninus.

SECTION II.

ATTRIBUTIONS.

85. — En ce qui concerne la tenue des séances et le greffe,
aucune modification ne nous est révélée par les textes. Mais
nous devons faire quelques observations au point de vue des
affaires examinées par les Conseils. Comme par le passé, les
Empereurs consultent leurs Conseils respectifs sur des matières
législatives, administratives et judiciaires.

86. — Mais tout d'abord le rôle judiciaire de ces Conseils
est bien diminué. Dans la période précédente, au début surtout, l'Empereur se réservait avec un soin jaloux, tant en première instance qu'en appel, la connaissance des procès un peu
importants. Mais ces procès étant devenus fort nombreux, on
avait pris l'habitude d'en déléguer plusieurs à différents magistrats, notamment au préfet de la ville et au préfet du prétoire,
qui jugeaient « vicesacra ». Dans notre période, les « vice sacra
judicantes » se sont multipliés d'une manière considérable, si
bien que les Conseils ont peu de procès à juger.

87. — En matière législative, le rôle des Conseils a été plus
actif. Toutefois, il faut remarquer que la grande époque du
droit romain est passée. Les grands jurisconsultes ont disparu,
et dans les nombreuses Constitutions des Empereurs de notre
époque, on ne trouve guère de règles nouvelles. Le droit
romain est formé, il ne s'agit plus que d'en généraliser l'appli-

cation. A ce point de vue, les Conseils ont beaucoup fait. L'i-
gnorance était grande (1). Aussi les magistrats s'adressaient-ils
souvent à l'Empereur par voie de « relatio », pour lui demander
la règle à appliquer. On répondait par un rescrit. Et le mérite
des Conseils fut de conserver dans ces rescrits les traditions
de l'époque des Papinien, des Paul, des Ulpien. Suivant la
remarque de M. Cuq, « le rôle des membres du Conseil n'a pas
été moindre que par le passé ; il fut différent » (2).

(1) Lactance, De morte persecut. 22.
(2) Cuq, Mémoire, p. 498.

CHAPITRE IV.

LE CONSEIL SOUS LES EMPEREURS CHRÉTIENS JUSQU'A JUSTINIEN.

SECTION I.

COMPOSITION ET ORGANISATION DU CONSEIL.

SOMMAIRE.

88. Modifications du Conseil. — Changement de nom. « Consistorium, consistoriani ».
89. « Comites consistoriani », comtes de la première classe.
90. Les « consistoriani » appartiennent à l'ordre sénatorial. Ils sont « spectabiles ».
91. Il y a dans le « Consistorium » des membres ayant la qualité d'Illustres. Quels sont-ils ?
92. « Consistoriani positi in actu, vacantes, honorarii ».
93. Conseillers extraordinaires.
94. Traitement et privilèges des comtes du Consistoire.
95. Les « magistri scriniorum ».
96. Le « magister officiorum ».

88. — Nous ne pourrions, sans nous exposer à des redites, reprendre l'exposé complet de l'organisation et des attributions du Conseil. C'est pourquoi nous nous bornerons à signaler les modifications survenues. Les Romains étaient éminemment conservateurs ; ils ne procédaient pas par révolutions brusques. Ils modifiaient lentement leurs institutions, laissant toujours subsister quelque chose du passé. Cette marche fut suivie pour le Conseil impérial comme pour toutes les autres institutions.

Les différents textes ou monuments qui s'échelonnent du IVᵉ au VIᵉ siècle nous révèlent un changement notable dans la composition du Conseil impérial.

Tout d'abord le nom n'est plus le même. Dans les textes, on rencontre partout l'expression « sacrum Consistorium. Les conseillers s'appellent désormais « comites sacri Consistorii », ou « consistoriani », ou « intra Consistorium (1) ».

Nous n'entrerons pas dans les discussions peu intéressantes qui se sont élevées sur l'étymologie du mot « Consistorium » ; remarquons seulement que ce mot a d'abord désigné le lieu, la salle des réunions du Conseil, puis le Conseil lui-même.

89. — Dans la période précédente, les « sexagenarii » et même les « ducenarii a consiliis » étaient des fonctionnaires assez modestes ; aujourd'hui les conseillers sont de grands personnages. Tous sont revêtus de la dignité de comte.

Le titre de comte est fort ancien ; mais tandis qu'autrefois il désignait simplement ceux qui vivaient auprès du prince, il exprime maintenant une dignité qui a été réglementée probablement par Constantin. Il y a trois classes de comtes : « primi, secundi, tertii ordinis ». Les comtes du Consistoire appartiennent à la première classe (2).

90. — A partir de Dioclétien, les anciennes carrières sénatoriales ou équestres ont été bouleversées. Une hiérarchie nouvelle s'est formée vers le milieu du IVᵉ siècle et semble définitivement arrêtée au commencement du Vᵉ, ainsi que nous l'indique la notice des dignités (3). Il nous faut savoir quel rang occupent les conseillers dans cette hiérarchie nouvelle. Tandis que, dans la période antérieure, les conseillers pouvaient appartenir à l'ordre équestre, les comtes du consistoire sont

---

(1) Ammien Marcellin, 14 et 16. — C. Th. titre de comit. consistor. VI, 12. — L. 5, §§ 2 et 3, C. J. de tempor. et reparat. adpell. VII, 63. — C. J. titre de comit. consist. XII, 10. — Nov. 124, c. 1. — Mommsen, Corp. inscr. lat. VI, 1729, 1739, 1740.

(2) C. Th. de comit. consist. VI, 12. — Nov. Valentin. III, VI, 3.

(3) Cf. Mispoulet. Inst. pol. des Rom. t. 1, p. 312.

tous de rang sénatorial. L'ordre sénatorial comprend trois classes : les « illustres », les « spectabiles » et les « clarissimi ». Les comtes du Consistoire appartiennent à l'ordre des « spectabiles ». C'est ce qui est formellement attesté par le titre C. J. de comit. consist. (XII, 10,) et notamment par la loi 2 de ce titre.

Y a-t-il aussi des conseillers « illustres » ? Sur ce point, il faut répondre affirmativement. La loi 2, C. Th. ad leg. Cornel. de sicar. (IX, 4,) et la loi 2, C. J. ut dignitat. ordo servetur (XII, 8,) sont formelles.

Mais comment concilier ces textes avec ceux précédemment cités, d'après lesquels les comtes du Consistoire ont le rang de « spectabiles » ? On ne peut expliquer la différence entre les textes par les dates. La loi 2, C. J. de comit. consist. est, il est vrai, postérieure d'environ un siècle à la loi 3, C. Th. ad leg. Cornel. La première est une Constitution de l'Empereur Athanase qui régna de 491 à 518 ; la seconde est une Constitution d'Arcadius et Honorius et porte la date de 397. Mais ces deux Constitutions ont été reproduites et par suite également confirmées par le Code de Justinien. Celle d'Arcadius forme la loi 5, C. J. (IX, 8). Il n'y a qu'une seule explication possible, c'est que, à côté des « comites consistoriani » proprement dits qui sont « spectabiles », sont appelés au « Consistorium » certains fonctionnaires ayant le rang d'illustres.

91. — Quels sont maintenant ces fonctionnaires illustres qui figurent dans le Conseil ? Une Constitution de Julien (1) nomme le « quæstor sacri palatii », le « magister officiorum », le « comes sacrarum largitionum ». On a conjecturé que cette Constitution, dont nous n'avons qu'un fragment, continuait à énumérer après le « comes sacrarum largitionum » d'autres membres du Consistoire, et notamment le « comes rerum privatarum » (2). Haubold ajoute encore à cette liste, le préfet du

---

(1) C. Th. de fide test. et instr. XI, 39.
(2) C. Th. loco citat. édit. Hænel n. z.

prétoire, le préfet de la ville, le « magister militum » et le « præpositus sacri cubiculi ».

Il est fort probable que tous ces fonctionaires étaient en effet appelés par l'Empereur aux séances de son Conseil ; mais nous n'avons aucun texte qui permette de l'affirmer d'une manière positive. Aucun de ceux cités par Haubold n'est concluant. Ils indiquent bien que ces fonctionnaires font partie du « sacer comitatus » ; mais nous savons qu'on peut être comte sans être « consistorianus ». La preuve, c'est qu'il exista des comtes de premier, second et troisième rang, et les « consistoriani » appartiennent au premier.

Mais la dignité de comte du premier rang implique-t-elle la qualité de membre du Consistoire ? Nous ne le pensons pas. Les différents textes que nous avons déjà cités semblent bien distinguer les « consistoriani » des autres comtes, et même des « comites primi ordinis » (1).

En ce qui concerne la participation des fonctionnaires « illustres » aux travaux du « Consistorium », nous sommes donc réduits aux conjectures.

92. — Les comtes du Consistoire sont ou bien en activité, « positi in actu », ou bien en disponibilité, « vacantes », ou bien simplement honoraires, « honorarii ».

Les « positi in actu » et les « vacantes » sont revêtus de l'écharpe, « cingulum », qui est le signe extérieur de leur fonction. Les « honorarii » n'ont pas le « cingulum ». La volonté toute-puissante du prince leur a conféré, au moyen de lettres spéciales, « per codocillos », le titre de comtes du Consistoire, mais ils n'ont guère que le titre, sans avoir la fonction. Néanmoins ils peuvent être appelés à siéger extraordinairement par une décision particulière de l'Empereur.

Cette division des conseillers en activité, disponibles et

---

(1) Nov. Valent. III, vi, 3.

honoraires, n'était pas spéciale aux comtes du Consistoire ; elle s'applique à tous les fonctionnaires (1).

Quel était le nombre des « consistoriani ? » Comme sous la période précédente, ce nombre a probablement varié. Il semble que sous Valentinien III il ait été de vingt (2).

En résumé donc, le service ordinaire du Conseil impérial se compose des « comites consistoriani in actu positi ».

93. — A côté du service ordinaire il faut mentionner le service extraordinaire, qui comprend, outre les fonctionnaires « illustres » dont nous avons parlé, les « comites vacantes » et les « honorarii » invités par le prince à siéger, et de simples citoyens qui, suivant les textes, « admitti intra consistorii arcanum meruerunt » (3).

94. — Les « consistoriani » reçoivent-ils un traitement ? Cela est probable. On sait qu'au Bas-Empire tous les fonctionnaires sont rétribués. Mais nous n'avons aucun texte nous indiquant le traitement qui leur était alloué. Il y a eu certainement une modification. Nous avons vu en effet (suprà, n° 66) que précédemment les traitements étaient de cent, puis deux cents, et soixante mille sesterces. Mais le chiffre de cent ou de deux cents correspond à une classe de conseillers ; le chiffre de soixante mille correspond à une seconde classe. Or au Bas-Empire il n'y a plus qu'une seule classe de « consistoriani ». Si l'on fait abstraction des fonctionnaires illustres qui sont admis au Conseil et qui ont un traitement spécial afférent à leur fonction, on ne trouve dans les textes aucune différence entre les membres actifs. Peut-être la disponibilité avait-elle pour effet de réduire ou même de suspendre les traitements ; mais entre les actifs il y a égalité.

Quoi qu'il en soit de cette question des traitements en argent, il est certain que les « consistoriani » jouissaient de cer-

(1) Cf. Mispoulet. Inst. pol. des R. p. 318.
(2) Nov. Valent. III, vi, 3.
(3) L. 8, § 1, C. Th. de honorar. codicill. vi, 22.

tains privilèges ou immunités. C'est ainsi qu'ils sont dispensés
de certaines fonctions onéreuses, comme celles de préteur (1),
ou de certaines prestations (2).

95. — A côté des « comites consistoriani » il faut mentionner, comme dans la période précédente, les « magistri scriniorum » qui continuent à jouer le même rôle, sauf quelques
modifications que nous allons indiquer.

Les « magistri scriniorum » ne sont plus les supérieurs des
conseillers, non pas que leur situation ait été diminuée,
mais celle des conseillers a été augmentée. Les « magistri
scriniorum » sont, comme les « consistoriani », des « virirespec-
tabiles » (3).

Les bureaux sont au nombre de quatre, au lieu de cinq. Les
deux bureaux « libellorum et cognitionum » ont été réunis. Le
passage de la Notice des Dignités (4) relatif à ces bureaux est
incomplet. Il ne mentionne que trois bureaux : le « scrinium
libellorum », le « scrinium epistolarum », le « scrinium memoriæ ». Haubold (p. 307) pense que le quatrième bureau est celui
des dispositions : « scrinium dispositionum ». Cette conjecture
semble assez fondée, car une Constitution de Julien (5) donne
une liste des bureaux qui comprend en effet les quatre mêmes
bureaux qui viennent d'être énumérés. Si nous comparons
cette liste à celle de la période précédente, nous remarquerons
deux choses. En premier lieu, il n'est plus question du « scrinium studiorum ». En second lieu, nous voyons une expression nouvelle : « scrinium dispositionum ». Cette expression
correspond-elle à un bureau nouveau, ou bien désigne-t-elle
l'ancien bureau « studiorum » qui manque dans la notice ?
Il faut répondre qu'il s'agit d'un bureau nouveau. Il semble que

(1) L. 28, C. Th. de prætor. IV, 3.
(2) L. un. C. Th. qui a prœbit. tiron. XI, 18.
(3) C. J. de magistr. scrin. XII, 9.
(4) Or. c. 10. Occid. c. 8.
(5) L. 1, C. Th. de proximis comit. disp. etc. VI, 26.

ce bureau nouveau ait eu pour mission d'instruire certaines affaires spécifiées par les actes qui l'ont créé, et de préparer les voyages du prince (1).

Le « scrinium studiorum » a donc disparu? Cela est probable, car, désormais, aucun texte ne le mentionne. Cependant il semble que l'existence de ce bureau eût été plus utile que jamais. Nous savons en effet que le « magister studiorum » était chargé de faire des recherches dans les ouvrages et dans les monuments de jurisprudence pour trouver les éléments des réponses à fournir soit aux magistrats, soit aux particuliers qui s'adressent à l'Empereur (suprà, n° 69). Or l'ignorance était plus grande que jamais. Les « consultationes » étaient devenues de plus en plus nombreuses. Dès lors on conçoit combien d'avantages eût présentés le maintien du bureau du « magister studiorum ». Il y a dans cette observation une raison assez sérieuse de douter de la suppression du « scrinium studiorum ». Il ne faut pas toutefois en exagérer la portée. Le développement donné au service du greffe et des archives compensa les inconvénients de la suppression du « magister studiorum ». Les Constitutions impériales et tous les actes pouvant servir à fixer la jurisprudence, « acta in Consistorio habita », sont soigneusement conservés aux Archives. Les recherches étaient donc devenues faciles. De telle sorte que les fonctions autrefois occupées par le « magister studiorum » sont maintenant remplies par le greffier en chef ou archiviste. Ce chef de service est devenu un grand personnage. Il s'appelle le « primicerius notariorum » et il a rang de respectable, absolument comme les « consistoriani » (2). Il a sous ses ordrs un personnel nombreux, qui comprend les « notarii » et les « tribuni » (3). D'ailleurs, à part ce déve-

---

(1) Insc. Wilmanns, 1234.
(2) Notice, Or. c. 16. Occid. 16.
(3) C. Th. de primicerio et notar. VI, 10.

loppement pris par les Archives, rien ne semble avoir été modifié dans leur organisation.

96. — Le personnel des gens de service, des huissiers attachés au Consistorium, est soumis à l'autorité du « magister officiorum ». Ce dernier est un grand personnage. Il a rang d'illustre. Il est le chef de tous les offices du palais et commande même aux « magistri scriniorum ».

En ce qui concerne la tenue des séances, les textes nous indiquent peu de chose. Toutefois il semble que, tandis que précédemment les conseillers étaient assis aux côtés de l'Empereur, dans la période actuelle, ils se tiennent debout (1).

Le Conseil est toujours présidé par l'Empereur. Mais quid en l'absence de ce dernier ? — Le « vicarius a consiliis » semble avoir disparu, car il n'en est plus fait mention ni dans les textes ni dans les inscriptions. On a pensé qu'il avait été remplacé par le questeur du palais (2). Mais les textes qu'on invoque (3) ne sont pas concluants.

SECTION II.

ATTRIBUTIONS.

97. Que le « Consistorium » est surtout un Conseil d'administration.
98. Attributions législatives.
99. Attributions judiciaires.
100. Texte et traduction d'une Novelle de Justinien.
101. Idée essentielle de la Novelle : le Sénat appelé à siéger avec le Conseil impérial.
102. Analyse de la Novelle.
103. Situation du Sénat.
104. Fusion du Sénat et du Conseil impérial.
105. Le Conseil impérial et le Sénat après Justinien.

97. — Au point de vue des attributions, nous ne pourrions que répéter ce qui a déjà été dit. Le Consistorium est un Conseil

(1) C. Th. de fide test. et instr. XI, 39.
(2) Cf. Mispoulet. Inst. pol. des R. t. I, p. 334.
(3) Cassiod. Var. 6, 5. — L. 2, C. J. ut dignit. ordo servetur.

législatif, administratif et judiciaire, qui d'ailleurs tire tout son pouvoir de la volonté du prince. Nous avons rapporté dans le cours de cette étude un grand nombre de textes du Digeste qui mentionnent l'intervention du Conseil. Au Code Théodo-sien, on trouve également plusieurs Constitutions qui témoi-gnent de l'activité du Consistorium. Plusieurs textes nous parlent des « acta apud Consistorium habita » (1).

Mais, comme dans la période précédente, les questions étu-diées au sein du Consistorium sont surtout des questions d'ad-ministration. L'importance législative et judiciaire du Conseil est de moins en moins grande.

98. — En ce qui concerne la législation, et surtout la légis-lation privée, nous savons que le progrès s'est fort ralenti. Le Consistorium du Bas-Empire ne saurait donc en aucune façon être comparé au Conseil d'Hadrien et de ses successeurs, à l' « Auditorium », grâce auquel la rigueur du vieux droit qui-ritaire a fait place peu à peu à des principes plus humains et plus équitables.

Le temps du Conseil semble désormais absorbé par les ques-tions administratives. En effet, lorsque les empereurs Théodose ou Justinien entreprennent de réunir en un seul corps, le droit épars dans une foule de monuments, ce n'est pas au « Consis-torium » qu'ils confient le soin de faire les codes projetés, mais bien à des commissions spéciales. Ainsi le Code Théodosien fut rédigé par une commission comprenant seulement trois mem-bres du Consistoire (2). Pour le Code de Justinien, l'Empereur s'adresse à de hauts fonctionnaires, à des avocats, et il ne met dans la commission qu'un seul « consistorianus », Théophile (3). Le Digeste est rédigé par une commission comprenant des magis-trats, des professeurs, des avocats, et non par le Consistoire (4).

(1) L. 8, C. Th. de fide test. et inst. XI, 39.
(2) Nov. Theod. Codic. auctorit. t. I.
(3) De novo codice faciendo, I.
(4) Const. Deo auctore.

99. — En matière judiciaire, le « Consistorium » conserve jours ses attributions, car l'Empereur continue à être le juge suprême. Mais son influence ne se fait plus guère sentir que dans les consultations demandées par les magistrats et auxquels l'Empereur répond par un rescrit. La plupart des Constitutions du Code Théodosien et un grand nombre du Code de Justinien sont des rescrits rendus dans ces conditions.

Quant aux procès, il en est fort peu qui soient jugés au « Consistorium ». En effet, nous avons déjà parlé des délégations et des « vice sacra judicantes » (suprà, n° 79). Les délégations sont de plus en plus nombreuses, et de spéciales et temporaires qu'elles étaient, elles deviennent générales et permanentes. C'est ainsi que le préfet du prétoire et le préfet de la ville reçoivent des délégations pour juger en appel des catégories d'affaires.

Cependant l'Empereur conserve la connaissance d'un certain nombre de questions, soit en premier et dernier ressort (cognitiones), soit en appel. Ces cas ainsi jugés par l'Empereur étaient probablement les plus difficiles et les plus importants. En 537, Justinien rendit une Constitution qui réglemente le jugement de ces affaires réservées par l'Empereur à l'examen du « Consistorium ».

Cette Constitution a une importance très grande, non pas seulement au point de vue spécial de la compétence judiciaire du Consistoire, mais aussi à un point de vue général. Elle nous indique des changements notables qui donnent au Conseil impérial un caractère nouveau et que nous devons étudier ici.

SECTION III.

MODIFICATIONS INTRODUITES PAR LA NOVELLE.

100. — Pendant longtemps le texte de cette Novelle nous était inconnu. Les éditions courantes des textes justinianéens la

mentionnent pourtant sous la rubrique « Novella LXII de sena-
« toribus », et en donnent une analyse d'après l'Epitome de
Julien (1).

Le texte vrai a été retrouvé par Savigny et publié par lui, au
commencement du siècle, dans la *Zeitschrifft für Rechtsgeschichte*
(t. 2). Elle a été reproduite dans le Corpus de Kriegel (2-3,
page 310).

Nous transcrivons ici le chapitre I, qui seul nous intéresse,
et nous proposons une traduction que nous mettons en regard.

In præsenti itaque multis variis-
que actibus urgentibus, quos nostra
Majestas bello ac pace indefessa
gerere noscitur, pars vacantium se-
natorum in nimiam deminutionem
pervenit, hocque summam putavit
injuriam et non curiosæ conversa-
tionis remedium. Ideoque et eam
quibus oportet modis ampliare nostro nonumento visum est, et ho-
mines nobilitate et summa opinione
egregios ei assignare, quatenus
una quidem nostri senatus pars per
administrationes suam ostendat sagacitatem, altera vero, quæ in
quiete degit, alio modo suum ingenium reipublicæ valeat exhibere.

Aujourd'hui donc, à cause du
grand nombre et de la diversité des
fonctions pressantes, que, comme
on le sait, accomplit notre Majesté
infatigable dans la paix comme dans
la guerre, une partie des sénateurs,
celle des disponibles, a perdu par
trop de son importance et a pensé
que cela était une grande injustice,
et non un moyen d'exercer son
zèle et son dévouement. C'est pourquoi il a paru bon à notre grandeur
de leur rendre leur importance par
les moyens convenables et de nous
adjoindre des hommes remarquables
par leur noblesse et leur haute répu-
tation, à cet effet qu'une partie de
notre Sénat montre ses aptitudes
dans l'administration, et que l'autre
partie, celle des disponibles, puisse
d'une autre façon montrer son dévouement à la chose publique.

Et quia magna utilitas ex judi-
candi sinceritate reipublicæ nostræ
cedit, quædam autem causæ post
appellationes judicibus porrectas in
sacrum nostri numinis consistorium

Et comme il y a une grande
utilité pour l'État à ce que les jugements soient rendus avec exactitude, et comme certaines causes pro-
longées après appels faits au juge

(1) Edit. Galisset, nov. LXVII, titre XVII de consultationibus, collat. V,
colonne 905.

inferuntur, et a nostris proceribus examinantur, idcirco nobis placuit, non solum judices nostros, sed etiam senatores ad examinandas lites in consultationibus convenientes, una cum aliis florentissimis nostris proceribus litium facta trutinare, et quemadmodum, si quando silentium ab ullo una cum conventu fuerit nuntiatum, omnes colliguntur et proceres et senatores, ita et nunc, quando silentium tantummodo propter alicujus causæ examinationem pronuncietur, etsi non addatur conventus vocabulum, tamen eos convenire, et omnes considentes quod eis visum fuerit sub sacrosanctorum evangeliorum præsentia et statuere, et ad nostram perferre scientiam, et augustæ majestatis dispositionem exspectare, a solis senatoribus, sed ab utroque ordine, hujus modi litibus exercendis. Melius enim et perpensius amplioribus quam paucis examinantibus jus merum et justitiæ lumen invenitur. Eo certissimo constituto, quod et in ludis circensibus, et quando conventus fuerit nuntiatus, solito more et senatores colligi necesse est, et suum officium exercere. Et hunc quidem præsentis legis articulum ita disponimus, et hanc constitutionem in perpetuum valituram constringimus.

sont portées devant le sacré consistoire de notre divinité et y sont examinées par nos « proceres », il nous a plu que non seulement nos juges, mais aussi les sénateurs s'assemblant pour l'examen des procès en consultations, examinent les faits avec nos autres très florissants « proceres »; et de même que si la réunion du « silentium » avec le « conventus » a été ordonnée, « proceres » et sénateurs se réunissent ; de même lorsque pour l'examen d'une cause, la réunion du « silentium » seulement a été ordonnée, sans que le mot « conventus » y soit ajouté, nous voulons cependant que tous s'assemblent et que tous, siégeant ensemble, statuent en présence des saints Evangiles ce qui leur semblera bon, le portent à notre connaissance et attendent la décision de notre auguste Majesté, les procès de ce genre devant être jugés non seulement par les sénateurs, mais par les deux ordres (conventus et silentium). Un plus grand nombre de personnes examinant mieux et d'une façon plus complète qu'un plus petit nombre, on trouve par là le droit pur et la lumière de la justice. Cela étant établi d'une manière tout à fait définitive, et de même que pour les jeux du cirque, lorsque le « conventus » est convoqué, il est nécessaire que, suivant la coutume établie, les sénateurs s'assemblent et exercent leur charge. Et nous donnons à cette constitution force exécutoire à perpétuité.

101. — L'idée essentielle qui se dégage de ce texte, c'est que le Sénat se réunit au Conseil impérial pour le jugement des procès.

Cette proposition, d'ailleurs, ne peut être vraie qu'à la condition de traduire « conventus » par Sénat et « silentium » par Consistoire. En ce qui concerne l'expression « conventus », aucun doute n'est possible. Quant au mot « silentium », on ne saurait contester sérieusement qu'il signifie le Conseil impérial. En effet, Justinien nous parle des causes qui sont apportées au Consistoire : « in sacrum nostri numinis Consistorium inferuntur » ; il dit que dorénavant ces causes seront jugées non pas seulement par les juges impériaux, par les membres du Consistoire, « judices nostros », « proceres », mais aussi par le Sénat. Puis il ajoute que cette adjonction de sénateurs aura lieu de plein droit et lors même que la convocation ne mentionnerait que le « silentium ». Est-il donc possible de voir dans cette expression « silentium » autre chose que le Conseil impérial ? Non, et il ne faut attacher aucune importance à la différence des termes dont se sert Justinien.

102. — Cela posé, présentons une série d'observations.

Et tout d'abord, comment l'assemblée composée du Sénat et du Conseil impérial est-elle saisie ?

Les affaires arrivent à la chancellerie impériale par des voies diverses. Ou bien ce sont des magistrats qui s'adressent au prince par voie de « relatio » ou de « consultatio » (1) ; ou bien ce sont des particuliers qui prient le prince d'examiner leur affaire, soit que cette affaire n'ait pas été jugée, soit qu'il soit intervenu une décision non susceptible d'appel, « supplicatio » ; ou bien enfin le procès arrive en suprême et dernier appel (2). Car il faut remarquer que l'appel comprend plusieurs degrés. On va du juge inférieur au supérieur jusqu'à l'Empereur, qui forme le degré le plus élevé de la hiérarchie. C'est ce

_____

(1) La nov. Just. 125 interdit les consultations.
(2) Cf. Willems. Le droit public romain, p. 630, 631.

qui résulte notamment des mots « causæ post appellationes judicibus porrectas, in sacrum nostri numinis consistorium inferuntur ».

Parmi ces affaires ainsi portées à la chancellerie impériale,
il en est qui sont comprises dans la liste des délégations générales (1). Elles sont immédiatement renvoyées aux juges délégués. Quant aux autres, elles font dans les bureaux l'objet
d'une instruction au moins sommaire, à la suite de laquelle
l'Empereur peut prendre l'un de ces deux partis : ou bien renvoyer à un personnage quelconque auquel une délégation
spéciale est donnée, et qui jugera « vice sacra » ; ou bien
retenir l'affaire. Supposons que ce dernier parti soit choisi;
l'Empereur ne juge pas seul : il convoque le Consistorium. Celui
ci se trouve saisi par la convocation qui lui est adressée. Mais,
depuis la Novelle, ce n'est pas seulement le Conseil impérial
qui va examiner l'affaire. Le Sénat se joindra à lui, et tous
réunis en une assemblée unique, sénateurs et membres du
Conseil, vont délibérer.

Il résulte de ce qui précède que l'assemblée, formée du Consistorium et du Sénat, n'a pas d'attributions déterminées. Il n'y
a pas de règle positive de compétence. L'assemblée est saisie
toutes les fois que l'Empereur la convoque et pour toutes les
matières qu'il lui communique.

On peut se demander si la réunion de cette assemblée a
toujours lieu, dans tous les cas, ou bien au contraire si l'Empereur ne la convoque que dans des cas spéciaux, particulièrement graves, comme, par exemple, en matière criminelle,
dans le cas de haute trahison. Il faut répondre qu'il n'y a aucune distinction à faire. Non seulement Justinien ne distingue
pas dans sa Novelle, mais encore il insiste sur ce point que
le Sénat devrait se réunir au Consistoire, lors même que le décret
de convocation ne mentionnerait pas le Sénat.

(1) L. 32, C. J. de appellationibus, VII, 62.

« Quando silentium tantummodo propter alicujus causæ exa-
« minationem pronuntictur, etsi non addatur conventus vo-
« cabulum, tamen eos convenire... etc. »

La réforme de Justinien a donc une portée considérable.
Désormais le Conseil impérial pour les affaires litigieuses,
n'est plus le Consistorium, mais une assemblée composée et
du Consistorium et du Sénat.

Un autre point fort important et sur lequel la Novelle insiste
d'une façon particulière, c'est que la nouvelle assemblée
judiciaire n'a pas de pouvoir propre. Elle émet un simple avis,
et l'Empereur seul rend la décision. Il n'y a rien de bien
étonnant à cela. On sait que le Consistoire n'a jamais eu de
pouvoir propre. Quant au Sénat, depuis longtemps il ne jugeait
que « vice sacra », c'est-à-dire par délégation de l'Empereur (1).

Telles sont les principales règles qui résultent de la Novelle
de Justinien. Mais pour se rendre un compte exact de la
portée de ces réformes, il convient de rechercher quelle était
la situation du Sénat à l'époque du Bas-Empire (2).

103. — Cette situation du Sénat peut se résumer d'un seul
mot : au Bas-Empire, le nom du Sénat subsiste, mais la chose
a presque disparu.

Les règles relatives à la composition ont été bouleversées.
L'ancienne carrière sénatoriale a fini par se confondre avec la
carrière équestre, et désormais le titre de sénateur est à la
disposition de l'Empereur qui le confère à ses créatures en les
nommant à une fonction entraînant la qualité d'illustre ou
simplement de respectable.

Quant aux attributions, le Sénat n'en possède plus aucune
effective.

En matière législative, lorsque l'Empereur veut bien con-

---

(1) Cf. Mispoulet. Inst. pol. des R. t. I, p. 361, texte et notes 68, 69.
(2) Sur le Sénat du Bas-Empire : Mispoulet. Inst. pol. des R. t. I, § 80.
— Willems. Le droit public romain, p. 587, 5e édit.

sulter le Sénat, l'acte n'obtient pas force de loi par le seul vote des sénateurs. Le projet retourne au « Consistorium », où il est lu et approuvé par l'Empereur. Il ne devient loi qu'après cette approbation. C'est ce que dit formellement une Constitution des Empereurs Theodose et Valentinien (1).

En matière administrative, le Sénat, qui n'avait depuis longtemps qu'une compétence limitée à certaines provinces, a perdu tout pouvoir, car les provinces sont toutes soumises à l'autorité du prince. Il n'y a plus de provinces sénatoriales (2).

Quant aux finances, le Sénat n'est même pas libre de fixer lui-même le taux de ses offrandes.

Pour la religion, il ne peut qu'adresser des vœux à l'Empereur.

De toutes ses anciennes prérogatives, le Sénat ne conserve plus que le droit théorique d'investir le prince du pouvoir suprême par la « lex Regia », et une influence nominale sur les élections aux magistratures.

Comme on le voit, le Conseil impérial a supplanté le Sénat, et si l'on demande quel est au Bas-Empire le véritable Conseil de gouvernement, le « Consilium publicum », l'assemblée politique, il faut répondre que c'est le « Consistorium ». Seulement le « Consistorium », on le sait, n'a pas de pouvoir propre. Le despotisme le plus absolu s'est établi. Le « Consistorium » et le Sénat du Bas-Empire sont tous deux soumis à la volonté toute-puissante de l'Empereur. La coexistence de ces deux institutions était une anomalie. L'une d'elles devait disparaître ; ou plutôt elles devaient s'absorber l'une dans l'autre.

104. — Essayons de voir comment cette fusion a pu s'opérer.

Tout d'abord, le « Consistorium » s'est élargi au point de vue

---

(1) L. 8, C. J. de leg. et const. princip. I, 14.
(2) Cf. Mispoulet. Inst. pol. des R., § 89, t. 2, p. 94.

de sa composition. Sous Justinien, il n'est plus seulement la réunion d'un certain nombre de conseillers ayant la mission particulière de donner des avis au prince sur les différentes branches de l'administration de l'Etat. Le « Consistorium », c'est l'ensemble des grands fonctionnaires de la Cour. Cette proposition résulte du texte de la Novelle de Justinien.

On a pu remarquer dans le cours de cette étude que depuis Hadrien et surtout depuis Alexandre Sévère les conseillers portent un nom spécial. Ce sont des « consiliarii », des « adsumpti in consilium », des « ducenarii », des « sexagenarii », des « comites consistoriani ». Or, il est curieux que Justinien dans sa Novelle ne prononce pas le mot de « consistoriani » et désigne les membres de son Conseil par une expression différente : « proceres ». Après avoir parlé des causes « quæ in « sacrum nostri numinis consistorium inferuntur », il dit que ces causes sont jugées non par des « consistoriani », mais par des « proceres ». Or les « proceres », ce sont tous les grands dignitaires : le préfet du prétoire, le préfet de la ville, le questeur du palais, le « magister officiorum », les « comites consistoriani » eux-mêmes. Nous savons que tous ces hauts fonctionnaires, ces « proceres » pouvaient être appelés, extraordinairement au moins, à siéger au « Consistorium ». Il est probable que ce qui avait commencé par être un fait exceptionnel était devenu un fait ordinaire, de telle sorte que le Conseil impérial n'était plus un corps fermé, mais comprenait les principaux fonctionnaires de l'Empire.

D'autre part et en sens inverse, le Sénat a été singulièrement restreint au point de vue de sa composition. Justinien en élimina les « clarissimi » et les « spectabiles », pour n'y conserver que les « illustres ». Or les « illustres », ce sont les hauts fonctionnaires, les « proceres », c'est-à-dire ceux dont la réunion forme le Conseil impérial. Quelles différences subsistent donc encore entre le Sénat et le Conseil impérial ? Une seule. Le Consistoire comprend les fonctionnaires en activité (positi in actu); le Sénat comprend non seulement ceux en activité, mais aussi les disponibles (vacantes). Dès lors, n'est-il pas naturel d'adjoindre, pour certains travaux, aux fonctionnaires en activité « qui per administrationes suam ostendunt sagacitatem », leurs collègues en disponibilité « qui in quiete degunt » et qui vont pouvoir, grâce à cette mesure, « suum ingenium reipublicæ exhibere » ?

Le texte qui indique la réforme de Justinien en ce qui concerne le Sénat est la loi 12, § 1, D. de senatoribus (I, 9). « Senatores autem accipiendum est eos qui a patriciis et consulibus « usque ad omnes illustres viros descendunt : qui et hi soli in « Senatu sententiam dicere possunt ». Ce texte est placé sous le nom d'Ulpien, mais il n'est pas de lui. Au temps d'Ulpien, en effet, il n'y avait ni patrices ni illustres. Il y a donc bien là une innovation de Justinien (1).

La Novelle de Justinien n'est qu'une conséquence de cette réforme. Après cette Novelle, Consistoire et Sénat deviennent synonymes au point que lorsqu'il est dit que le Consistoire se réunira, cela signifie que le Sénat tout entier devra se réunir. L'assimilation n'est toutefois absolument complète qu'à un point de vue : celui du contentieux.

Il serait intéressant d'étudier comment l'évolution continua à s'opérer sous l'Empire d'Orient. En l'état actuel de la science des institutions byzantines, un semblable travail serait difficile. Nous nous bornerons à donner quelques brèves indications relevées pour la plupart dans l'histoire du droit byzantin de Mortreuil.

On peut tout d'abord affirmer l'existence du Conseil impérial même à l'époque des Basiliques, c'est-à-dire à la fin du IXe siècle. Un passage du livre VI, titre 28, nous apprend que les quatre « scrinia, memoriæ (τῆς μνήμης), epistolarum (τῶν ἐπιστολῶν,) ibellorum (τῶν λιβέλλων), dispositionum » (τῶν λογοθεσιῶν), subsistent toujours. Et un peu plus bas , au même titre, le

_____

(1) Cf. Mispoulet, Inst. pol. des R., t. 1, p. 354, note 89.

n° 8 nomme les « comites consistoriani », κόμητες κονσιστοριανοί.

D'autre part, les monuments attestent l'existence jusqu'à la fin de l'Empire d'Orient, d'un Sénat, σύγκλητος.

Le moine Cédrène, auteur d'une histoire byzantine, dit que l'Impératrice Zoé, qui régnait en 1042, accorda des honneurs aux membres du Sénat : « τιμῶν μὲν ἡ σύγκλητος προβιβασμοῖς ἐγεραίρετο » (édit. Paris, p. 752).

Sous Manuel Commène, qui régna de 1143 à 1171, le Sénat est encore mentionné comme ayant pris part à une délibération relative à des affaires ecclésiastiques : « Ὅ τι Βασιλεύς καὶ ἡ σύνοδος καὶ πᾶσα ὁμοῦ σύγκλητος » (1).

On serait donc tenté de croire que la fusion commencée sous Justinien ne se poursuivit pas sous ses successeurs, puisque les deux institutions subsistent parallèlement. Il nous semble qu'il y aurait là une erreur. Les κόμητες κονσιστοριανοί et les membres du σύγκλητος ne constituent pas deux assemblées distinctes. Et nous pouvons montrer que l'assimilation continue à se faire peu à peu. Tout d'abord le cercle des membres du Conseil impérial finit par s'étendre au point que l'ancien « Consistorium » devient, à proprement parler, la cour de l'Empereur. Ce point nous est attesté par un texte de Constantin Porphyrogénète qui régna de 780 à 797, et qui nous décrit le rôle qu'occupa le Consistoire dans la réception du légat de Perse (2).

En second lieu, ce Sénat dont nous avons trouvé des traces, ce σύγκλητος n'est plus l'ancien Sénat. Justinien en avait déjà considérablement modifié le caractère en n'y admettant plus que les illustres. Mais il semble que le nouveau Sénat modifié par Justinien avait hérité de l'ancien d'une sorte de droit de Conseil. Cette dernière prérogative lui fut retirée par l'Empereur Léon, qui dans sa novelle 78 dit qu'il est inutile et superflu de soumettre les projets de loi au Sénat. Voilà donc tout ves-

1) Leo Allatius, de Conscnsu, II, 12.
(2) Liv. I, c. 89.

tige de l'ancien Sénat aboli, dès le commencement du xe siècle. L'assemblée que nous rencontrons plus tard sous le nom de σύγκλητος n'est plus un véritable Sénat. C'est une réunion des principaux fonctionnaires ; c'est le Conseil impérial.

Mortreuil (t. 3, p. 36) attribue à Nicéphore Phocas, qui régnait de 963 à 969, la réorganisation de cette assemblée.

DROIT FRANÇAIS

LA COMMISSION DÉPARTEMENTALE.

INDICATIONS BIBLIOGRAPHIQUES.

Ducrocq. — Cours de droit administratif, 6ᵘ édit. Paris, Thoriu, 1881.

Batbie. — Traité théorique et pratique de droit public et administratif, 2ᵒ édit., Paris, Larose et Forcel, 1881 (tome III).

J.-Marie. — De l'Administration départementale. Paris, Chevalier-Marescq, 1882.

Liégeois. — De l'organisation départementale, Paris, Marescq, 1873.

Charles Constant. — Code départemental ou Manuel des Conseillers généraux et d'arrondissement. Paris, A Durand et Pedone-Lauriel, 1880.

Bulletin officiel du Ministère de l'Intérieur.

Les Conseils généraux. — Interprétation de la loi organique du 10 août 1871. Recueil des lois, décrets, arrêts ou avis du Conseil d'Etat, etc., publié par la librairie Berger Levrault. — Abréviation : B. L.

Laferrière. — Loi organique départementale et lois spéciales relatives au département de la Seine et à l'Algérie, textes officiels annotés.

DROIT FRANÇAIS

LA COMMISSION DÉPARTEMENTALE.

INTRODUCTION

NOTIONS GÉNÉRALES

1. — Nous nous proposons d'étudier au point de vue juridique l'institution de la Commission départementale.

Cette institution a été créée par la loi organique départementale du 10 août 1871. Notre travail a donc pour objet le commentaire des articles de cette loi qui sont relatifs à la Commission, et des autres textes qui s'y rattachent.

Toutefois, avant d'aborder l'exégèse des textes, nous rechercherons dans cette introduction quelle place la Commission départementale occupe dans l'ensemble de nos institutions administratives, et nous essaierons de caractériser d'une manière générale le rôle qui lui appartient. D'ailleurs, la création de la Commission départementale a été la dernière mesure importante de décentralisation en ce qui concerne le département; et il convient de rapporter celles qui l'ont précédée.

2. — L'organisation administrative de la France a son point de départ dans la loi du 28 pluviôse de l'an VIII. Malgré les modifications nombreuses que cette loi a subies, les principes essentiels qu'elle consacre ont été maintenus. Ils peuvent se ramener à quatre.

En premier lieu, la loi de l'an VIII répartit en des mains différentes l'action, la délibération et la juridiction administratives. La juridiction est donnée à des tribunaux; la délibération à des conseils; l'action à un agent unique.

Cette unité d'agent est un second principe qui se formule ainsi : « Délibérer est le fait de plusieurs, agir est le fait d'un seul. »

En troisième lieu, la loi de l'an VIII reconnait trois unités administratives, c'est-à-dire trois sortes de circonscriptions territoriales, rentrant l'une dans l'autre et ayant chacune un organisme propre. Ces trois unités sont l'Etat, le département, la commune.

Enfin, dernier principe, ces trois unités ne sont pas simplement juxtaposées. Le département n'est pas une fédération de communes; l'Etat n'est pas une fédération de départements; l'Etat est un, comme le département est un, comme la commune est une. Il y a bien trois groupes d'intérêts distincts. Chacune des trois unités est en même temps personne morale et a un patrimoine propre. Mais les départements et les communes n'ont pas une vie complètement indépendante.

L'intérêt général domine tout.

Voyons maintenant comment la loi de l'an VIII a appliqué ces principes.

Parlons d'abord de l'action.

La maxime : « Agir est le fait d'un seul », était appliquée par la loi de l'an VIII avec toute la rigueur possible. L'agent administratif par excellence, c'est le chef de l'État. Mais comme il ne peut par lui-même, tout administrer, il a au-dessous de lui une hiérarchie de délégués, chargés sous sa dépendance d'une partie de l'administration. Cette hiérarchie comprend : au centre, les ministres, compétents dans toute l'étendue du territoire français, mais seulement pour les services confiés à chacun d'eux ; dans les départements, le préfet représentant direct du gouvernement subordonné aux ministres, et compétent pour tous les services sur toute l'étendue du territoire du département ; enfin dans la commune, le maire, soumis à l'autorité du préfet.

Le préfet et le maire sont chargés de l'exécution non pas seulement en ce qui concerne les lois et les règlements d'intérêt général, mais aussi en ce qui concerne l'administration des intérêts purement locaux.

Le maire était nommé par le préfet ; aujourd'hui, il est nommé par le conseil municipal, mais il n'a pas pour cela cessé de faire partie de la hiérarchie. Il peut être révoqué par décret du Président de la République. (Art. 86, l. 5. avril 1884.)

Quant à la délibération, elle était confiée pour l'administration centrale à un Conseil d'Etat nommé par le chef du pouvoir exécutif. Il faut remarquer d'ailleurs, en ce qui concerne l'administration générale de l'Etat, que les Chambres politiques interviennent toujours d'une façon plus ou moins directe. Dans le département, il y avait un Conseil de préfecture chargé d'éclairer le préfet surtout pour l'accomplissement de sa mission d'ordre général ; et un Conseil général de département, déli-

bérant sur les affaires locales. Dans la commune, se trouvait
le conseil municipal.

La hiérarchie subsiste toujours. Les différents conseils
ont été également conservés. Le Conseil d'Etat et le Conseil
de préfecture étaient et sont encore composés de membres
nommés par le chef de l'Etat. Cette règle se justifie par cette
considération que ces corps ne sont pas seulement des conseils, mais qu'ils sont aussi des tribunaux.

En ce qui concerne les conseils locaux, la loi de pluviôse
avait également décidé qu'ils se composeraient de membres
choisis par le pouvoir central pour le département, par le
préfet pour les communes. Règle fort grave, car elle mettait
l'administration locale absolument entre les mains du chef de
l'État, c'est-à-dire du premier consul.

De cette règle, il faut rapprocher la suivante qui n'est pas
moins grave. Les conseils locaux étaient des corps purement
consultatifs : ils n'émettaient que des avis. La décision était
prise par l'agent d'exécution. On voit comment était comprise
la maxime : « Délibérer est le fait de plusieurs, agir est le fait
d'un seul. » Délibérer c'est examiner la décision à prendre, en
peser le pour et le contre, et finalement la conseiller ou la
déconseiller. Agir c'est résoudre, c'est prendre la décision et
non pas seulement l'exécuter.

3. — Il est facile de voir que, grâce à ces deux règles, la loi
de l'an VIII avait soumis la France à une centralisation énergique, et avait fait du premier consul une sorte de monarque
omnipotent.

Il ne faut pas chercher dans l'ambition personnelle du premier consul Bonaparte ou des hommes qui avaient préparé un
tel système (Siéyès), la cause unique de cette centralisation.
Les ambitions personnelles ne sont que des accidents. Parfois
elles peuvent précipiter ou retarder les événements, mais elles
sont insuffisantes pour en rendre compte. La centralisation
établie en l'an VIII a eu des causes beaucoup plus profondes,

qui tiennent à la nature même des choses et au tempérament propre de la race française.

Les éléments divers qui ont contribué à la formation du peuple français ont montré de fort bonne heure une grande affinité les uns pour les autres. Le principe de la territorialité des coutumes substitué, dès la fin du ixe siècle, au système des lois personnelles en est une preuve certaine. Les tendances unitaires s'accusent nettement dans l'organisation de la monarchie franque et dans la législation des capitulaires applicables dans toutes les parties du territoire. Tenues en échec par la féodalité, elles se manifestèrent de nouveau avec une très grande énergie au xve siècle. La royauté s'efforça, avec une persévérance qui ne se démentit jamais, de reconstituer le territoire et de refaire l'unité de la France. Elle n'y réussit qu'à moitié : l'unité politique fut seule réalisée. Restait à établir l'unité administrative.

A la veille de la Révolution, la France était un simple agrégat de provinces. Les unes, il est vrai, dites pays d'élections, étaient absolument soumises au roi, et étaient administrées par un de ses intendants.

Mais un grand nombre d'autres, dites pays d'états, étaient administrées par des assemblées locales. Elles avaient conservé des franchises qui variaient de l'une à l'autre, mais qui, dans certains cas, allaient jusqu'à constituer une véritable autonomie, et faisaient d'elles des petits états dans l'État. Il y avait bien, comme dans les pays d'élections, un intendant du roi, mais cet intendant n'avait aucun pouvoir. Les pays d'états étaient les provinces les plus récemment rattachées à la couronne, surtout par des alliances et des traités dans lesquels le maintien des libertés locales avait été stipulé. Il était bien difficile à la royauté de briser ces traités sans compromettre la reconstitution territoriale de la France, si péniblement opérée au prix d'efforts séculaires.

C'est la Révolution qui réalisa l'unité administrative, mais non pas tout d'un coup.

La loi des 22 décembre 1789-janvier 1790 supprima les anciennes provinces, divisa la France en départements et établit un système administratif uniforme. Les départements furent tous organisés sur le même modèle. Il en fut de même des communes.

Les départements eurent chacun un Conseil de trente-six membres élus par les citoyens. Ce Conseil délibérait et prenait des décisions. Il élisait un Comité exécutif composé de huit membres et appelé Directoire. Enfin, un procureur général syndic élu par les citoyens transmettait aux différents employés les ordres du Directoire.

La loi de 1790 ne se contenta pas d'établir l'uniformité. Elle essaya de réaliser l'unité. Les tendances unitaires si anciennes trouvèrent enfin une formule. L'instruction de l'Assemblée nationale sur la loi du 22 octobre 1789 porte ce qui suit : « L'Etat est un. Les départements ne sont que des sections d'un même tout. Une administration uniforme doit donc les embrasser tous dans un régime commun. Si les corps administratifs, indépendants et en quelque sorte souverains dans l'exercice de leurs fonctions, avaient le droit de varier les principes et les formes de l'administration, la contrariété de leurs mouvements partiels, détruisant bientôt la régularité du mouvement général, produirait la plus fâcheuse anarchie. » La loi de 1790 s'était inspirée de ces idées. Les assemblées eurent des attributions au sujet desquelles elles pouvaient prendre des résolutions ; mais la liste de ces attributions fut limitative.

De plus, elles ne délibérèrent que sous « l'autorité » ou sous « l'inspection » tantôt du pouvoir législatif, tantôt du roi. (Art. 1 et 2, sect. 3, 1. janvier 1790.)

Malheureusement, le principe de l'unité, si clairement proclamé, resta un principe théorique. L'organisation était entachée d'un vice qui empêcha l'unité de passer du domaine de la théorie dans celui de la pratique.

La loi n'avait établi entre les départements et l'Etat aucun intermédiaire. Les intendants de l'ancien régime avaient laissé dans les pays d'élections des souvenirs tels, qu'on ne voulut pas instituer auprès de l'assemblée départementale un représentant du gouvernement. Il en résulta que les règles de compétence n'eurent pas de sanction, et que le principe de « l'autorité ou de l'inspection », comme on disait alors, disparut. En fait, les assemblées étaient indépendantes. D'un autre côté, la loi de 1790, toujours en haine de l'ancien intendant et par crainte de le voir renaître dans la personne d'un nouvel agent, avait systématiquement affaibli l'action en la confiant à plusieurs individus administrant collectivement. Ces deux circonstances devaient amener des résultats peu satisfaisants, surtout si l'on considère que tous les membres de l'administration étaient élus par un collège de citoyens, en général peu éclairés, peu préparés, dans tous les cas, à l'exercice de la vie publique.

Une réforme devint nécessaire. On essaya de remédier à la situation par la loi du 21 fructidor de l'an III, qui diminua le nombre des agents d'exécution collective ; cette loi ne produisit aucun résultat appréciable. C'est alors qu'intervint la loi du 28 pluviôse de l'an VIII.

Mais le but fut dépassé. Sous l'organisation antérieure, tous les membres de l'administration étaient élus : par esprit de réaction, désormais aucun ne le sera. Les corps délibérants avaient été tout-puissants : désormais ils ne donneront plus que des avis. L'exécution avait été confiée à plusieurs : désormais elle appartiendra à un seul. Il n'y avait aucun lien entre les départements et le centre : désormais c'est le pouvoir central qui administrera lui-même, directement ou par un délégué : le préfet. L'unité était cette fois bien réalisée et d'une manière définitive, mais au prix du sacrifice complet de la vie locale, et au moyen d'une centralisation dont nous ressentons aujourd'hui encore les funeste effets.

4. — Depuis l'an VIII, on s'est efforcé de ressusciter les libertés locales sans détruire l'unité si péniblement acquise. Cette œuvre de décentralisation a été poursuivie par toute une série de mesures qui ont soulevé de vives controverses, parce qu'au fond de toute question de décentralisation se trouve le problème suivant : concilier l'indépendance locale avec l'unité du pays.

Toutes les réformes peuvent se ramener à trois :

1°) Election des corps délibérants ;

2°) Augmentation de leur pouvoir et développement de leurs attributions ;

3°) Droit de décision transporté de l'administration centrale aux préfets (décrets des 25 mars 1862 et 13 avril 1861).

Le troisième groupe de mesures ne présente aucun intérêt au point de vue du développement de la vie locale. Les deux premières réformes, au contraire, ont, à ce même point de vue, une importance extrême.

L'élection vint soustraire les corps délibérants à la pression du pouvoir central. Admise en 1831 pour les conseils municipaux et en 1833 pour les conseils généraux, elle avait lieu au suffrage restreint. Depuis 1848, le suffrage universel est substitué au suffrage restreint.

La seconde réforme n'est pas moins importante. Elle vint restituer aux conseils locaux le droit de prendre des décisions. Les conseils cessèrent donc d'être des corps purement consultatifs. Ils devinrent des assemblées administrant dans l'ordre de la délibération les intérêts locaux dont les électeurs leur avaient confié le soin.

En ce qui concerne les départements, qui seuls nous occuperont désormais, le point de départ de la réforme se trouve dans la loi du 10 mai 1838. Cette loi donnait au Conseil général le droit de s'opposer à l'accomplissement des actes de la vie civile du département. Nul ne pouvait leur forcer la main. Mais ce n'était là qu'un droit de véto, qui d'ailleurs modifiait profondément le sens de la maxime : « Agir est le fait d'un seul. » Primitivement, agir c'était prendre une décision exécutoire. Désormais le préfet ne pourra prendre de décision exécutoire sans l'assentiment du Conseil général.

L'opinion publique ne tarda pas à demander davantage. En 1865, un comité d'études se réunit à Nancy et publia un projet de décentralisation dans lequel l'administration du département était confiée non plus au préfet, mais à une commission permanente de cinq membres élus tous les trois ans par le Conseil général. On maintenait le préfet en lui confiant, comme au procureur général syndic de 1790, la mission de procurer l'action. Mais, à la différence du procureur général syndic, le préfet représentait le gouvernement auprès des assemblées départementeles et formait le lien entre l'administration centrale et les départements. Le projet organisait aussi des administrations cantonales, comme la loi de l'an III, mais sans détruire la commune, comme l'avait fait cette loi (1).

C'est à la suite de ce mouvement décentralisateur qu'intervint la loi du 18 juillet 1866. Cette loi donnait au Conseil général le droit de prendre seul et sans le concours du préfet des décisions exécutoires pour un certain nombre de matières énumérées.

Mais le cercle des attributions où le Conseil général pouvait se mouvoir librement était assez restreint. La loi de 1866 ne donnait qu'une bien faible satisfaction aux décentralisateurs. Le préfet, qui était surtout visé par eux, restait encore très puissant. Le Conseil général ne se réunissait qu'une fois l'an : son contrôle était donc peu efficace.

Le mouvement décentralisateur continua dans les esprits.

(1) Un projet de décentralisation. Nancy, 1865, un vol. in-8°. — Cf. de Ferron, Institutions municipales et provinciales comparées, p. 155.

L'idée de l'administration du pays par le pays recrutait tous les jours de nouveaux partisans. Une commission extra-parlementaire réunie au commencement de 1870 se mit à étudier de nouveau la question de décentralisation. Une loi des 23-26 juillet 1870, qui donnait aux conseils généraux le droit d'élire leur bureau et de faire leur règlement intérieur, ne donna aucune satisfaction à l'opinion. Il ne faut donc pas s'étonner si l'Assemblée nationale de 1871 se trouva saisie, presque aussitôt après sa réunion, de différents projets de décentralisation.

5. — Ces projets étaient au nombre de trois :

1o L'un déposé par MM. Magnin et Bethmont dans la séance du 27 mars (1).

2o Le second déposé par M. Savary, dans la séance du 27 avril (2). Ce projet était celui de la commission extra-parlementaire de 1870.

3o Le troisième déposé par M. Raudot dans la séance du 28 avril (3).

Ces trois projets furent soumis à l'examen d'une commission de trente membres dite commission de décentralisation, qui les fondit en un seul en y ajoutant quelques dispositions. Le rapport fut déposé par M. Waddington dans la séance du 14 juin (4).

La commission écartait tout d'abord l'idée de la création de provinces comprenant plusieurs départements, idée qui était formulée dans le projet Raudot. Ce premier point admis, la commission arrêta qu'il fallait séparer autant que possible les affaires générales de l'Etat des affaires du département, et donner pour toutes les affaires départementales une influence prépondérante au Conseil général.

(1) J. off. p. 294. Exposé des motifs ; p. 401, texte : p. 417.
(2) J. off. p. 798, col. 2 ; p. 1321 ; p. 1335 ; p. 1409.
(3) J. off. p. 829 ; p. 1118 ; p. 1136 ; p. 1149 ; p. 1162.
(4) J. off. p. 1372. Rapport : annexe no 320, p. 1685, 1700, 1714.

Pour arriver à ce résultat, on pouvait, sans trop modifier les attributions du Conseil général, substituer au préfet un administrateur élu, responsable devant le Conseil et agissant sous son contrôle et sa surveillance. Cette idée, contenue dans le projet de M. Raudot et dans celui de MM. Magnin et Bethmont, fut également repoussée. On résolut de conserver le préfet. Le Conseil général aurait la haute main sur toutes les affaires départementales. On retirerait au préfet le droit de décision, dans tous les cas où il lui appartenait encore, et on ferait de lui un simple agent d'exécution, agent unique d'ailleurs, exerçant sa mission sous le contrôle du Conseil.

Mais on se heurtait à une difficulté pratique. Le Conseil général n'est pas et ne saurait être permanent. On lui donnait, il est vrai, le droit de se réunir ordinairement deux fois par an au lieu d'une; on lui permettait aussi d'avoir des sessions extraordinaires. Mais ces réunions étaient encore beaucoup trop rares pour que le Conseil pût exercer un contrôle sérieux. De plus, le préfet n'ayant plus le droit de décider, il pouvait y avoir des cas où l'expédition des affaires serait retardée. Comment obvier à ces inconvénients ? C'est ainsi qu'on fut naturellement amené à l'idée de créer une commission élue par le Conseil général, continuant son action, pendant son absence, contrôlant et surveillant l'exécution des délibérations du Conseil général, enfin prenant des décisions exécutoires dans les cas où ce droit était accordé au préfet.

Cette idée n'était ni nouvelle ni originale. Déjà les assemblées de 1787 créées par Louis XVI avaient nommé des commissions intermédiaires qui avaient continué l'action des assemblées(1). A l'étranger, l'idée d'une commission placée entre l'assemblée provinciale et l'agent exécutif a été acceptée par plusieurs Etats, notamment la Hollande, l'Italie, l'Espagne. Mais c'est surtout à la législation belge que l'Assemblée nationale de 1871

(1) Cf. Léonce de Lavergne, Les assemblées provinciales sous Louis XVI.

a fait des emprunts. En Belgique, il existe depuis longtemps
une députation permanente, nommée par l'assemblée, et qui,
sous la présidence du gouverneur, administre la province, en
l'absence de l'assemblée. C'est cette institution que le législateur de 1871 a voulu transporter chez nous, en lui faisant
subir d'ailleurs des modifications importantes.

En Belgique, la députation permanente du Conseil provincial n'est pas un corps purement délibérant. Elle participe à
l'exécution. Elle est présidée par le gouverneur de la province
qui a voix délibérative. Il n'y a pas en Belgique de Conseil de
préfecture et la députation permanente remplit plusieurs des
fonctions qui chez nous appartiennent à ce Conseil et qui
concernent l'intérêt général. Les membres de la députation
sont de véritables fonctionnaires salariés. La députation permanente délivre des mandats; elle exerce les actions judiciaires.
En un mot, la députation belge est un corps mixte qui tient à
la fois du Conseil de préfecture, du conseil local délibérant, et
enfin du Directoire exécutif de 1790 et de l'an III (1).

6. — Or la commission de décentralisation qui prépara la
loi de 1871 eut à se demander quel caractère elle donnerait à
la députation du Conseil général. Devait-elle copier entièrement la législation belge ?

Un point fut écarté tout d'abord. On décida que la Commission départementale n'aurait aucune attribution en ce qui concerne les intérêts généraux de l'Etat.

La question se réduisait donc aux termes suivants : La
Commission départementale serait-elle un comité exécutif?
On se décida pour la négative. « Dans notre pays, dit le
rapporteur (J. off. p. 1700), les administrations collectives

(1) Pour le droit comparé, voir Batbie, Traité théorique et pratique de
droit public et administratif, p. 352 et suiv. ; Floureus, Organisation judiciaire et administrative de la France et de la Belgique; de Ferron, Institutions municipales et provinciales comparées ; Demombynes, Constitutions
européennes.

ne sont pas en faveur, et la maxime « Délibérer est le fait de plusieurs, agir est le fait d'un seul », est regardée comme un axiome. Aussi, sans contester les bons résultats obtenus par le système belge, nous n'avons pas cru qu'il fût applicable à la France... » Et plus loin :... « Il y a avantage évident à confier le pouvoir exécutif pour les affaires départementales à un agent qui y est déjà investi de fonctions considérables (le préfet), et auquel les populations sont habituées, à la condition, toutefois, de lui rendre impossible l'abus de ce pouvoir. C'est pour bien marquer le nouveau rôle qu'elle attribue au préfet, que la commission a nettement défini les attributions du Conseil général et de la commission départementale, d'une part, et du préfet, d'autre part : aux premiers, la délibération et la décision, la nomination des fonctionnaires salariés sur les fonds départementaux, le contrôle exercé dans l'intervalle des sessions, c'est-à-dire l'administration dans le sens le plus élevé et le plus général du mot ; au second, l'exécution proprement dite et non plus l'administration tout entière. » Ces idées furent, après de longues discussions, acceptées par l'Assemblée nationale qui vota les textes suivants :

Art. 2. — « *Le Conseil général élit dans son sein une Commission départementale.*

Art. 3. — « *Le préfet est le représentant du pouvoir exécutif dans le département.*

« Il est, en outre, chargé de l'instruction préalable des affaires qui intéressent le département, ainsi que de l'exécution des décisions du Conseil général et de la Commission départementale, conformément aux dispositions de la présente loi. »

7. — On admettait donc le principe que l'exécution appartient au préfet, non à la Commission. Mais, dans l'application de ce principe, on devait rencontrer des difficultés. Où s'arrête la délibération ? Où commence l'exécution ? Quand cesse-t-on de délibérer pour agir ? Avant les lois de 1837 et de 1838, il était facile de répondre. Agir, c'était résoudre, c'était décider.

Mais on a vu comment ce mot avait changé de sens. Agir ce n'est plus aujourd'hui résoudre, c'est réaliser pratiquement l'acte résolu. Le rôle du préfet est donc analogue au rôle du procureur général syndic de 1790. Sa mission consiste à procurer l'action, suivant l'expression de Rœderer dans l'exposé des motifs de la loi de pluviôse. Or, la procuration d'action est un acte complexe. Et quand il s'agit d'appliquer à la procuration d'action la maxime « agir est le fait d'un seul », on peut, dans bien des cas, hésiter. Rœderer distingue dans la procuration d'action onze fonctions différentes.

On peut réduire cette analyse un peu subtile (1), et ne comprendre dans la procuration d'action que quatre éléments : la direction, l'instruction, la surveillance, le contrôle.

La direction, c'est-à-dire le commandement aux agents et aux employés, doit évidemment appartenir à un seul. Cette fonction appartient donc exclusivement au préfet. La commission de décentralisation l'admettait. Mais le préfet devait-il choisir lui-même les employés qu'il devait commander? Le projet résolvait négativement ce problème. Comme on a pu le voir dans la citation ci-dessus, le Conseil général et la Commission départementale devaient nommer les agents salariés sur les fonds départementaux. L'Assemblée nationale repoussa ce système. Celui qui commande doit être responsable, et il ne peut être responsable s'il ne choisit pas lui-même ses agents. Il faut aussi qu'il soit obéi lorsqu'il donne un ordre ; il est donc nécessaire de lui donner le droit de vaincre les résistances. C'est avec raison que l'Assemblée a maintenu au préfet le droit de nomination et de révocation.

En ce qui concerne l'instruction, il n'y a, suivant nous, aucun inconvénient à ce qu'une commission puisse en être chargée. Mais elle ne doit pas l'être à l'exclusion du préfet. Celui-ci a des moyens d'information dont un corps délibérant ne peut dispo-

(1) Cf. Ducrocq, Cours, t. 1, n° 107.

ser , à moins qu'on ne lui confère le droit de donner des ordres aux agents subordonnés au préfet, ce qui serait contraire à ce que nous venons d'établir. La loi de 1871 nous parait avoir consacré un système très rationnel. Elle donne au préfet l'instruction préalable , mais elle n'exclut pas complètement la Commission (Cf. *infrà*, n° 29).

Le contrôle et la surveillance des agents appartiennent naturellement au préfet, qui les dirige et qui les commande.

Mais la loi donnant à la Commission le contrôle et la surveillance de la gestion du préfet, il en résulte que la Commission surveille et contrôle indirectement les sous-agents. Seulement, de même qu'elle ne peut leur adresser des injonctions, de même elle ne saurait leur faire des observations ou des reproches. C'est au préfet qu'elle doit s'adresser ; lui seul est responsable devant elle.

8. — Avant de terminer cette étude d'ensemble et d'aborder le détail des attributions de la Commission départementale, il convient de signaler un article du projet aux termes duquel la Commission départementale était chargée d'exercer la tutelle administrative des communes et des établissements hospitaliers. Cet article souleva de vives discussions. Le gouvernement le combattit en soutenant que, ce qu'on appelle la tutelle administrative, n'est qu'un droit de contrôle et de surveillance, qui appartient naturellement au pouvoir exécutif ou à ses délégués. La commission de décentralisation, sans renoncer à son idée, retira l'article, se réservant de donner à la Commission départementale la tutelle des communes, lorsqu'on reviserait la loi municipale.

CHAPITRE I.

COMPOSITION ET ORGANISATION DE LA COMMISSION DÉPARTEMENTALE.

9. — L'art. 2 de la loi du 10 août 1871 est ainsi conçu :

« *Le Conseil général élit dans son sein une Commission départementale.* »

Dans la discussion de la loi de 1871, on a dit de cet article qu'il était toute la loi. C'est lui, en effet, qui pose le principe de la Commission départementale et qui indique en même temps le mode de nomination et de recrutement. La Commission départementale est nommée à l'élection et ses membres sont pris parmi les conseillers généraux.

Il faut bien remarquer que l'élection d'une Commission départementale n'est pas facultative. Elle est obligatoire. Les conseils généraux ne pourraient se dispenser d'avoir une Commission départementale. En effet, la loi confère à la Commission des attributions qui lui sont propres et rend par cela même son existence nécessaire.

Le principe que la Commission est élue souffre une exception ; mais une seule et dans un cas tout à fait spécial : c'est celui où le Conseil général viendrait à être dissous. L'art. 35, qui prévoit ce cas, est ainsi conçu : « *Pendant les sessions de l'Assemblée nationale, la dissolution du Conseil général ne peut être prononcée par le chef du pouvoir exécutif, que sous l'obligation d'en rendre compte à l'Assemblée dans le plus bref délai possible. En ce cas, une loi fixe la date de la nouvelle élection, décide si la Commission départementale doit conserver son mandat jusqu'à la réunion du nouveau Conseil général, ou autorise le pouvoir exécutif à en nommer provisoirement une autre.* »

Il résulte de ce texte que si un Conseil général est dissous, la Commission départementale n'est pas elle-même dissoute *ipso facto*. Le pouvoir législatif décide si elle doit ou non conserver ses fonctions. En cas de négative, la Commission départementale nouvelle est nommée par décret. Mais cette Commission n'est que provisoire. Sitôt que le Conseil général aura été réélu, on fera retour au principe de l'élection. C'est ce que dit l'art. 36 : « *Dans l'intervalle des sessions de l'Assemblée nationale, le chef du pouvoir exécutif peut prononcer la dissolu-*

tion d'un Conseil général pour des causes spéciales à ce Conseil.

Le décret de dissolution doit être motivé.

Il ne peut jamais être rendu par voie de mesure générale. Il convoque en même temps les électeurs du département pour le quatrième dimanche qui suivra sa date. Le nouveau Conseil général se réunit de plein droit le deuxième lundi après l'élection et nomme sa Commission départementale. »

La Commission départementale est donc élue, et les membres en sont choisis dans le sein du Conseil général lui-même.

10. — Pour être habile à faire partie de la Commission départementale, il faut donc être membre du Conseil général; c'est-à-dire que toutes les causes, qui empêchent d'être conseiller général empêchent également d'être membre de la Commission départementale. L'étude de ces causes, qui constitue le commentaire des art. 6, 7, 8, 9, 10 et 11 de la loi organique départementale, ne rentre pas directement dans le cadre de notre travail. Nous renvoyons donc pour ce sujet aux ouvrages qui traitent des conseils généraux (1).

Toutefois, si en principe il suffit d'être membre du Conseil général pour être apte à faire partie de la Commission départementale, il existe certaines incompatibilités qui sont au nombre de trois. Elles résultent de l'art. 70 ainsi conçu : « *Les fonctions de membre de la Commission départementale sont incompatibles avec celles de maire du chef-lieu du département et avec le mandat de député.* »

L'art. 70 ne nommait que le député, parce qu'en 1871 il y avait une Chambre unique. Mais la loi du 19 décembre 1876 est venue compléter l'art. 70. Aux termes de cette loi, les sénateurs ne peuvent, pas plus que les députés, faire partie de la Commission départementale.

---

(1) Ducrocq, Cours, t. 1, n° 132. Batbie, Traité de droit public et administratif, t. III, n. 338 et 339. Constant, Code départemental, t. 1, n°s 159 et suiv. Marie, De l'Administration départementale, t. 1, chapitre III, pages 38 et suiv.

En ce qui concerne les sénateurs et les députés, l'incompatibilité se justifie très facilement par cette considération que l'exercice du mandat de sénateur ou de député obligeant celui qui en est investi à résider la plus grande partie de l'année à Paris, et ce mandat étant déjà assez étendu par lui-même, le sénateur ou le député ne pourraient utilement exercer leurs fonctions de membre de la Commission départementale.

En ce qui concerne le maire du chef-lieu de département, la pensée du législateur a été tout autre. On craignait beaucoup en 1871 que la Commission départementale ne devînt la rivale du préfet. On prit des précautions multiples pour éviter ce résultat. Nous aurons l'occasion de le constater plusieurs fois dans le cours de cette étude. Nous nous trouvons en présence de l'une de ces précautions. Dans les chefs-lieux de département, et surtout dans les grandes villes, le maire est souvent un personnage important. Il est l'élu du suffrage universel. La fortune, le talent, les relations peuvent lui donner une influence très grande. En lui permettant d'entrer dans la Commission départementale, on s'exposait peut-être à faire de lui un rival et un adversaire redoutable pour le préfet.

Toutefois, comme les incompatibilités sont de droit étroit, il faudrait admettre qu'un conseiller municipal, remplissant provisoirement les fonctions de maire, pourrait être membre de la Commission (1).

Pour la même raison, on admet qu'un conseiller général élu député peut siéger à la Commission départementale jusqu'à la vérification de ses pouvoirs comme député (2).

11. — C'est l'art. 69 qui établit les principales règles concernant l'élection de la Commission départementale. Cet article

---

(1) En ce sens, Avis Minist. Int. 9 oct. 1873, B. L. p. 396.
(2) Avis Minist. Inst. 19 février 1876, B. L. p. 939. Circ. Int. 22 oct. 1877. B. L. p. 1078.

est ainsi conçu : « *La Commission départementale est élue chaque année à la fin de la Session d'août.*

Elle se compose de quatre membres au moins et de sept au plus, et elle comprend un membre choisi autant que possible, parmi les conseillers élus ou domiciliés dans chaque arrondissement.

Les membres de la Commission sont indéfiniment rééligibles. »

Reprenons succesivement chacune des propositions de ce texte. Tout d'abord, le mandat donné à la Commission départementale est annuel. Tel est le principe. Mais, dans deux cas, la Commission départementale peut être renouvelée avant l'expiration de l'année. L'un de ces cas nous est connu. C'est celui des art. 34 et 36 qui prévoient et règlent la dissolution du Conseil général. L'autre se produit quand il y a conflit entre la Commission départementale et le préfet. Aux termes de l'art. 85, le Conseil général peut, avant l'expiration de l'année, nommer une Commission départementale nouvelle.

Notons, d'ailleurs, que la durée des pouvoirs de la Commission n'est pas d'une année exacte, c'est-à-dire d'un an jour pour jour. La loi dit que la Commission départementale est élue chaque année à la fin de la session d'août. Or, entre les deux élections, il peut y avoir un peu plus ou un peu moins d'un an. Il résulte donc du texte légal que la Commission en exercice conserve ses pouvoirs même lorsque le Conseil général est réuni, tant qu'une Commission nouvelle n'a pas été nommée. De telle sorte qu'il n'y a pas solution de continuité. Cette règle a des conséquences pratiques importantes. Supposons qu'un conseiller général, membre de la Commission, est soumis à la réélection comme faisant partie de ceux qui, d'après le roulement établi, vont achever leur sixième année (art. 21. l. 10 août 1873). Le conseiller n'est pas réélu. D'après la règle que nous venons d'établir, il a le droit de continuer à siéger à la Commission départementale jusqu'à ce que la nouvelle Commission ait été nommée. Un tel résultat peut sembler contraire à la logique. On peut faire l'objection suivante. La qualité de membre de la Commission départementale, peut-on dire, est liée à celle de conseiller général. La première condition pour être membre de la Commission départementale, c'est d'être membre du Conseil. Donc, celui qui cesse de faire partie du Conseil, cesse *ipso facto* de faire partie de la Commission.

Avant de répondre, il importe de faire observer que la question soulevée par ce raisonnement ne présente d'intérêt que pour l'intervalle compris entre l'ouverture de la session et la nomination de la nouvelle Commission départementale. En effet, jusqu'à l'ouverture de la session, c'est-à-dire jusqu'au moment où son successeur est installé, l'ancien conseiller général reste en fonctions. Le nouvel élu ne commence à exercer son mandat que le jour de l'ouverture de la session en vue de laquelle l'élection est faite (1). La question ne devient donc vraiment douteuse qu'à partir du jour où ce nouvel élu est entré en fonctions, jusqu'au jour où le Conseil général élit une autre Commission.

Avant de combattre directement l'objection, signalons les inconvénients pratiques auxquels elle amènerait, si elle était admise. Il peut se faire qu'au lieu d'un membre de la Commission départementale soumis à la réélection, il y en ait trois ou quatre ou cinq, de telle sorte que ceux qui restent ne soient pas en nombre pour délibérer valablement (*infrà*, n° 19). Il peut même arriver que tous les membres de la Commission se trouvent dans ce cas. Or, si l'objection était admise, il pourrait arriver que le département fut privé de Commission départementale pendant quelques jours, ce qui peut avoir de très graves inconvénients tant pour les intérêts départementaux que pour les intérêts généraux. Si une question urgente se présente, elle ne pourra être résolue. Nous verrons que la Commission départementale a des attributions propres dont l'exercice est interdit au Conseil général et qu'elle seule peut accomplir. Il faudra

(1) Cf. Constant, Code départemental, t. 1, n° 153.

donc attendre. Et dans certaines questions l'atermoiement peut être fort préjudiciable.

L'interprétation que nous avons donnée du texte légal est donc beaucoup plus pratique. Elle est en outre conforme à la logique. En effet , la Commission départementale tient ses pouvoirs non du suffrage universel, mais du Conseil général lui-même. S'il est vrai que la qualité de membre de la Commission départementale est liée à celle de membre du Conseil général, il n'est pas moins vrai aussi que les deux fonctions sont distinctes. Tandis que l'une a sa source dans l'élection directe du suffrage universel, l'autre naît d'un mandat conféré par le Conseil général. Et ce dernier, lorsqu'il élit sa Commission, dit aux élus : Je vous nomme membre de la Commission départementale pour en remplir les fonctions, jusqu'à ce que, dans ma prochaine session d'août, je vous les retire en nommant un autre conseiller général à votre place.

D'ailleurs, l'exactitude de l'interprétation que nous défendons et qui a été reconnue par diverses circulaires ministérielles (1), est démontrée par différents passages de la discussion de la loi du 30 juillet 1874, relative à l'ajournement de la session des conseils généraux. Cette loi avait repoussé l'ouverture de la session d'août du Conseil général jusqu'au 19 octobre. Or, on se demanda, au sein de l'Assemblée nationale, si les conseillers généraux et les membres des Commissions départementales conserveraient leurs fonctions jusqu'à ce que les nouveaux conseillers et les nouvelles Commissions départementales fussent installés. A ce sujet, le rapport sur la loi de 1874 s'exprimait ainsi: « Jusque-là (c'est-à-dire jusqu'à l'installa- « tion), les bureaux des assemblées départementales restent « naturellement en fonctions. La chose est si évidente qu'il « ne nous a pas paru nécessaire de la spécifier dans le projet « de loi ».

(1) 30 août 1874. B. L. p. 658 ; 22 oct. 1877 ; B. L. p. 1078.

Un député, M. Bigot, membre de la commission, s'exprimait dans le même sens: « A l'unanimité, nous avons reconnu, dans « la commission, que les conseils généraux étant devenus, « depuis 1871, des corps permanents (1), il n'y avait pas lieu « de renouveler, de proroger la mission accordée aux Commis- « sions départementales et aux bureaux des conseils géné- « raux ».

Ajoutons enfin que cette interprétation est conforme à la jurisprudence antérieure à 1871, d'après laquelle les conseillers généraux et d'arrondissement appelés en cette qualité à présider des commissions ou à faire partie des comités d'arrondissement pour l'instruction publique continuaient, quoique non réélus, à remplir leurs fonctions jusqu'à la nomination de leurs successeurs (2).

Le nombre des membres de la Commission départementale est déterminé par le Conseil général, mais dans les limites fixées par la loi. Ce nombre peut varier entre quatre et sept, y compris le président.

. Le but de la loi a été de permettre au Conseil général d'assurer dans la Commission un représentant à chaque arrondissement. Toutefois, ce n'est là qu'un vœu. Le Conseil général doit s'y conformer autant que possible. Mais il n'y a pas pour lui une obligation stricte. Le nombre maximum de sept est suffisant pour assurer cette représentation des arrondissements. Aussi le Conseil général ne pourrait-il nommer un nombre supérieur ni adjoindre à la Commission, pour un objet déterminé, d'autres conseillers généraux, même avec voix simplement consultative. Cette intervention de membres étrangers alté-

(1) Corps permanents ne signifie pas que les conseils généraux siègent continuellement. Ces expressions signifient que dans un département le Conseil général ne cesse jamais d'exister, bien qu'il ne soit réuni que d'une manière intermittente.

(2) Cf. B. I., p. 659, note 1, où sont citées les décisions suivantes : Indre-et-Loire, 24 déc. 1833 ; Jura, 21 déc. 1832 ; Lozère, 5 déc. 1833 ; Haute-Marne, 10 déc. 1833.

rerait le caractère et la responsabilité de la Commission départementale. Il y aurait une réunion illégale tombant sous le
coup de l'art. 34 de la loi organique, et les délibérations qui
seraient prises devraient être annulées (1).

La Commission est nommée à la fin de la session d'août, dit
le texte. Pourquoi à la fin? Nous verrons que la Commission
départementale doit rendre compte de ses travaux au Conseil
général. Des explications peuvent être nécessaires. Il est donc
utile de laisser la Commission en fonctions au moins dans
les premiers jours de la session, afin qu'elle puisse répondre
soit aux questions, soit aux critiques dont ses délibérations
peuvent être l'objet. D'ailleurs, à la fin de la session ne signifie
pas qu'elle doive être nommée le dernier jour. Il y a une question
d'appréciation et d'opportunité dont le Conseil général est juge.

Ajoutons que l'élection est faite au scrutin secret, conformément à l'art .30, § 3. « *Néanmoins, les votes sur les nominations
ont toujours lieu au scrutin secret.* »

Qu'arrive-t-il si au premier tour de scrutin le nombre des
conseillers ayant obtenu la majorité absolue des suffrages est
supérieur à celui des membres à nommer, et si les derniers
conseillers ont le même nombre de voix? Doit-on recommencer
le scrutin?

Le ministre de l'Intérieur, dans un avis du 27 avril 1874 (2),
tient pour la négative. L'élection, dit-il, est acquise au plus
âgé. « Telle est, ajoute-t-il, la jurisprudence du Conseil d'Etat
« en matière d'élections municipales. Et les conseils généraux
« agiraient sagement en s'y conformant. » Nous pensons que,
puisqu'il n'y a aucun texte légal, le Conseil général est libre sur
ce point d'agir comme il l'entend. C'est là une question de règlement intérieur que le Conseil a le droit de faire lui-même (3).

(1) En ce sens, décret 28 février 1872, B. L. p. 161.
(2) B. L. p. 498.
(3) Art. 26, 1. 10 août 1871.

La Commission départementale est indéfiniment rééligible.
Cette règle, combinée avec celle de l'élection, permet de concilier deux idées différentes, qui, au sein de l'Assemblée nationale, se traduisirent par des amendements. D'une part, un
assez grand nombre de décentralisateurs de 1871 considé-
raient la Commission départementale comme un moyen puissant de faire l'éducation politique du pays. Aussi voulaient-
ils que tous les conseillers généraux fussent appelés successivement à faire partie de la Commission. Dans ce but, on
avait proposé d'établir un roulement analogue à celui qui sert
de base à la composition des chambres dans les cours ou tribunaux. D'autre part, beaucoup de députés étaient préoccupés
de l'idée d'assurer dans l'administration départementale l'esprit
de suite et le maintien des traditions. C'est pourquoi on avait
proposé, soit de renouveler la Commission par moitié chaque
année, soit par tiers tous les deux ans. Le système de l'élection avec éligibilité indéfinie permet de concilier ces deux
idées, et de plus il a l'avantage de laisser au Conseil général
l'initiative des mesures à prendre dans ce but. On ne peut
donc qu'approuver ces dispositions de l'art. 69.

12. — Avant de quitter les règles concernant la nomination des membres de la Commission départementale, nous
dirons quelques mots des démissionnaires. Un membre de
la Commission départementale peut démissionner formellement. Sa démission doit être adressée au président, qui en
donne connaissance à la Commission d'abord, et au Conseil
général ensuite, dans sa première session, afin qu'il soit pourvu
au remplacement du membre démissionnaire. Si les démissionnaires étaient assez nombreux pour que la Commission ne pût
délibérer valablement, il y aurait lieu de convoquer extraordinairement le Conseil général, conformément à l'art. 24.

La démission peut aussi être tacite. Et c'est ici qu'il convient
de placer le texte de l'art. 74 qui s'exprime ainsi : « *Tout membre de la Commission départementale, qui s'absente des séances*

pendant deux mois consécutifs, sans excuse légitime admise par la Commission, est réputé démissionnaire. Il est pourvu à son remplacement à la plus prochaine session du Conseil général. »

Il est de principe qu'une démission ne se présume pas. Et nous croyons que l'art. 74 a voulu établir une sanction à l'obligation qui s'impose aux membres de la Commission d'assister aux séances, plutôt qu'une exception au principe que les démissions ne se présument pas. La Commission départementale a d'ailleurs un pouvoir d'appréciation, ainsi que cela résulte des termes de l'art. 74. Elle est juge des motifs de l'absence des membres qui n'ont pas assisté aux séances. De telle sorte qu'un membre qui pendant deux mois consécutifs s'est abstenu de prendre part aux réunions même sans avoir fait parvenir de lettres d'excuses, ne cesse pas *ipso facto* de faire partie de la Commission départementale. Il faut que la Commission prenne une délibération formelle.

13. — Les fonctions de membre de la Commission départementale sont absolument gratuites. Cette règle est consacrée par l'art 75 : « *Les membres de la Commission départementale ne reçoivent pas de traitement.* »

Ce texte n'a été voté qu'après de très longues discussions dans lesquelles nous n'entrerons pas (1). Toutefois, nous indiquerons quelques-uns des systèmes qui furent proposés. Ces systèmes très nombreux peuvent se réduire à trois principaux.

Le traitement, ou indemnité obligatoire (2) ; l'indemnité facultative pour déplacements et frais de séjour; enfin, la gratuité complète.

C'est ce dernier parti qui a fini par triompher. Les fonctions de membre de la Commission départementale sont donc absolument gratuites comme celles du Conseil général lui-même.

---

(1) J. off. 1871, p. 2215 et suiv. ; 2578 et suiv. ; 2600 et suiv.

(2) C'est le système admis en Belgique où les membres de la députation permanente reçoivent 3300 fr.

Il en résulte que tout vote du Conseil général qui tendrait à donner, sous une forme quelconque, directe ou détournée, une somme d'argent à des membres de la Commission, serait nulle.

Il faut observer toutefois que le Conseil général a parfaitement le droit de voter un crédit pour les menues dépenses de la Commission, c'est-à-dire pour l'achat de papier, registres, fournitures diverses de bureau, de bois de chauffage ; pour abonnements à des publications, telles que le *Bulletin officiel du ministère de l'intérieur*, etc. Il serait absolument injuste de mettre ces frais à la charge des membres de la Commission départementale.

Faudrait-il considérer comme indemnité le permis de circulation gratuite sur les voies ferrées ?

Une Commission départementale avait sollicité l'intervention du Gouvernement auprès des Compagnies de chemins de fer, afin d'obtenir pour chacun des membres un permis de circulation sur les lignes dans les limites du département. Le ministre, par décision du 16 décembre 1871 (1), refusa d'intervenir. Il eut raison en ce sens que, d'après les discussions produites au sujet de l'art. 73, la qualité de membre d'une Commission départementale ne saurait créer aucun droit à la circulation gratuite. Mais si le ministre a bien fait de refuser son intervention officielle, rien dans la loi n'empêcherait une Compagnie, après une entente amiable, et sur l'intervention officieuse du ministre, de mettre à la disposition des membres de la Commission départementale des permis de circulation. L'art. 73 ne serait pas violé. La concession faite par la Compagnie aurait un caractère tout gracieux. L'intérêt financier du département ne serait pas atteint.

(1) B. L. p. 145.

§ II. — *Organisation intérieure et fonctionnement.*

14. — La première question qui se présente ici est celle de la présidence. Cette question est résolue part l'art. 71 : « *La Commission départementale est présidée par le plus âgé de ses membres.* »

Ce texte est le résultat d'une transaction. Trois autres systèmes s'étaient produits. Le premier, qui était consacré par le projet primitif, faisait désigner le président par le Conseil général (1). La Commission modifia elle-même son projet et présenta en seconde lecture un système plus logique qui donnait à la Commission départementale le droit d'élire son président. Ce système fut vivement combattu par ceux qui craignaient que la Commission départementale ne devînt la rivale du préfet. Un amendement présenté par M. de Clercq, et qui fut accepté par le Gouvernement, était ainsi conçu : « La Commission dé-« partementale est présidée par le préfet ou par celui qui le « remplace dans ses fonctions. Le président a voix délibéra-« tive mais non prépondérante ; en cas d'empêchement, la dé-« putation nomme un de ses membres pour la présider. »

Cet amendement donna lieu à une très longue discussion (2), à la suite de laquelle il fut repoussé.

Il faut avouer que l'idée de faire présider la Commission départementale par le préfet n'était pas heureuse. En effet, on maintenait l'exécution au préfet, on ne donnait à la Commission départementale que des attributions délibératives : il n'é-tait pas logique de la faire présider par le préfet. Deux éventualités pouvaient se produire : ou bien le préfet absorberait complètement la Commission, et alors la Commission deviendrait inutile, ou bien le conflit existerait à l'état permanent entre

(1) J. off. 1871, p. 1716.
(2) J. off. 1871, p. 2130 et suiv.

le préfet et les autres membres de la Commission. De plus, la Commission départementale devant être chargée de contrôler l'administration préfectorale, il était singulier de faire présider les contrôleurs par la personne destinée à être contrôlée (1).

Ce système, qui est celui de la loi belge, a sa raison d'être en Belgique, où la députation participe à l'exécution, et où elle remplit une grande partie des fonctions confiées chez nous au Conseil de préfecture (2).

Enfin, la commission législative et le Gouvernement finirent par se mettre d'accord, à titre de transaction, sur le système actuel. Ce système confère indirectement au Conseil général le droit de nommer le président ; car, avant de voter, les conseillers généraux ne manqueront pas de s'enquérir de l'âge des candidats. Il faut reconnaître qu'il a l'inconvénient de limiter les choix du Conseil en l'empêchant d'élire comme membre de la Commission un conseiller qui pourrait rendre des services comme tel, mais à qui d'ailleurs on ne voudrait pas confier les fonctions de la présidence, par exemple à cause de son grand âge.

15. — La suite de l'art , 71 est ainsi conçue : « *Elle élit elle-même son secrétaire. Elle siège à la préfecture, et prend, sous l'approbation du Conseil général et avec le concours du préfet, toutes les mesures nécessaires pour assurer son service.* »

C'est au préfet qu'il appartient, après entente avec le Conseil général, de désigner le local affecté aux réunions de la Commission. La loi exige que ce local soit situé dans l'hôtel de la préfecture, dans le but de faciliter la communication des dossiers et d'obtenir plus rapidement les renseignements qui seraient demandés par les membres de la Commission. Le reste du texte ne présente aucune difficulté. Toutefois, il est un point sur lequel la loi est muette, et qui doit être expliqué.

---

(1) J. off. p. 2131.
(2) Il n'y a pas en Belgique de juridictions administratives distinctes.

La Commission départementale peut, ainsi qu'il résulte du texte, s'entendre avec le préfet pour que le travail du secrétariat soit exécuté par des employés de la préfecture. Dans ce cas, il serait indispensable que le Conseil général mît à la disposition du préfet un crédit pour être distribué à aux employés ainsi chargés d'un surcroît de besogne. Mais la Commission peut avoir des employés spéciaux, distincts des employés de la préfecture et placés sous son autorité directe. Le rapport de M. Waddington ne laisse aucun doute à ce sujet. « Une fois « constituée, dit-il, la Commission aura à organiser son service, « c'est-à-dire à examiner quels seront les employés spéciaux « qui lui seront nécessaires. Dans la plupart des cas, un ou « deux employés suffiront... etc. (1). »

Le traitement de ces employés est à la charge du département.

En fait, les Commissions départementales se sont divisées. Les unes confient l'exécution du travail de bureau au préfet, les autres ont un employé spécial. En général, cet employé est en même temps utilisé par le Conseil général pour la rédaction des procès-verbaux.

Il est intervenu plusieurs circulaires ou instructions ministérielles, qui ont pour but de définir la situation de ces employés (2).

Aux termes de ces différentes circulaires, les employés de la Commission départementale ont le caractère d'agents départementaux, mais ils n'appartiennent pas à la hiérarchie administrative. Par suite, ils n'ont pas qualité pour recevoir les dossiers qui doivent être adressés au préfet et transmis par lui à la Commission. Les circulaires ministérielles contestent aux employés des Commissions départementales le droit de s'attribuer

---

(1) J. off. 1871, p. 1716, col. 3.
(2) 18 oct. 1871, B. L. p. 129 ; 18 janv. 1874, B. L. p. 471 ; 29 nov. 1875, B. L. p. 912 ; 30 nov. 1876, B. L. p. 973 ; 13 sept. 1877. B. L. p. 1056.

la qualité de secrétaire de la Commission départementale. En cela, les circulaires ont raison. Il ne faut pas qu'on puisse confondre le secrétaire élu dont parle l'art. 71 et dont les fonctions sont essentiellement gratuites, avec les employés appointés. Mais il n'y a aucun inconvénient à ce que les Commissions départementales donnent à leur employé le titre de secrétaire, en ajoutant à ce mot une désignation complémentaire qui empêche la confusion. C'est ainsi que l'expression de secrétaire-adjoint nous paraît constituer une dénomination absolument correcte et qui a l'avantage d'exprimer très exactement le rôle des employés dont il s'agit.

Cette question de mots est d'ailleurs fort peu importante, mais il en est une qui nous semble plus grave.

Dans un avis du 13 septembre 1877, le ministre de l'intérieur dit que la nomination des employés est faite par la Commission départementale, et approuvée par le Conseil général. Jusque-là, nous n'avons rien à dire. Mais le ministre ajoute qu'elle doit être soumise à l'agrément du préfet. Le ministre appuie son interprétation sur les mots « avec le concours du préfet » qui se trouvent dans l'art. 71.

En fait, il est très désirable que le choix de la Commission porte sur un candidat sympathique au préfet. Cette circonstance peut faciliter les rapports qui s'établiront nécessairement entre la préfecture et l'employé de la Commission départementale, et peut aider à la bonne et prompte expédition des affaires, dans une mesure plus considérable qu'on ne saurait croire, lorsqu'on n'est pas familiarisé avec le fonctionnement des bureaux.

Mais, en droit, nous dénions absolument au préfet le pouvoir d'intervenir à un titre quelconque dans la nomination des employés de la Commission départementale. Cette dernière n'a point à soumettre son choix à l'agrément ou à la ratification du préfet. Sans doute, c'est au préfet qu'il appartient en principe de nommer les agents départementaux, mais nous sommes ici en

11

dehors du principe général. Si ce principe était suivi, la nomination des employés de la Commission départementale devrait être faite par le préfet seul. Il n'est pas besoin d'insister sur les inconvénients qu'aurait un pareil système. La Commission législative de 1871 les a compris, et dans sa pensée comme dans celle de l'Assemblée tout entière, il a été bien entendu que la Commission départementale pourrait avoir des employés indépendants de la préfecture. Les mots : « avec le concours du préfet, » qui se trouvent dans l'art. 71, étaient nécessaires, puisqu'on laissait aux Commissions départementales le choix ou de s'entendre avec le préfet pour faire exécuter le travail par des employés de la préfecture, ou de nommer des employés spéciaux. Si la Commission opte pour le premier parti, il est évident que le concours du préfet est indispensable. Entre eux, il y a une « question pratique à débattre à l'amiable », ainsi que le disait M. Waddington (*loco citato*). Mais si la Commission départementale opte pour le second parti, ou si le préfet refuse, pour un motif quelconque, de prêter le concours de ses employés, par exemple parce qu'ils sont déjà surchargés de besogne, la Commission pourvoit au service de son bureau sans avoir besoin du concours du préfet. Et ce n'est que par un abus de texte qu'on ferait intervenir le préfet dans la nomination des employés de la Commission. D'ailleurs, le ministre ne propose son interprétation que d'une manière timide et en réservant sa décision ultérieure, parceque, dit-il, le Conseil d'Etat n'a pas encore été appelé à statuer sur ce point.

En fait, dans beaucoup de départements, l'employé de la Commission départementale est en même temps l'employé du Conseil général prêtant son concours pour la rédaction des procès-verbaux. La nomination est donc faite après une entente entre le Conseil et la Commission.

L'avis que nous venons de discuter en ce qui concerne la nomination des employés de la Commission départementale, établit que le bureau de la Commission ne pourrait être ouvert d'une manière permanente au public et que la Commission ne pourrait ainsi se faire représenter par son secrétaire-adjoint. Cette décision est parfaitement conforme à l'esprit de la loi de 1871. Par suite, il appartiendrait au préfet de prendre les mesures nécessaires pour que cette règle soit observée. Si la Commission, avertie par le préfet, persistait à donner à son employé l'ordre de se tenir à la disposition du public, il y aurait un cas de conflit, et le Conseil général devrait être convoqué, conformément à l'art. 85 (*infrà*, n° 92).

16. — La Commission départementale fait son règlement intérieur, mais elle doit se conformer aux dispositions légales que nous allons examiner.

17. — Art. 73 : « *La Commission départementale se réunit au moins une fois par mois, aux époques et pour le nombre de jours qu'elle détermine elle-même, sans préjudice du droit qui appartient à son président et au préfet de la convoquer extraordinairement.* »

La Commission est libre de fixer la date de ses séances comme elle l'entend. Il n'est pas nécessaire qu'elle ait un jour de réunion ordinaire fixe et invariable, comme, par exemple, tous les 15 du mois. Elle peut fort bien, à chaque séance, fixer le jour et l'heure de la séance prochaine. Il suffit qu'elle se réunisse une fois tous les mois.

Le président et le préfet ont chacun le droit de la convoquer extraordinairement. Aucune forme particulière ni aucun délai ne sont obligatoires. La convocation a lieu verbalement, ou par lettre, ou par télégramme.

18. — Le préfet a le droit d'assister aux réunions et il a voix consultative. Art. 76 : « *Le préfet ou son représentant assistent aux séances de la Commission ; ils sont entendus quand ils le demandent…* »

Le projet primitif portait que le préfet n'entrerait à la Commission que s'il y était appelé. Le texte actuel résulte d'une entente entre le gouvernement et la commission législative.

Il était d'ailleurs fort naturel qu'on donnât au préfet le droit d'entrer à la Commission, puisqu'il avait déjà celui d'entrer au Conseil général. Mais il faut remarquer que l'assistance du préfet n'est pas obligatoire. Les délibérations prises en l'absence du préfet ou de son représentant seraient donc parfaitement valables.

La suite de l'art. 76 consacre pour la Commission départementale le droit de demander directement, et sans l'intermédiaire du préfet, des renseignements aux chefs de service : « *Les chefs de service des administrations publiques dans les départements sont tenus de fournir, verbalement ou par écrit, tous les renseignements qui leur seraient réclamés par la Commission départementale sur les affaires placées dans ses attributions.* »

On s'est demandé, à l'occasion de ce texte, si l'agent voyer en chef était un chef de service, si, par conséquent, la Commission départementale pouvait s'adresser directement à lui pour avoir des renseignements, et si l'agent voyer était obligé de les fournir. Le Conseil général et la Commission départementale de la Drôme avaient revendiqué le droit de communiquer directement avec l'agent voyer en chef. Mais, sur le rapport présenté au ministre à l'occasion de cette affaire (1), il est intervenu, à la date du 23 juin 1874, un décret annulant la délibération du Conseil général de la Drôme.

D'après le rapport auquel s'est conformé le décret d'annulation, l'expression « chef de service », que la loi d'ailleurs ne définit pas, désigne les fonctionnaires ayant une autorité personnelle déléguée par le Ministre et qui peuvent être investis de la qualité d'ordonnateurs secondaires. Or, les agents voyers en chef ne réunissent pas ces conditions. Ils ne sont donc pas chefs de service. Ce sont de simples employés départementaux qu'on peut assimiler aux chefs de division des préfectures.

(1) Cf. B. L. p. 360,

Par suite, la Commission départementale ne peut directement demander des renseignements à l'agent voyer.

Nous n'entrerons pas dans une discussion approfondie au sujet de ce décret du 23 juin 1874. Nous ferons simplement remarquer que la définition de chef de service sur laquelle est fondée la décision, est une définition tirée, non de la réalité des choses, mais de certaines circonstances tout extérieures. En se plaçant au point de vue spéculatif, il est possible que cette définition soit vraie. Mais si l'on se place au point de vue du fait, on ne tardera pas à découvrir que l'agent voyer en chef dirige le service vicinal. Il est placé à la tête de ce service. Les agents voyers d'arrondissement, les agents voyers de canton lui obéissent. En réalité, il est chef de service. La théorie ne peut détruire cette proposition qui est l'énoncé d'un pur fait. La question doit donc être posée, suivant nous, dans des termes différents de ceux avec lesquels elle s'est présentée en 1874 devant le Président de la République. Nous ne pensons point que l'art. 76 ait voulu établir une théorie sur les chefs de service. Cet article a eu simplement pour but de consacrer une règle pratique. On a pensé que, dans bien des cas, la Commission départementale aurait besoin de renseignements, et on a voulu lui donner les moyens de les obtenir promptement. Supposons que l'art. 76 n'existe pas. La Commission départementale a besoin d'un renseignement, par exemple pour statuer sur une demande de subvention formée par une commune en faveur de son école. Seul, l'inspecteur d'Académie est en état de fournir le renseignement. La Commission s'adresse au préfet. Le préfet s'adresse à l'inspecteur. Celui-ci confère avec le préfet pour savoir si on communiquera les renseignements demandés. Avant de prendre une détermination à ce sujet, on consultera le ministre. Le ministre, c'est-à-dire les bureaux, prendront un certain temps pour délibérer, et le renseignement parviendra à la Commission quand il ne sera plus temps. Avec l'art. 76, au contraire, toutes ces lenteurs disparaissent, et la

Commission départementale pourra souvent avoir dans la même journée le renseignement dont elle a besoin.

Or faut-il appliquer cette règle si pratique aux renseignements sur le service vicinal ?

Tels sont les véritables termes dans lesquels on doit poser la question. Cela étant, quel inconvénient pourrait-il y avoir à ce que l'agent voyer en chef soit directement appelé à renseigner la Commission ? Notons que la Commission n'a aucun ordre à donner à l'agent voyer. Celui-ci n'a point à lui faire de propositions. Il s'agit d'une simple demande de renseignements. C'est-à-dire que la Commission pose à l'agent voyer une question qui revient à celle-ci : tel fait existe-t-il ? Et l'agent voyer de répondre oui ou non. En quoi cela peut-il porter atteinte à l'autorité du préfet ? Nous avouons que nous ne le voyons pas. Nous pensons donc que l'art. 76 est applicable à l'agent voyer en chef. D'autant plus que les attributions vicinales de la Commission étant assez étendues, c'est surtout à l'égard de ce service que la Commission a besoin de renseignements rapides.

Avant de quitter ce sujet, nous ne pouvons nous empêcher de signaler une bizarrerie de la théorie du décret. L'ingénieur en chef est chef de service à l'égard des routes nationales et du reste du service des ponts et chaussées. Il l'est encore à l'égard des routes départementales, pour lesquelles il est sous-ordonnateur secondaire délégué. Mais il ne l'est pas à l'égard des chemins, lorsqu'il est à la tête du service vicinal. D'où cette conséquence : la Commission peut directement lui demander des renseignements au sujet des routes départementales sur lesquelles elle n'a presque jamais à délibérer, mais elle ne peut pas demander directement ces renseignements lorsqu'il s'agit de chemins vicinaux, sur lesquels elle est appelée, à chaque réunion, à prendre des décisions nombreuses. Ce résultat est la condamnation du système que l'avis de 1874 prétend tirer de la définition spéculative des chefs de service.

La question débatue pour les agents voyers a été égale-

ment soulevée pour les archivistes et les architectes départementaux. Une décision du ministre de l'intérieur du 27 août 1875 (1)
leur refuse la qualité de chefs de service. Nous adoptons, en ce
qui les concerne, la même solution que pour les agent voyers.

19. — Il nous reste, pour terminer l'exposé des règles sur
l'organisation intérieure et le fonctionnement de la Commission, à rendre compte de l'art. 72.

Art. 72 : « *La Commission départementale ne peut délibérer si
la majorité de ses membres n'est présente.*

Les décisions sont prises à la majorité absolue des voix.

En cas de partage, la voix du président est prépondérante.

*Il est tenu procès-verbal des délibérations. Les procès verbaux
font mention du nom des membres présents.* »

Ces règles sont fort simples et peuvent se passer de commentaire. Le nombre des membres nécessaires pour la validité des
délibérations est de la moitié plus un, non pas des membres ac-
tuels, mais de la moitié plus un du nombre fixé par le Conseil
général. Si, par exemple, ce nombre est de six, il faut quatre
conseillers présents pour délibérer valablement. Si donc, par
suite de décès ou de démissions, le nombre des membres en
exercice était insuffisant pour former la moitié plus un du
nombre fixé par le Conseil, ce dernier devrait être réuni en
session extraordinaire, conformément à l'art. 24, pour compléter la Commission départementale.

Les procès-verbaux sont rédigés par le secrétaire, sous la
surveillance du président. Ils portent la signature du président et du secrétaire. Ils sont dressés sur un registre spécial.
Les délibérations sont ensuite transcrites, certifiées par le
président ou par le secrétaire et transmises au préfet, à qui il
appartient de les notifier aux intéressés, la notification étant
un acte d'exécution qui rentre dans la compétence du
préfet. Le procès-verbal doit mentionner les membres présents.

(1) B. L. p. 888.

Cela est nécessaire à cause de l'article 76 qui répute démissionnaires ceux qui s'absentent pendant deux mois consécutifs.

Le procès-verbal peut contenir l'analyse des discussions, mais il peut aussi se borner à relater les décisions.

Est-il nécessaire de mentionner que ces décisions sont prises à la majorité ? La loi ne le dit pas. Il suffit donc que la rédaction soit claire et n'implique aucun doute à l'égard de cette majorité.

20. — Les procès-verbaux peuvent-ils être communiqués au public ou à la presse ?

Pour répondre à cette question, il convient de mentionner ici une règle qui n'est pas formellement écrite dans la loi de 1871, mais qui résulte implicitement de toutes les dispositions que nous avons déjà vues. Cette règle, c'est que les séances ne sont pas publiques. Règle fort sage. La publicité des séances du Conseil général se conçoit, quoiqu'elle ait de graves inconvénients. Pour la Commission départementale, elle ne s'expliquerait pas, car la Commission est responsable non devant le suffrage universel, mais devant le Conseil général qui la nomme.

La conséquence de cette règle, c'est que les procès-verbaux ne peuvent être communiqués ni au public ni à la presse. Les intéressés, qui ont besoin de connaître les termes d'une délibération, doivent s'adresser au préfet, qui leur délivre au besoin une copie de la délibération.

L'usage existe dans quelques départements de communiquer à la presse non pas les procès-verbaux, mais l'ordre du jour des séances de la Commission, sur lequel on indique d'un mot, en regard de chaque affaire, la suite qui leur a été donnée.

Cette pratique a l'avantage de prévenir soit les maires, soit les autres intéressés, qui peuvent dès lors s'adresser au préfet pour connaître les termes de la délibération. Et elle peut constituer un moyen d'accélérer la marche des affaires. Il nous

semble toutefois préférable que les Commissions départementales ne publient pas leurs décisions même d'une manière
sommaire. En effet, légalement c'est au préfet qu'il appartient
de porter les délibérations à la connaissance du public. Sans
doute, les différents membres de la Commission peuvent infor-
mer telles ou telles personnes d'une décision. Ils ne sont
astreints à aucun secret. Mais ces communications sont tout
officieuses et d'ailleurs individuelles. La pratique dont il
s'agit constitue, au contraire, une publication empruntant aux
circonstances mêmes dans lesquelles elle se produit, une sorte
de caractère officiel, et ne saurait dès lors se concilier avec la
règle qui donne au préfet compétence pour faire les communications et avec celle de la non-publicité des séances. Au point
de vue pratique, si elle peut, dans une certaine mesure, accélérer la marche des affaires, elle ne laisse pas que de présenter
des inconvénients. Elle peut, dans bien des cas, gêner l'action du
préfet. Prenons un exemple. Le préfet est en négociations avec
un propriétaire pour louer un immeuble destiné à un casernement de gendarmerie. Le propriétaire offre son immeuble à
certaines conditions. La Commission départementale consultée approuve ces conditions. Avant de faire connaître au propriétaire l'avis de la Commission, le préfet peut demander et
quelquefois obtenir des conditions plus favorables. Si, au contraire, le propriétaire est informé immédiatement par les
journaux, fort de l'avis de la Commission, il refusera toute
espèce de concession.

Disons également que plusieurs Commissions départementales font annoncer quelques jours à l'avance dans les journaux
la date de leur réunion prochaine. Cette pratique ne peut
avoir aucun inconvénient. Au contraire, elle prévient
les maires, qui peuvent ainsi envoyer leurs dossiers en
temps utile.

Les membres du Conseil général peuvent-ils prendre connaissance des procès-verbaux de la Commission?

La Commission étant responsable devant le Conseil général, qui peut ou la réélire ou lui retirer sa confiance, il nous semble que la communication des procès-verbaux ne saurait être refusée à ceux des conseillers qui la demandent.

———

CHAPITRE II.

ATTRIBUTIONS.

SECTION I.

ATTRIBUTIONS DÉLÉGUÉES.

SOMMAIRE.

21. Première catégorie d'attributions : attributions déléguées. — Caractère de la Commission départementale dans cette catégorie d'attributions. — Utilité du droit de délégation.

§ I. — *Etendue du droit de délégation.*

22. Division.
    A. Au point de vue des affaires qui peuvent faire l'objet d'une délégation.
23. Que le Conseil général ne peut déléguer que des affaires qui rentrent dans sa compétence, mais qu'il ne peut les déléguer toutes.
24. Qu'il est impossible de déterminer *a priori* les attributions qui peuvent être déléguées et celles qui ne peuvent pas l'être. — Que toutefois on peut ramener à deux idées générales les motifs qui font obstacle à la délégation.
25. Applications diverses de ces idées : *a*) Répartition des contributions directes. *b*) Attributions budgétaires. *c*) Subventions de l'Etat pour les chemins vicinaux. *d*) Classement de demandes de secours sur les fonds de l'Etat pour les matières de l'art. 68.
26. Affaires qui, d'après la jurisprudence, ne peuvent être déléguées pour des motifs ne se rattachant pas aux deux idées générales : *a*) Recettes et dépenses des établissements d'aliénés. *b*) Confection des listes électorales consulaires. *c*) Jury d'expropriation pour cause d'utilité publique.

21. — La première catégorie d'attributions de la Commission départementale comprend les attributions qui lui son déléguées par le Conseil général.

C'est l'art. 77 de la loi du 10 août 1871, qui établit cette première catégorie d'attributions.

Le texte est ainsi conçu : « *La Commission départementale règle les affaires qui lui sont renvoyées par le Conseil général, dans les limites de la délégation qui lui est faite.* »

La Commission départementale nous apparaît ici comme le substitut du Conseil général, chargé par lui de régler les affaires dont il n'a pas voulu, pour un motif quelconque, garder la connaissance.

Ce droit de délégation donné au Conseil général se concilie fort bien avec les principes généraux de notre organisation administrative, car si la Commission départementale est distincte du Conseil général, elle n'est qu'une émanation de ce Conseil. Et, dès lors, il est naturel qu'elle puisse être chargée par lui de régler certaines affaires.

L'utilité du droit de délégation est certaine. Et, à cet égard, nous ferons seulement deux remarques. En premier lieu, ce droit de délégation est un moyen d'accélérer la marche des affaires. Un dossier a été présenté au Conseil général. Celui-ci n'y trouve pas des éléments suffisants d'appréciation : un supplément d'instruction est jugé nécessaire ; que va faire le Conseil général ? Ajourner à une prochaine session ? Mais l'affaire est urgente ; le retard peut causer un préjudice au département. L'art. 77 permet de remédier à cette situation. Le Conseil général pourra renvoyer l'affaire à la Commission départementale, et celle-ci pourra, sitôt que les renseignements complémentaires lui seront parvenus, et sans qu'il soit besoin d'attendre la session suivante du Conseil général, donner une solution à l'affaire. En second lieu, le droit de délégation peut être envisagé comme un moyen de mieux résoudre les questions. Il est telles affaires pour la solution desquelles une Commission composée de quelques personnes seulement se trouve dans des conditions plus favorables qu'une assemblée nombreuse. Par exemple, il s'agit de statuer sur un bail à passer entre le département et un propriétaire pour un immeuble destiné à une caserne de gendarmerie. Il peut être utile, quoique en principe l'instruction des affaires appartienne au préfet, d'entrer en négociations avec le propriétaire, tout au moins d'une manière officieuse. Il peut y avoir intérêt à se transporter sur les lieux. Ces démarches, qui donneront les éléments d'une solution meilleure, seront plus facilement accomplies par la Commission départementale que par le Conseil général.

Les attributions comprises dans cette première catégorie échappent, on le comprend, à toute énumération ; elles peuvent être plus ou moins importantes suivant la volonté du Conseil général. Mais ce serait une erreur de croire que la volonté du Conseil général est la seule règle en cette matière. Depuis 1871, il est intervenu de nombreuses décisions relatives au droit de délégation. L'ensemble de ces monuments de jurisprudence forme aujourd'hui une véritable théorie de la matière. Les questions qui se posent sont les suivantes. Quelle est l'étendue du droit de délégation ? Le Conseil général peut-il déléguer tous ses pouvoirs ou une partie seulement ? Peut-il déléguer toute espèce d'attributions ? Dans quelle forme, sous quelles conditions le Conseil général peut-il user de son droit de délégation ?

· Nous allons examiner ces différentes questions en les groupant sous deux rubriques qui formeront chacune l'objet d'un paragraphe.

§ I. — *Etendue du droit de délégation.*

22. — L'étendue du droit de délégation peut être envisagée à un double point de vue.

En premier lieu, au point de vue des affaires qui peuvent faire l'objet d'une délégation ; en second lieu, au point de vue de la nature et de l'étendue des pouvoirs qui, dans chaque affaire déléguée, peuvent être conférés à la Commission départementale.

Examinons successivement ces deux points de vue.

A. — *Au point de vue des affaires qui peuvent faire l'objet d'une délégation.*

· **23**. — Il importe, avant d'entrer dans les développements qui vont suivre, de bien poser la question que nous devons étudier. Il est certain que le Conseil général ne pourrait déléguer à sa Commission départementale le soin de statuer sur des affaires que lui-même n'est pas appelé à examiner. Le Conseil général ne peut déléguer que des attributions qui lui appartiennent d'après les lois et règlements. Par exemple, un Conseil général ne peut déléguer à sa Commission départementale le soin de statuer sur le classement ou le déclassement d'une route nationale. Une telle délégation serait nulle. Et le motif en est bien simple. Un Conseil général qui donnerait à sa

Commission départementale des délégations pour des affaires hors de sa propre compétence, empièterait sur le domaine législatif pour donner à sa Commission départementale des attributions que la loi lui refuse. Le Conseil général se substituerait ainsi au Parlement.

Nous pouvons donc poser ce principe fondamental en matière de délégation : le droit de délégation du Conseil général est restreint aux objets qui sont compris dans ses attributions.

24. — Mais ce principe une fois admis, il reste bien des difficultés à résoudre. Il faut, en effet, se demander si le droit de délégation s'étend à tous les objets qui rentrent dans la compétence du Conseil général ; ou bien, au contraire, s'il y a des affaires que le Conseil général ne peut déléguer, et sur lesquelles il doit statuer lui-même, sans pouvoir se décharger sur sa Commission départementale du soin de le faire.

Cette question ne présente pas beaucoup de difficultés, et depuis 1871 on répond unanimement que le Conseil général ne peut pas déléguer à sa Commission départementale toutes les attributions que la loi lui confère. Il y a des affaires que le Conseil général doit examiner lui-même. Si la Commission départementale est appelée à délibérer en dehors des attributions légales, ce doit être à titre exceptionnel.

Mais lorsqu'il s'agit de déterminer les affaires qui peuvent être déléguées et celles qui ne peuvent pas l'être, on se trouve en présence de difficultés sérieuses.

Dira-t-on que le conseil général doit statuer lui-même sur les questions les plus importantes et qu'il ne peut déléguer que celles dont l'intérêt est moins considérable ?

Sans doute, en fait, les Conseils généraux ne se dessaisissent le plus souvent que des affaires d'un ordre secondaire. Mais, en droit, la gravité de ces affaires ne peut servir de base à une classification comprenant, d'une part, celles qui peuvent être déléguées, d'autre part, celles qui ne peuvent pas l'être. Quelles affaires sont les plus importantes? Qui sera juge de leur importance? Ces simples questions suffisent pour montrer qu'il faut abandonner ce point de vue.

Il nous paraît impossible, d'ailleurs, de trouver un *criterium* permettant de reconnaître *a priori* les attributions qui échappent au droit de délégation, et celles qui peuvent y être soumises. Et nous pensons qu'il convient d'examiner dans chaque affaire particulière les raisons qui peuvent faire obstacle à la délégation.

En effet, les affaires qui ne peuvent pas être déléguées forment le petit nombre, l'exception, si l'on veut. Le principe, c'est que la délégation est possible : la généralité des termes de l'art. 77 enlève toute espèce de doute sur ce point. On comprend dès lors que les motifs sur lesquels reposent ces exceptions puissent difficilement être ramenés à une idée synthétique. Ces motifs varient d'espèce à espèce et peuvent appartenir à des ordres d'idées différents. Le plus sûr est donc d'examiner, pour chaque affaire déterminée, s'il n'y a pas lieu de faire exception au principe de l'art. 77.

Ce n'est pas à dire toutefois que toute généralisation en cette matière soit impossible. Et on peut, en s'inspirant des décisions de la jurisprudence, dire que jusqu'à présent les motifs sur lesquels on s'est appuyé pour repousser l'application de l'art. 77 à certaines matières, se ramènent à deux idées générales. La première, c'est que le Conseil général ne peut déléguer les affaires dans lesquelles il n'agit lui-même qu'en vertu d'une délégation. La seconde, c'est que le Conseil général ne peut déléguer l'examen de questions, pour la solution desquelles le concours de tous ceux qui composent le Conseil général est nécessaire ; ce qui arrive, notamment, toutes les fois que les intérêts des différents cantons représentés sont en opposition ou en concurrence.

Voyons maintenant quelques applications de ces idées.

25. — *a) Première application.* —Une première application se trouve dans l'art. 37 de la loi du 10 août 1871. Aux termes de cet article : « *Le Conseil général répartit chaque année, à sa session d'août, les contributions directes, conformément aux règles établies par les lois.*

Avant d'effectuer cette répartition, il statue sur les demandes délibérées par les conseils compétents en réduction de contingent. »

Le Parlement, après avoir voté les impôts directs de répartition, opère lui-même la première opération de répartition en fixant le contingent de chaque département. Puis il délègue au Conseil général la mission de fixer le contingent de chaque arrondissement. Le Conseil d'arrondissement est appelé ensuite à répartir l'impôt entre chaque commune. Et enfin, dans chaque commune, l'impôt est réparti entre les particuliers par la commission de répartiteurs.

Le Conseil général est donc chargé, par l'article 37, de faire au lieu et place du Parlement la seconde opération de répartition. De plus, il est appelé, par le même article et par les articles suivants (38 et 39), à statuer sur les demandes en réduction formées soit par les conseils d'arrondissement, soit par les communes. Ce sont là des attributions qu'il ne peut pas déléguer à la Commission départementale.

En effet, le Conseil agit déjà lui-même comme un mandataire. De plus, il est manifeste que le concours de tous les représentants des divers arrondissements est indispensable en cette matière, puisque les intérêts de ces arrondissements sont opposés en ce sens que chaque arrondissement est intéressé à n'avoir que le plus faible contingent possible. D'ailleurs, ces raisons de logique se fortifient, dans l'espèce, par un argument tiré du texte de l'art. 39. Cet article décide que, dans le cas où le Conseil général ne fixerait pas lui-même le contingent de chaque arrondissement, le travail de répartition devrait être effectué par le préfet.

Le préfet est ainsi délégué en sous-ordre. Il est en quelque sorte substitué au Conseil général, et, dans ces conditions, il est impossible de faire intervenir la Commission départementale.

b) *Deuxième application.* — La Commission départementale ne pourrait recevoir de délégations en matière budgétaire. On peut dire, en effet, que les attributions budgétaires des conseils généraux sont capitales. Voter le budget, c'est-à-dire ouvrir des crédits au préfet, voter des centimes additionnels, c'est là évidemment une attribution qui doit être remplie non pas seulement par quelques membres du Conseil général, mais par l'assemblée tout entière. Il n'a pu entrer dans l'esprit du législateur de permettre aux représentants de tout un département d'abdiquer en cette matière au profit de quelques personnes représentant une partie restreinte de la population. La population tout entière de ce département doit être représentée dans le vote des centimes.

Permettre au Conseil général de déléguer cette attribution, ce serait lui permettre de se faire disparaître lui-même et de porter ainsi une atteinte grave aux principes qui dominent toute notre organisation.

Il n'est d'ailleurs pas besoin d'insister davantage sur ce point, car tout le monde est unanime pour refuser aux conseils généraux le droit de déléguer ses attributions budgétaires ; et dans la pratique, il n'y a pas eu d'exemple d'un Conseil général abdiquant sur ce point en faveur de la Commission départementale.

Toutefois, si le Conseil général ne peut déléguer à sa Commission départementale le soin de voter le budget, ne pourrait-il pas, au moins, lui conférer le droit de statuer sur quelques points de détail ? La réponse varie suivant qu'il s'agit de tel ou tel détail.

Le ministre de l'intérieur, dans un avis du 22 octobre 1874, établit que le Conseil général ne pourrait pas déléguer à la Commission départementale le soin de répartir, entre les divers chemins de grande communication ou d'intérêt commun, les crédits alloués pour travaux neufs. Cette solution est fondée sur ce motif que la répartition du crédit de la vicinalité pour travaux neufs fait partie intégrante du budget, ainsi que l'indique le cadre préparé par les soins du ministre.

En ce qui concerne les propositions de virement au budget départemental, la jurisprudence ministérielle a varié. On sait que le budget, après avoir été voté par le Conseil général, est réglé par décret. Or, une fois ce décret intervenu, il peut devenir utile, par suite des circonstances, de modifier le budget sur tel ou tel point. Le Conseil général a incontestablement le droit d'opérer ces modifications; mais l'autorité supérieure doit les approuver. Le Conseil général peut-il déléguer à sa Commission départementale le droit de faire les changements utiles, et notamment de proposer des virements? Une circulaire du ministre de l'intérieur, en date du 3 octobre 1873, refusait à la Commission départementale le droit de statuer dans ces cas, même avec une délégation formelle et spéciale. Mais le ministre est revenu sur cette opinion. Par une circulaire en date du 28 avril 1874, il reconnaît au Conseil général le droit de donner à sa Commission départementale une semblable délégation, pourvu d'ailleurs que cette délégation soit essentiellement temporaire. Nous pensons que cette dernière doctrine est préférable. D'une part, en effet, elle peut présenter des avantages pratiques certains; d'autre part, elle ne saurait aboutir à cette abdication du Conseil général que la loi repousse avec raison.

c) *Troisième application.* — Il s'agit de la répartition des subventions accordées par l'Etat pour les chemins vicinaux (art. 46, § 7, al. 2).

L'Etat est venu plusieurs fois en aide aux communes pour la construction des chemins vicinaux. Il l'a fait de deux manières : en créant une caisse destinée à faire, dans des conditions avantageuses, des prêts aux communes pour les travaux de vicinalité ; et en allouant des subventions an-

nuelles à la vicinalité. Nous laissons de côté ce qui concerne
la caisse des chemins vicinaux, pour ne parler que des subventions qui seules rentrent dans notre sujet.

Une loi du 11 juillet 1868 avait décidé qu'une subvention de
100 millions serait affectée aux chemins vicinaux ordinaires,
et une autre subvention de 15 millions aux chemins d'intérêt
commun. Les subventions devaient être payées par annuités
pendant dix ans, à partir de 1869. En 1873, une loi du 25
juillet a prorogé le délai de cinq années. De plus, une loi du 12
mars 1880 est venue allouer à la vicinalité une subvention
nouvelle de 80 millions. Le Conseil général est appelé par
l'art. 46, n° 7, alinéa 2, à répartir ces subventions. Et il l'est à
titre de délégué du pouvoir législatif. En effet, le pouvoir
législatif aurait pu, sur la proposition du ministre, faire lui-
même la distribution entre les diverses lignes. Il aurait même
pu laisser ce soin au pouvoir exécutif, et alors c'est le ministre
qui eût opéré la répartition. Le législateur a préféré confier
cette mission au Conseil général. Et le motif en est bien
simple : personne mieux que le Conseil général ne connaît
l'état des divers chemins, et ne sait où il est utile d'allouer
une subvention. Seulement il faut remarquer que les différentes communes se trouvent en concurrence ; leurs intérêts
sont opposés. Il est donc nécessaire, pour assurer l'équitable
répartition des subventions, que tous les représentants de ces
intérêts opposés concourent à la répartition. En ce qui
concerne la loi du 11 juillet 1868, les motifs précédents se
fortifiaient par cette considération que le législateur de 1868
n'avait pu prévoir une délégation à la Commission départementale, puisque cette Commission n'existait pas encore (1).

d) Quatrième application. — La même solution et pour les mêmes
motifs a été appliquée à la répartition des subventions sur les
fonds de l'Etat, énumérées par l'art. 68 de la loi du 10 août

(1) En ce sens, avis Int. 23 mars 1877.

1871. Ces subventions sont allouées pour secours aux églises
et presbytères, à des établissements de bienfaisance, aux
maisons d'école, aux comices agricoles, etc. Elles sont distri-
buées par le ministre sur la proposition du Conseil général.
Le dernier alinéa de l'art. 68 est ainsi conçu : « *A cet effet, le
Conseil général dressera un tableau collectif des propositions, en les
classant par ordre d'urgence.* »

Uu avis du Conseil d'Etat du 26 février 1874 a décidé que le
Conseil général ne pouvait déléguer à la Commission départementale cette attribution par ces motifs : « que par la place
« qu'occupe l'article 68 dans la loi de 1871, à la suite des
« dispositions relatives au vote du budget et au règlement des
« comptes du département, et par la nature même des attri-
« butions qu'il confère au Conseil général, il apparait claire-
« ment que le législateur n'a pu en prévoir ni en autoriser
« la délégation ;

« Que la juste répartition des secours entre les divers can-
« tons du département ne peut être faite que par les représen-
« tants réunis du département tout entier, et non par la Com-
« mission départementale où quelques-uns seulement des can-
« tons sont représentés. »

Il y a bien dans ces motifs une application des deux idées
que nous avons indiquées plus haut.

Nous devons dire toutefois que, dans la pratique, on a admis
un tempérament à la doctrine qui résulte de cet avis du Conseil d'État. Le Conseil général, conformément à cet avis, dresse
lui-même le tableau de classement des demandes de secours.
Or il arrive souvent qu'au moment de la réunion du Conseil
général un dossier n'est pas encore arrivé à la préfecture ; mais
le Conseil général a sur l'affaire des renseignements tels que
la demande serait comprise dans les propositions, si l'on avait
le dossier. Ou bien il peut se faire que le dossier ait été déposé
sur le bureau, mais qu'il soit incomplet : il manque telle ou
telle pièce. La demande de secours parait d'ailleurs fondée.

Renvoyer à une autre session pour statuer, c'est peut-être compromettre gravement des intérêts considérables. Il s'agit, par exemple, d'une demande formée pour une église classée comme monument historique et l'urgence est évidente. Dans ce cas, le Conseil général renvoie la demande de secours à la Commission départementale, avec ordre de la classer à tel ou tel rang ou à la suite des autres, lorsque le dossier sera arrivé ou bien lorsqu'il aura été complété.

Cette pratique ne présente, suivant nous, aucun inconvénient, car, en réalité, le classement est fait par le Conseil général lui-même. C'est, si l'on veut, un classement soumis à la vérification d'un fait : le dossier est-il complet ? Les formalités exigées par le ministre ont-elles été exécutées ? Les renseignements demandés par lui ont-ils été fournis ? Telle circonstance est-elle exacte ? Au fond, ce qui est délégué à la Commission départementale, c'est plutôt la vérification de tel ou tel de ces faits que le classement de la demande. Ce fait étant reconnu exact par la Commission départementale, la demande de secours prend rang dans le tableau de classement par suite de la délibération même du Conseil général.

Il faut même aller plus loin, et dire que, dans les cas d'urgence, la proposition du Conseil général peut être remplacée par celle de la Commission départementale. Cela résulte de paroles échangées au sein de l'Assemblée nationale entre le ministre de l'instruction publique et des membres de l'Assemblée, dans la séance du 11 décembre 1872, au cours de la discussion du budget de 1873. Le ministre demandait qu'on l'autorisât à faire des dépenses de conservation relatives aux églises et presbytères, dans les cas urgents, sans prendre l'avis du Conseil général. Ces dépenses auraient été limitées à cinq cents francs, et le ministre devait avertir le Conseil général à sa première réunion. Le rapporteur, M. Beulé, proposa alors, au lieu de donner au ministre l'autorisation qu'il demandait, de lui permettre de consulter, en cas d'urgence, la Commission départementale. Le ministre prononça alors les paroles suivantes : « J'avais besoin de cette déclaration, car la « doctrine actuelle du Conseil d'Etat est que la Commission « départementale n'a pas l'autorité.... (Sur plusieurs bancs : « Si.... Si...!) Si l'Assemblée l'entend autrement, ce sera « désormais ainsi établi. (Oui ! oui ! répond-on de plusieurs « côtés de la Chambre.) » (*J. off.*, 11 déc. 1882.) (1)

26. — Avant de quitter cette matière, nous devons citer quelques décisions de jurisprudence intervenues pour refuser au Conseil général le droit de délégation à l'égard de certains objets, et dont les motifs ne pourraient facilement être ramenés aux deux idées générales que nous avons signalées plus haut (*suprà*, n° 24).

a) Un décret en Conseil d'Etat du 27 juin 1874 est venu annuler une délibération par laquelle un Conseil général avait délégué à la Commission départementale le soin de statuer sur les recettes et dépenses des établissements d'aliénés.

Il est difficile de se rendre un compte exact des motifs qui ont inspiré la décision du Conseil d'Etat, car le décret dit sim-

---

(1) Cf. Constant, t. 2, p. 53, n° 573. Par application de cette doctrine, la Commission départementale de la Vienne a été appelée à donner un avis au sujet de l'église Sainte-Radégonde de Poitiers. Des réparations étaient devenues urgentes aux voûtes des chapelles latérales et à l'abside de cette église qui est classée parmi les monuments historiques. La fabrique et le ministre des beaux-arts avaient offert ensemble une somme de 20,000 francs. Le devis s'élevant à 27,979 francs, le complément de cette somme fut demandé au ministre des cultes. Ce dernier, dans deux dépêches en date des 18 décembre 1883 et 8 février 1885, déclara qu'il était disposé à examiner la demande avec bienveillance ; mais il priait le préfet de lui faire parvenir sans retard la proposition du Conseil général exigée par l'art. 68, ou, *à son défaut, celle de la Commission départementale*. La Commission départementale émit un avis favorable à la demande de secours, sauf ratification du Conseil général. Le ministre se contenta de cet avis, et le secours fut accordé immédiatement et avant que la ratification du Conseil général ne fût intervenue. Dans la séance du 16 déc. 1886, la Commission départementale, saisie de nouveau par le préfet, sur l'invitation du ministre, a donné un avis favorable à l'allocation de nouveaux crédits, pour la réparation de la nef de la même église.

plement : « Considérant que, par sa nature, cette attribution
« est une de celles qui doivent être exercées par le Conseil
« général lui-même, et qui ne sauraient être déléguées, au
« moins d'une manière générale et permanente. »

Ainsi, c'est à raison de sa nature qu'une telle attribution
ne peut être déléguée. Mais quelle est la nature des attributions qui peuvent être déléguées; quelle est la nature de
celles qui ne peuvent pas l'être ? Nous avons déjà vu qu'il était
impossible de faire à cette question une réponse satisfaisante
(*suprà*, n° 24).

Quant au décret, il est muet sur cette question.

D'ailleurs, dans l'espèce, la raison qui a fait annuler la délibération semble se trouver moins dans la nature de l'attribution, que dans la circonstance que la délégation était faite
d'une manière générale et permanente. Nous verrons bientôt
(*infrà*, n⁰ˢ 32 et 33) que la délégation doit être spéciale.

l) Nous citerons en second lieu un avis du 8 janvier 1874
concerté entre les ministres de l'intérieur et de la justice. Cet
avis est relatif à la désignation des conseillers qui doivent participer à la confection des listes consulaires.

D'après l'art. 619 du Code de commerce, dont le texte actuel
a été établi par la loi du 21 décembre 1871, la liste des électeurs pour les juges aux tribunaux de commerce est composée
par une commission dans laquelle figurent « *trois conseillers*
« *généraux choisis, autant que possible, parmi les membres élus,*
« *dans les cantons du ressort du tribunal.* » Or le Conseil général peut-il charger la Commission départementale du soin de
désigner les trois membres du Conseil ? L'avis de 1874 répond
négativement. C'est au Conseil général qu'il appartient de
« désigner ceux de ses membres qui doivent faire partie de
« la Commission chargée de reviser les listes des électeurs
« consulaires. M. le garde des sceaux pense que la désigna-
« tion de la Commission départementale serait irrégulière

« et pourrait entraîner la nullité des listes électorales et,
« par suite, des élections elles-mêmes. »

Cet avis est rédigé d'une manière un peu amphibologique.
Il peut vouloir dire deux choses : ou bien que le Conseil général ne peut, au lieu de désigner trois membres, charger la
Commission départementale de prendre part à la confection
des listes ; ou bien que la Commission départementale ne peut
être chargée du soin de désigner les trois membres, et lire
ainsi : « la désignation des trois membres par la Commission
départementale serait irrégulière. »

Si les ministres ont voulu établir la doctrine qui résulte du
premier sens, nous les approuvons complètement. Car l'article 619 n'appelle pas dans la commission chargée de dresser les
listes, la Commission départementale tout entière. Elle appelle
trois membres choisis, autant que possible, parmi les membres
élus dans les cantons du ressort du tribunal. Il faut remarquer
d'ailleurs que la qualité de membre de la Commission départementale ne pourrait empêcher un conseiller général d'être
désigné pour faire partie de la commission des listes. Il n'y a
là aucune incompatibilité.

Mais tel ne semble pas être le sens que les ministres ont
voulu donner à leur avis. Il est plus probable qu'ils ont entendu
refuser au Conseil général le droit de charger la Commission départementale du soin de nommer les trois conseillers
généraux. Sur quels motifs est fondé ce refus ? Nous ne le
voyons guère. Il nous semble qu'il y a là une restriction de
l'art. 77 bien difficile à justifier. Peut-être les ministres ont-ils
été entraînés par cette idée que l'art. 619 donnait au Conseil
général une attribution directe. Cette expresion « attribution
directe » a été en effet employée plusieurs fois pour justifier
d'autres restriction à l'art. 77. Elle a d'ailleurs engendré assez
de confusions pour qu'il soit utile de s'expliquer sur sa
valeur. Toutes les attributions du Conseil général sont directes,
en ce sens qu'elles lui sont toutes confiées directement par la

loi ; par exemple, la loi donne une attribution directe au Conseil général en ce qui concerne les plans d'alignement des chemins de grande communication et d'intérêt commun. Or personne ne conteste que cette attribution, si directe qu'elle soit, ne puisse être déléguée. Seulement, parmi ces attributions confiées ainsi directement par le législateur aux différents organes de l'administration, il y en a qui normalement et en l'absence de tout texte incomberaient au pouvoir législatif lui-même. Telles sont, par exemple, les attributions confiées au Conseil général et aux conseils d'arrondissement pour la répartition des impôts. Ici les conseils ne sont plus des administrateurs chargés de faire des actes qui rentrent naturellement dans le cercle de leurs travaux ; ils sont des délégués du pouvoir législatif chargés d'accomplir une opération qui est de la compétence de ce pouvoir. Si l'on veut, par l'expression d' « attribution directe », désigner cette mission, il sera vrai alors de dire que les conseils investis de cette attribution directe ne pourront la déléguer. C'est ce que nous avons établi plus haut (n°s 24 et 25). Mais il faut se garder de transporter ce sens spécial de l'expression « attribution directe » aux autres matières que le législateur met dans la compétence de tel ou tel Conseil administratif et qui rentrent naturellement dans le domaine de l'administration pure.

Si nous appliquons ce raisonnement à notre espèce, c'est-à-dire à la désignation des conseillers généraux qui doivent faire partie de la commission des listes consulaires, nous serons amenés forcément à dire qu'une telle attribution ne rentre pas naturellement dans le travail législatif, qu'elle n'est pas une attribution directe au sens spécial que nous avons indiqué, que, dès lors, il n'y a nul obstacle, de ce chef, à ce qu'elle puisse être déléguée.

Nous arrivons à une dernière question.

c) Aux termes de l'art. 29 de la loi du 3 mai 1841, le Conseil général doit arrêter, pour chaque arrondissement, la liste de ceux qui sont appelés à siéger dans le jury d'expropriation pour cause d'utilité publique. Cette attribution peut-elle être déléguée à la Commission départementale?

La question s'est présentée devant la Cour de cassation, mais n'a pas été résolue. Un pourvoi avait été formé pour violation des art. 29 et 30, §1 de la loi du 3 mai 1841, et fausse application de l'art. 77 de la loi du 10 août 1871, en ce que la liste du jury d'expropriation avait été formée non par le Conseil général, mais par la Commission départemental agissant en vertu d'une délégation. Le pourvoi fut rejeté parce que le moyen manquait en fait (1).

Une note insérée dans le recueil de Dalloz au-dessous de cet arrêt conclut contre la délégation. Les motifs invoqués ne sont pas, à notre avis, assez forts pour qu'on puisse refuser au Conseil général le droit de déléguer la nomination des jurés. Un premier argument consiste à dire que la loi de 1871 n'a pas reproduit expressément cette attribution de l'art. 29 de la loi de 1841; que par conséquent le législateur n'a pas pu prévoir d'une manière spéciale la question posée. Mais il est évident que ce motif est insuffisant, car rien ne prouve non plus que le législateur ait voulu interdire ici l'application de l'art. 77. Or, l'application de cet article est la règle. Pour établir une exception, il faut un motif plus sérieux que le silence du législateur.

En second lieu, on invoque le texte de l'art. 29 qui porte : « *dans sa session annuelle, le Conseil général*, etc. » Il découle, dit-on, de ces mots *dans sa session annuelle*, que la désignation des jurés doit être faite à la même époque dans toute la France. Ce résultat voulu par le législateur ne serait pas atteint si on permettait au Conseil général de déléguer ses pouvoirs à la Commission départementale, car cette dernière statuerait toujours après la séparation du Conseil, et, dès lors, la liste

---

(1) Dalloz. 1875, I, page 305.

des jurés ne serait pas arrêtée dans la session annuelle. Ce motif nous paraît insuffisant. Les mots *dans sa session annuelle* n'ont pas l'importance qu'on leur attribue. Le législateur de 1841 a dit que le Conseil général dressait la liste des jurés dans sa session annuelle, tout simplement parce que le Conseil général, à cette époque, se réunissait une seule fois par an.

Un troisième argument consiste à dire que la Commission départementale est surtout un organe administratif destiné à contrôler, en l'absence du Conseil général, la gestion des intérêts départementaux. Et si l'art. 77 permet au Conseil général d'agrandir en quelque sorte ce rôle de la Commission en l'appliquant à des matières situées hors des limites de sa compétence légale, encore faut-il que ces matières soient comprises dans le cercle des intérêts purement départementaux. C'est ce qu'exprime le mot *affaires* dont se sert l'art. 77. Cette expression paraît indiquer qu'il ne s'agit que de questions temporaires ayant le double caractère d'intéresser le département et de présenter un certain degré d'urgence. Or la désignation des personnes qui feront partie du jury d'expropriation est un acte d'intérêt public ; c'est une opération plutôt judiciaire qu'administrative et qui ne se concilie pas avec le rôle naturel de la Commission.

L'argument n'est pas dépourvu de gravité. Il nous semble cependant qu'il n'est pas sans réplique. La distinction entre les affaires d'intérêt général ne nous paraît pas assez précise. Dans tous les cas, elle n'a pas l'importance qu'on lui prête. Qu'appelle-t-on affaires d'intérêt départemental ? Sont-ce les actes de la vie civile du département considéré comme personne morale ? L'arrêtiste semble le croire, car aux affaires d'intérêt départemental il oppose celles d'intérêt public. Si cette manière de voir était exacte, nous admettrions volontiers le raisonnement qui précède. Si le rôle de la Commission était aussi précis ; si cette Commission n'avait de compétence légale que pour des actes intéressant le département

personne morale, nous comprendrions à merveille que le
Conseil général fût impuissant à déléguer des attributions
en dehors de cette sphère. Mais il n'en est pas ainsi. Celui
qui se ferait du rôle de la Commission départementale une
semblable idée serait dans l'erreur la plus manifeste. Il suffit,
pour le prouver, de renvoyer à la liste des attributions légales de la Commission. Dira-t-on que les affaires départementales sont celles qui incombent naturellement aux divers organes
du département considéré non plus comme personne morale,
mais bien comme unité administrative ? Mais alors on se place
sur un terain bien peu solide, car bon nombre de ces affaires ont
un intérêt non seulement départemental, mais général. D'ailleurs, en acceptant comme exact ce dernier point de vue, il reste-
rait à prouver que la Commission départementale n'a pas d'autres
attributions. Or nous verrons qu'elle est chargée par la loi elle-
même du soin de répartir entre les différents arrondissements
le nombre des jurés des Cours d'assises (article 7, l. 24 nov.
1872). Elle est également chargée de désigner les cantons où
doivent siéger les différents membres du Conseil général pour
la revision des jeunes gens appelés au service militaire. C'est
aussi la Commission départementale qui désigne les membres
des conseils d'arrondissement qui doivent siéger aux mêmes
conseils de revision.

Dans ces cas, ne s'agit-il pas d'actes d'intérêt public au premier chef? Ce qui touche la justice criminelle, ce qui touche
le recrutement de l'armée, n'est-ce pas d'intérêt national? Pourtant la Commission est compétente en ces matières. La loi
elle-même l'investit de certains pouvoirs sur ces points qui présentent, il faut bien l'avouer, beaucoup d'analogie avec la confection des listes des jurys d'expropriation. En présence de
l'art. 82 de la loi organique départementale, en présence de
l'art. 27 de la loi du 27 juillet 1872 sur le recrutement, et de
l'art. 7 de la loi du 24 novembre 1872 sur le jury, que devient
donc l'argument tiré de l'incompatibilité du caractère propre

de la Commission départementale avec l'accomplissement d'une mission d'intérêt public? Et dès lors, si cet argument n'existe plus, quel obstacle pourrait empêcher le Conseil d'user de l'art. 77 en ce qui concerne la désignation des jurés d'expropriation pour cause d'utilité publique?

Nous concluons donc que le Conseil général pourrait, sans excéder ses pouvoirs, et sans violer de loi, déléguer à sa Commission départementale le soin de désigner les jurés d'expropriation.

B. — *Au point de vue de la nature et de l'étendue des pouvoirs qui peuvent être conférés à la Commission départementale.*

27. — Nous devons examiner sous cette rubrique deux propositions.

La première, c'est que le Conseil général ne peut déléguer plus de pouvoirs qu'il n'en a lui-même ;

La seconde, c'est que le Conseil général est juge souverain des pouvoirs qu'il peut conférer à la Commission départementale, en respectant d'ailleurs les limites de sa propre compétence.

Reprenons successivement chacune de ces deux propositions.

28. — Tout d'abord nous disons que le Conseil général ne peut donner à sa Commission départementale plus de pouvoirs qu'il n'en a lui-même. Le motif est celui que nous avons déjà rencontré, savoir que si le Conseil général pouvait donner plus de pouvoirs qu'il n'en a lui-même, il y aurait dans ce fait empiètement sur le domaine législatif. C'est en effet au législateur seul qu'il appartient de déterminer le champ d'action où chaque Conseil administratif est appelé à se mouvoir.

Par application de cette idée, le Conseil général ne peut déléguer que dans l'ordre où lui-même est compétent, c'est-à-dire dans l'ordre de la délibération ; et dans cet ordre, il ne peut donner à la Commission départementale plus de pouvoirs qu'il n'en a lui même. « *Nemo plus juris transferre potest quam ipse habet.* »

Nous savons déjà que c'est un trait caractéristique de notre organisation administrative que l'action est séparée de la délibération. Or ce serait permettre au Conseil général de modifier cette règle que de l'autoriser à charger sa Commission départementale d'accomplir une mesure d'exécution. Ce serait lui permettre de se substituer au Parlement.

29. — Mais si, en théorie, la question ne peut être douteuse, en pratique il est souvent difficile de distinguer ce qui appartient à l'exécution et ce qui appartient à la délibération. Les deux domaines se touchent et les limites qui les séparent sont assez confuses. Il est presque impossible de donner *à priori* une formule qui puisse permettre de les distinguer, et il est plus sûr de se déterminer dans chaque cas douteux par les circonstances spéciales à l'hypothèse qu'on examine. Nous citerons toutefois quelques cas où la jurisprudence s'est prononcée. (Cf. *supra*, n° 7.)

a) Il a été décidé que le Conseil général ne pourrait déléguer à la Commission départementale le soin d'ester en justice pour le département. Ester en justice est une attribution exclusivement réservée au préfet (1). On ne voit guère comment il a pu se produire une question à ce sujet, car l'art. 54 de la loi du 10 août 1871 est formelle et ne laisse place à aucun doute.

b) Un avis du ministre de l'intérieur du 1er juillet 1874 établit qu'il appartient au préfet seul de poursuivre la reddition du décret d'utilité publique d'un chemin de fer concédé, et que, par conséquent, la délibération du Conseil général, qui avait chargé la Commission départementale de cette mission, était sans valeur. Du reste, dans l'espèce, le ministre ne crut pas « devoir provo-« quer l'annulation de la délibération prise à cet égard par le « Conseil général, à raison du peu d'intérêt pratique, les démar-

(1) En ce sens, avis Intérieur, 23 mars 1874.

« ches de la Commission ne pouvant avoir qu'un caractère
« officieux, et le ministre des travaux publics ne devant pas
« agir en dehors des propositions régulières du préfet. »

c) Il s'est élevé, toujours dans le même ordre d'idées, une difficulté sur la question de savoir si un Conseil général peut déléguer à sa Commission départementale le soin de répartir certains
objets concédés par le département. L'espèce dans laquelle la question s'est présentée est la suivante. Un Conseil général (1) avait
décidé qu'un certain nombre de cartes géographiques du département serait distribué aux écoles publiques, et il avait, par délégation formelle, chargé la Commission départementale de
répartir ces cartes entre les diverses écoles. La Commission
départementale fit la répartition et confia à plusieurs de ses
membres, ainsi qu'à des conseillers généraux, le soin de remettre les cartes aux instituteurs. Le préfet protesta contre
cette manière d'agir, et le ministre consulté approuva l'attitude
du préfet (2). Nous croyons toutefois qu'il y aurait une distinction à faire. On peut relever, dans l'espèce que nous venons de
présenter, deux questions bien distinctes. D'abord le Conseil
général avait-il le droit de déléguer la répartition des cartes
entre les diverses écoles? Ensuite la Commission départementale
pouvait-elle déléguer à ses membres ou à des conseillers
généraux le soin de remettre les cartes aux instituteurs?

Sur la seconde question, nous pensons que le ministre et le
préfet étaient dans le vrai : remettre les cartes aux instituteurs,
c'était bien là un acte d'exécution.

Mais sur la première question nous croyons que le Conseil
général avait parfaitement le droit de déléguer à la Commission départementale le soin de répartir les cartes entre les
écoles. En effet, répartir ces cartes, c'était bien, si l'on veut, un
acte d'exécution, mais n'était-ce point aussi un acte de déli-

(1) C. g. de la Loire.
(2) Décis. 31 août 1874.

bération ? Ne fallait-il pas faire un choix entre les écoles qui devaient être pourvues de cartes ? Et d'ailleurs le vote du Conseil général n'était, après tout qu'un vote de subvention, en nature il est vrai, au lieu d'être en argent. Or, nous verrons que les subventions diverses sont réparties par la Commission départementale, lorsque le Conseil général ne s'en est pas réservé la distribution (art. 81). Si la Commission départementale a le droit de répartir les subventions lorsque le Conseil général garde le silence, a fortiori a-t-elle le droit de le faire lorsqu'il intervient une délégation formelle. La circonstance, qu'il s'agit ici de répartir des objets en nature au lieu d'une somme d'argent, peut-elle modifier la solution ? Nous ne le croyons pas, car répartir une subvention en argent et répartir une subvention en nature, ce sont là deux actes qu'il est difficile de distinguer sans tomber dans des subtilités puériles.

Nous devons examiner une dernière question. Le Conseil général pourrait-il déléguer à sa Commission départementale le soin d'instruire des affaires ?

La solution paraît facile, car l'instruction des affaires est bien un de ces actes qui, d'après le texte formel de l'art. 3 rapporté ci-dessus, appartient au préfet. La jurisprudence s'est d'ailleurs prononcée sur ce point, et elle a, par application de l'art. 3, annulé des délibérations de conseils généraux qui déléguaient la Commission départementale pour instruire certaines affaires au lieu et place du préfet ou parallèlement avec lui (1). Cette jurisprudence est certainement bien fondée lorsqu'elle décide que la Commission départementale ne peut instruire, au lieu et place du préfet. Décider le contraire, ce serait violer manifestement l'art. 3. Mais la question de savoir si la Commission ne pourrait pas être appelée à instruire parallèlement avec le préfet est beaucoup plus douteuse.

D'une part, au point de vue purement logique, l'instruction des affaires n'est pas absolument incompatible avec les fonc-

(1) En ce sens, décrets en Conseil d'Etat du 27 juin 1874 et du 2 juillet 1874.

tions des corps délibérants. D'autre part, il faut reconnaître que la loi manque absolument de précision sur ce point. Les termes de l'art. 3, qui charge le préfet de l'instruction préalable des affaires, ne permettent pas de dire que c'est là une attribution exclusive. De plus, l'art. 76 confère à la Commission départementale le droit de demander directement aux chefs de service tous les renseignements possibles sur les objets compris dans ses attributions. La Commission peut encore, aux termes de l'art. 84, charger un ou plusieurs membres d'une mission relative aux affaires qui sont de sa compétence.

Qu'est-ce que tout cela, sinon le pouvoir de participer à l'instruction des affaires ? La Commission a le droit de prendre des renseignements. Or, prendre des renseignements sur une affaire ou instruire cette affaire, cela se ressemble fort. Dans ces conditions, quel inconvénient peut-il y avoir à ce que le Conseil général, en déléguant à sa Commission départementale le soin d'étudier une affaire, la charge en même temps de s'entourer de tous les renseignements possibles ? Nous n'en voyons aucun ; nous croyons d'ailleurs pouvoir trouver la confirmation de cette doctrine dans un avis du ministre de l'intérieur du 23 août 1876. Cet avis reconnaît au Conseil général le droit de nommer une commission composée de membres pris dans son sein, pour l'étude d'une affaire spéciale, dans l'intervalle des sessions. Pourquoi donc cette commission ne serait-elle pas la Commission départementale ? Aucune raison ne s'y oppose. Toutefois l'avis du ministre de l'intérieur a établi sur ce point deux règles qui restreignent, dans de justes proportions suivant nous, le droit du Conseil général de donner de semblables délégations. Le ministre exige d'abord qu'il s'agisse d'une question déterminée, ensuite que la première instruction ait été faite par le préfet. Ces deux conditions nous semblent fort bien concilier les droits respectifs du préfet et du Conseil général.

Dans ces limites et sous le bénéfice des observations qui précèdent, nous croyons donc que la Commission départementale pourrait être appelée à participer à l'instruction des affaires.

30. — Nous arrivons maintenant à notre seconde proposition, savoir que, les autres règles étant d'ailleurs observées, le Conseil général est juge souverain de l'étendue des pouvoirs qu'il peut déléguer à la Commission départementale.

Cette seconde proposition peut elle-même s'énoncer sous deux formes. Tout d'abord, le Conseil général peut limiter le mandat qu'il donne à la Commission départementale ; et celle-ci doit se renfermer, à peine d'excès de pouvoir, dans les limites qui lui ont été imposées. C'est ce qu'exprime l'art. 77 lorsqu'il dit que la Commission départementale règle les affaires « dans « les limites de la délégation qui lui est faite ». En second lieu, le Conseil général peut déléguer à la Commission départementale les pouvoirs les plus étendus, tous les pouvoirs qu'il aurait lui-même s'il conservait la connaissance de l'affaire.

Cette seconde face de notre proposition paraît ne devoir soulever aucune difficulté. Elle a pourtant été contredite par un considérant d'un avis du Conseil d'Etat du 13 mars 1873. Ce considérant, qui a été reproduit textuellement dans plusieurs décisions postérieures, est ainsi conçu : « Considérant que « l'art. 77 de la loi du 10 août 1871 dispose que la Commission « départementale règle les affaires qui lui sont renvoyées par « le Conseil général dans les limites de la délégation qui lui « est faite ; qu'en conséquence *ces délégations doivent être limi-* « *tées*..... ». Ainsi, d'après ce considérant, les mots *dans les limites de la délégation qui lui est faite* auraient une portée bien plus grande que celle que nous leur avons attribuée. Ils signifieraient non seulement que la Commission départementale doit, comme nous l'avons dit, se renfermer dans les limites qui lui ont été tracées, mais encore que ces limites doivent nécessairement être imposées à la Commission.

C'est là une thèse que nous ne pouvons admettre. Il y a dans l'avis du Conseil d'Etat une confusion entre différents ordres d'idées qu'il importe de séparer.

Il est possible, en effet, que la délégation doive être limitée.
Mais à quel point de vue ? Nous savons déjà que le droit de
délégation est limité quant à son objet, puisque le Conseil
général ne peut déléguer toutes ses attributions ; nous verrons
bientôt que le droit de délégation est encore limité quant au
nombre des affaires, en ce sens que le Conseil ne peut, par une
même délibération, déléguer qu'une seule affaire. C'est la règle
de la spécialité des délégations. ·

A ces deux points de vue, le considérant peut avoir raison.
Mais l'ordre d'idées dans lequel nous sommes actuellement
est bien différent. Nous recherchons si le Conseil général
peut, dans telle affaire, donner à la Commission départementale les mêmes pouvoirs qu'il aurait lui-même. Par exemple,
il s'agit de déterminer les conditions dans lesquelles le préfet
sera autorisé à traiter avec tel propriétaire pour la location
d'un immeuble destiné à un casernement de gendarmerie.
Le Conseil général peut-il déléguer tous ses pouvoirs ? Ou
bien, au contraire, est-il obligé de limiter le mandat qu'il
donne à ce sujet à la Commission départementale ? Posée
dans ces termes, la question ne saurait être douteuse. Le Conseil général peut, s'il le juge à propos, déléguer tous ses pouvoirs. Qu'il puisse déterminer les limites dans lesquelles la
Commission départementale pourra se mouvoir : nous ne le
nions pas. Assurément, il pourrait dire à la Commission : « Vous
ne pourrez autoriser le préfet à passer un bail excédant
9 années. Le prix ne pourra être supérieur à 1,000 fr. » Mais il
pourrait lui dire aussi : « Je vous charge d'étudier cette question
et je vous prie de déterminer, au mieux des intérêts du département, les conditions auxquelles le préfet pourra traiter. Je
vous donne là-dessus toute liberté d'appréciation. Vous pourrez
délibérer comme je le ferais moi-même si je retenais l'affaire. »
Il serait impossible de faire ressortir de l'art. 77 l'obligation
pour le Conseil de circonscrire, au point de vue qui nous
occupe, l'action de la Commission départementale. La seule

interprétation possible de ces mots : *dans les limites de la délégation qui lui est faite*, est celle que nous avons donnée, savoir que si le Conseil général impose des limites à la Commission, celle-ci doit les respecter. Mais le Conseil est maître de limiter les pouvoirs qu'il délègue ou de n'imposer aucune limite.

Le considérant de 1873 a commis une faute de logique qui consiste à dire une chose vraie dans un certain ordre d'idées et à transporter cette vérité dans un autre ordre d'idées où elle devient une erreur (Cf. n° 33). D'ailleurs, la question sur laquelle statuait l'avis de 1873 n'était pas celle qui nous occupe en ce moment : il s'agissait d'établir la doctrine de la spécialité que nous allons retrouver bientôt. Quant à notre thèse actuelle, le Conseil d'Etat lui-même l'admet (1).

§ II. — *Formes et conditions de la délégation.*

31. — La délégation faite par le Conseil général à la Commission départementale ne peut résulter que d'une délibération expresse.

La nécessité de cette délibération expresse résulte des termes mêmes de l'art. 77. Elle s'impose d'ailleurs. En effet, la Commission départementale a reçu de la loi du 10 août 1871 un pouvoir propre pour certains objets. Mais cette compétence est, comme nous le verrons plus tard, soigneusement limitée, et c'est au Conseil général qu'il appartient, en principe, de régler les affaires départementales. Si donc le Conseil général a, dans une certaine mesure, le droit de se démettre au profit de la Commission départementale et d'augmenter les attributions de celle-ci, il ne doit le faire qu'à titre exceptionnel. Et on comprend dès lors très bien que ce transport d'attributions du Conseil général à la Commission départementale ne puisse avoir lieu qu'en vertu d'un acte formel.

(1) Voir notamment décision au contentieux du 7 mai 1875.

Toutefois, cette règle comporte des exceptions peu nombreuses d'ailleurs, et résultant de l'art. 81. Il s'agit :

1° De la répartition des subventions dont le Conseil général ne s'est pas réservé la distribution ;

2° De la fixation de l'ordre de priorité et de l'époque d'adjudication des travaux départementaux ;

3° De la fixation de l'époque et du mode de réalisation des emprunts départementaux.

La Commission départementale est investie par la loi du droit de faire ces différentes opérations lorsque le Conseil général ne les a pas lui-même accomplies. Dans ces matières dont l'énumération est limitative, l'inaction du Conseil général constitue un mandat tacite donné à la Commission départementale, et celle-ci est saisie des pouvoirs qui appartenaient au Conseil général, sans qu'il soit besoin d'une délibération formelle (1).

32. — Il ne suffit pas que la délégation soit expresse ; il faut encore qu'elle soit spéciale et temporaire. Cette règle, dont l'existence est généralement admise aujourd'hui, a fait l'objet d'une controverse.

Des conseils généraux ont revendiqué le droit de déléguer à leur commission départementale le soin de statuer sur des catégories d'affaires de même nature. Ainsi, des conseils généraux ont délégué le soin de statuer sur toutes les affaires relatives aux foires ou aux marchés (art. 46, l. 10 août 1871, n° 24) ; ou bien sur les prorogations de taxes d'octroi ou de baux pris à ferme ou à loyer par le département (2) (art. 46, n°s 3 et 25) ; ou bien encore sur les avis à donner aux propositions de pensions formées d'une session à l'autre (3).

A l'appui de ce système on peut invoquer deux considérations

---

(1) Avis C. d'Etat, 26 févr. 1874. B. L. p. 484.
(2) Délibération du Conseil général d'Ille-et-Vilaine, 15 avril 1874. B. L. p. 626.
(3) V. B. L. p. 931.

En premier lieu, on peut dire que les termes de l'art. 77 sont très larges. Cet article porte que la Commission règle les affaires qui lui sont renvoyées par le Conseil général. Aucune condition n'est imposée à l'exercice de ce droit de renvoi. La délégation ne peut avoir lieu, il est vrai, que d'une manière expresse: cela résulte des principes. Mais la loi n'exige rien de plus. Pourquoi introduire une restriction que le législateur n'a pas édictée ?

En second lieu, cette condition restrictive est contraire à l'esprit de la loi. Si l'on consulte les travaux préparatoires, on voit que le législateur a voulu que les délégations pussent être générales et permanentes. En effet, le rapporteur de la loi, M. Waddington, s'exprimait ainsi au sujet de l'art 77 : « Il appartiendra à chaque Conseil général de déterminer les objets pour lesquels il déléguera ses pouvoirs à la Commission, *soit d'une manière permanente*, soit dans un but temporaire... » (1). Il entrait donc bien dans la pensée de la commission parlementaire que le Conseil général pût donner des délégations générales et permanentes. Or l'art. 77 a été voté tel qu'il était présenté et sans que les paroles du rapporteur aient soulevé la moindre observation.

Nous ne saurions adopter un pareil système qui, poussé à ses conséquences extrêmes, arriverait à supprimer le Conseil général en lui permettant d'abdiquer au profit d'une Commission composée de quelques membres seulement. Un avis du Conseil d'Etat du 13 mars 1873 (*suprà*, n° 30) a fait justice de cette théorie et refuse au Conseil général le droit de s'attribuer ainsi « une sorte d'autorité législative et réglementaire pour donner à la Commission départementale des attributions que la loi ne lui a pas conférées. »

Les délégations doivent donc être spéciales et temporaires : spéciales, c'est-à-dire qu'une même délégation ne peut s'appliquer qu'à une affaire déterminée ; temporaires, car la déléga-

1) J. off. de 1871, p. 1717, col. 2,

tion étant limitée à une seule affaire, une fois cette affaire réglée, la mission de la Commission départementale est terminée. Il y a connexité entre les deux termes (1).

33. — Mais la règle de la spécialité est-elle absolue et ne souffre-t-elle aucun tempérament ?

A côté de l'argument de principes qui vient d'être exposé, plusieurs monuments de jurisprudence ont admis un argument de texte qui conduirait, s'il était accepté, au système de la spécialité absolue. Car si le texte de la loi é'ablit d'une façon impérative la règle de la spécialité, il deviendra juridiquement impossible d'en restreindre la portée par des tempéraments.

Cet argument figure dans un avis du Conseil d'Etat du 3 mars 1873 et a été copié dans tous les monuments de jurisprudence postérieurs. Nous l'avons déjà cité (*suprà*, n° 30), mais il convient de le donner ici dans son entier :

« Considérant que l'article 77 de la loi du 10 août 1871 dispose que la Commission départementale règle les affaires qui lui sont renvoyées par le Conseil général dans les limites de la délégation qui lui est faite ;

« Qu'en conséquence ces délégations doivent être limitées et ne sauraient s'appliquer qu'à des affaires déterminées dont le Conseil général peut apprécier l'importance. »

Nous combattrons cet argument et la doctrine absolue qui en résulte.

La première remarque qu'inspire la lecture du considérant, c'est que le texte de l'art. 77 ne consacre pas formellement la règle de la spécialité. Ce texte n'est pas impératif, puisque l'avis du Conseil d'Etat est obligé de recourir à un raisonnement. Cette circonstance suffit immédiatement pour donner à la règle de la spécialité un caractère moins rigide. Si l'on ne se trouve pas en face

(1) En ce sens, avis C. d'Etat, 5 déc. 1872, B. L. p. 325. — Avis C. d'Et. 13 mars 1873. B. L. p. 276. — Décret 31 mai 1873, B. L. p. 306. — Décret 27 juin 1874, B. L. p. 625. — Avis C. d'Et. 2 février 1875, B. L. p. 931.

d'un texte formel, des tempéraments deviennent possibles.

Mais discutons l'argument en lui-même. Cet argument peut être réduit au syllogisme suivant :

Une délégation limitée est déterminée ; or toute délégation est limitée ; donc toute délégation est déterminée.

La majeure, qui rend synonymes les deux attributs *limitée* et *déterminée*, n'est vraie qu'à une condition : c'est que le mot *déterminée*, soit envisagé sous le rapport du nombre des affaires qui peuvent être l'objet d'une même délégation. Elle pourrait s'exprimer sous cette autre forme : une délégation qui est limitée au point de vue du nombre des affaires, qui ne comprend qu'une seule affaire, est déterminée ; elle est spéciale à cette affaire. Mais si, pour interpréter le mot *limitée*, on se place dans un ordre d'idées différent, la proposition ne sera plus vraie. Par exemple, si l'on se place au point de vue de la nature des attributions, la proposition est fausse. Ainsi, une délégation, limitée quant à la nature des attributions qu'elle comprend, n'est pas nécessairement limitée quant au nombre des affaires, et par suite elle n'est pas spéciale à telle affaire.

Quant à la mineure, nous ferons deux remarques. En premier lieu, elle ne découle pas du texte de l'art. 77. Ce texte permet simplement d'affirmer qu'il y a des délégations limitées. La proposition qui en découle est non pas : toute délégation est limitée ; mais : quelques délégations sont limitées ; ce qui est bien différent. Qu'on substitue cette seconde proposition à l'autre, et le syllogisme n'existe plus. En second lieu, la majeure doit, avons-nous dit, se placer dans un certain ordre d'idées, celui du nombre des affaires pouvant être comprises dans une délégation. Or il est de toute nécessité que la mineure se place dans le même ordre d'idées. De telle sorte qu'on arrive à faire dire à la mineure : or toute délégation est limitée quant au nombre des affaires, et ne peut s'appliquer qu'à une affaire ; ce qui est précisément en question. De telle sorte qu'en définitive l'argument résout la question par la question.

Cette mineure est d'ailleurs incontestable à certains points de vue, à ceux de la nature des attributions déléguées et de la nature des pouvoirs conférés: nous avons dit (*suprà*, n° 28) que le Conseil général ne peut déléguer toutes ses attributions, et que s'il délègue, il ne peut le faire que dans l'ordre de la délibération. A ces deux points de vue, il est vrai de dire que les délégations sont limitées. Au troisième point de vue de l'étendue des pouvoirs, nous savons que cette proposition n'est plus vraie, puisque le Conseil général peut déléguer tous les pouvoirs qu'il aurait lui-même (*suprà*, n° 30). Il s'agit actuellement d'un quatrième point de vue, celui du nombre des affaires. La délégation peut-elle comprendre plusieurs affaires ou une seule? L'art. 77 ne répond pas à cette question, et nous voyons que l'argument qu'on en veut tirer n'y répond pas davantage.

On peut renverser les termes du syllogisme, et on arrivera au même résultat. Si l'on dit: «Toute délégation est limitée ; or toute délégation limitée est spéciale ; donc toute délégation est spéciale ; » la pétition de principes se retrouve toujours. Car du moment qu'il est nécessaire que le mot *limitée* soit envisagé dans la majeure et dans la mineure sous le même rapport, celui du nombre, la majeure revient à dire « Toute délégation ne comprend qu'une seule affaire », ce qui est précisément en question. La pétition de principe est simplement déplacée: elle se trouve dans la majeure, au lieu d'être dans la mineure.

L'argument de texte étant écarté, rien ne fait plus obstacle à ce que la règle reçoive certains tempéraments, pourvu d'ailleurs que les principes ne s'y opposent pas.

Or que disent les principes? Ils disent que le Conseil général ne peut pas abdiquer et se décharger par une mesure générale de toute une partie de ses attributions ; ils ne disent pas que la délégation ne doit comprendre qu'une seule affaire. C'est une question de fait de savoir si une délégation est spéciale, et il y a lieu d'examiner, pour chaque délégation, si les circonstances permettent de la considérer comme suffisamment déterminée.

C'est ainsi qu'on peut concilier la règle de la spécialité avec les paroles de M. Waddington transcrites plus haut. Certes, il n'entrait pas dans la pensée du rapporteur de la loi de 1871 de permettre au Conseil général d'abdiquer en faveur de la Commission départementale, mais le rapporteur pensait que le Conseil général pourrait, en ces matières, s'inspirer des besoins de la pratique et qu'il aurait une certaine liberté d'appréciation.

Pour ne citer qu'un exemple, nous considérons comme suffisamment déterminée, et par suite comme valable une délibération en date du 26 août 1884 par laquelle le Conseil général de la Vienne déléguait à sa Commission départementale les pouvoirs nécessaires pour statuer d'urgence sur les mesures à prendre dans le cas où des ponts du service vicinal viendraient à s'écrouler (1).

On voit par cet exemple combien le système que nous défendons est pratique, et combien le système de spécialité absolue l'est peu. Supposons en effet que le Conseil général règle ou délègue une affaire. Le lendemain de sa séparation, une affaire de même nature se présente. Elle est urgente. Dans notre système, le Conseil général aura pu prévoir une telle éventualité, et donner à la Commission départementale les pouvoirs nécessaires pour statuer. Avec le système de la spécialité absolue, cela est impossible, et il en peut résulter de graves inconvénients.

Notre système a d'ailleurs été un instant admis dans la pratique. En 1879, deux circulaires du ministre de l'intérieur, l'une du 9 août (2), l'autre du 3 septembre (3), tout en acceptant la règle de la spécialité, admettent certains tempéraments. « Il paraît bien « rigoureux, dit la circulaire du 9 août, de limiter le pouvoir « de délégation à une seule affaire déterminée à l'avance, lorsqu'il « est impossible de savoir s'il ne se présentera pas, après la session, « d'autres affaires analogues exigeant une solution immédiate,

(1) Procès-verbal, p. 434 et 522.
(2) Bull. off. p. 208.
(3) Bull. off. p. 233.

« et trop peu importantes pour justifier la convocation extraor-
« dinaire du Conseil général. C'est ce qui arrive notamment en
« matière d'octroi. Il est souvent difficile aux conseils munici-
« paux d'avoir achevé la revision de leurs tarifs au mois d' août ;
« il peut même arriver qu'ils n'en aient pas reconnu à cette épo-
« que la nécessité, et, cependant, les modifications doivent être
« mises en vigueur au 1er janvier. On ne voit pas quel incon-
« vénient peut offrir une délégation s'appliquant à toutes les
« demandes de cette nature et limitée d'une session à l'autre. »
Le ministre considérait encore comme valables les délégations
relatives aux objets suivants : répartition entre les communes des
subventions de l'Etat pour l'achèvement des chemins vicinaux ordinaires, contrairement à un avis du 23 mars 1877 ; emploi de la
réserve du sous-chapitre XIII ; établissement du tableau collectif
des propositions de subvention sur le budget de l'Etat en faveur
des communes pour les maisons d'école (1) ou salles d'asile.

Depuis, le ministre est revenu à la théorie de la spécialité
absolue, annulant ainsi ses précédentes circulaires (2).

SECTION II.

ATTRIBUTIONS LÉGALES.

SOMMAIRE.

34. Caractère de la Commission dans ces attributions.
35. Division.

§ I. — *Attributions transportées du préfet à la Commission.*

36. I. — Répartition des subventions.
37. *a)* Subventions diverses dont le Conseil général ne s'est pas réservé
    la distribution.
38. *b)* Fonds de police correctionnelle.
39. *c)* Fonds provenant du rachat des prestations en nature.
40. S'il y a réellement une répartition à faire.

---

(1) Cf. Ducrocq, Cours, t. 1, n° 167.
(2) Circ. Int. 13 avril 1831. Bull. off., p. 102.

§ II. — *Attributions transportées du Conseil général à la Commission.*

34. — L'étude qui vient d'être faite dans la section précédente ne peut donner qu'une idée très incomplète du rôle de la Commission départementale dans l'administration du département; car, si en fait les attributions déléguées à la Commission départementale peuvent quelquefois constituer une partie très importante de sa mission, il peut arriver aussi que cette part soit insignifiante ou nulle. Cela dépend de la volonté du Conseil général. Dans tous les cas, pour les attributions déléguées, la Commission départementale n'a pas d'autre pouvoir que celui qu'elle puise dans la décision du Conseil, dont elle n'est que le mandataire.

Dans la présente section, au contraire, la Commission départementale apparaîtra comme un organe administratif nouveau, distinct du Conseil général; comme un second Conseil placé à côté du premier, avec des attributions propres, sur lesquelles le Conseil général ne saurait entreprendre sans excéder les limites de sa compétence; avec un pouvoir indépendant qu'elle tient directement de la loi.

Avant d'aborder le détail des attributions légales de la Commission, il convient de rechercher quelle est l'utilité de ce rôle nouveau qui lui est attribué par la loi. On pourrait croire en effet que l'existence d'une seconde assemblée départementale, indépendante dans une certaine mesure de la première, et chargée comme celle-ci d'administrer le département dans la sphère de la délibération, présente de graves inconvénients. Car, pourrait-on dire, les deux assemblées deviendront facilement rivales, et entre elles, le conflit existera à l'état permanent. Une telle crainte serait chimérique. Entre le Conseil général et la Commission départementale le conflit est impossible pour deux raisons. En premier lieu, la compétence respective du Conseil général et de la Commission départementale est nettement déterminée. La loi a donné une énumération précise et limitative des objets sur lesquels la Commission doit statuer. En second lieu, si la Commission est investie en ce qui concerne les attributions légales d'un pouvoir indépendant, il ne faut pas exagérer cette indépendance, car la Commission départementale est élue chaque année par le Conseil général, qui peut aussi en modifier à son gré la composition. La Commission départementale est en quelque sorte responsable devant le Conseil général.

Le conflit est donc impossible entre le Conseil général et la Commission départementale. A ce point de vue, aucun inconvénient n'est à redouter.

Bien au contraire, la loi de 1871, en dotant la Commission départementale d'attributions propres, a réalisé un double progrès dans la voie de la décentralisation. D'abord, elle a complété, tant au point de vue du contrôle que de l'administration proprement dite, l'action du Conseil général. Ensuite, elle a retiré au préfet, pour les donner à la Commission, certaines attributions qui se réfèrent plutôt à l'ordre de la délibération, donnant ainsi un nouveau développement à ce principe que délibérer est le fait de plusieurs.

35. — On pourrait, d'après ce qui précède, diviser les attributions de la Commission départementale en attributions de contrôle et attributions administratives proprement dites, de gestion des intérêts départementaux. Mais ces deux caractères, quelquefois distincts, peuvent se trouver réunis dans la même attribution. Ainsi, la Commission départementale, lorsqu'elle vérifie l'état du mobilier, accomplit une pure opération de contrôle (art. 83, l. 1871) ; lorsqu'elle approuve un contrat à passer au nom du département (art. 54, 3 al), elle fait à la fois acte de contrôle et acte de gestion.

La distinction ne peut donc servir de base à un classement des attributions légales de la Commission.

Pour opérer ce classement, il est assez naturel de se référer à la législation antérieure à 1871, et au procédé employé par la loi actuelle pour doter la Commission départementale de ses attributions propres.

En se plaçant à ce point de vue, on distingue trois groupes d'attributions :

1°) Les attributions enlevées au préfet et données à la Commission ;

2°) Celles qui ont été transportées du Conseil général à la Commission ;

3°) Enfin les attributions nouvelles créées pour la Commission.

Chacun de ces groupes formera l'objet d'un paragraphe.

§ I. — *Attributions transportées du Préfet à la Commission départementale.*

I. — Répartition des subventions inscrites au budget départemental.

36. — On sait que la Commission départementale est appelée à répartir différents crédits (*suprà*, n° 31). Il convient de compléter ici les explications déjà fournies à ce sujet. Les développements qui vont suivre constitueront le commentaire de l'art. 18-4° de la loi du 10 août 1871. Cet article est ainsi conçu : « *La Com-*

mission départementale, après avoir entendu l'avis et les proposi-
tions du préfet : 1ᵉ répartit les subventions diverses portées au bud-
get départemental, et dont le Conseil général ne s'est pas réservé la
distribution, les fonds provenant des amendes de police correction-
nelle, et les fonds provenant du rachat des prestations en nature,
sur les lignes que ces prestations concernent, » etc...

Les fonds qu'il s'agit de répartir sont divisés en trois groupes : 1° subventions diverses dont le Conseil général ne s'est
pas réservé la distribution ; 2° fonds provenant des amendes de
police correctionnelle ; 3° fonds provenant du rachat des prestations en nature.

Le caractère et l'étendue des pouvoirs de la Commission départementale varient suivant qu'il s'agit de répartir tel ou tel
groupe de fonds ; et pour apprécier exactement le rôle de la
Commission départementale en cette matière, il convient de
rechercher quelle était, pour chaque groupe, la législation antérieure et voir les modifications apportées par la loi de 1871.

37. — *a).* — *Subventions diverses dont le Conseil général ne s'est*
pas réservé la distribution.

Ces subventions peuvent être votées pour des objets très divers : encouragement à l'agriculture, chemins vicinaux, maisons d'école. On sait que le Conseil général peut lui même opérer la répartition de ces crédits en les votant. Avant 1871, lorsqu'il ne les répartissait pas, ils se trouvaient à la disposition du
préfet, qui pouvait les distribuer à son gré. Or, l'art. 77 de la loi
de 1871 a eu pour but et pour effet de substituer purement et
simplement la Commission départementale au préfet. Cette
substitution satisfaisait les tendances décentralisatrices de l'Assemblée nationale qui agissait d'ailleurs assez logiquement. En
effet, répartir des fonds entre des communes ou des établissements divers, c'est moins une mesure d'exécution proprement
dite qu'un acte complémentaire de la délibération du Conseil
général. Le préfet n'agissait que comme mandataire du Conseil
général. Or, la loi de 1871 ayant créé la Commission départe-

14

mentale, qui n'est pas autre chose qu'une émanation permanente du Conseil général, il était tout naturel de l'investir de ce mandat tacite.

Il s'est élevé sur l'étendue des pouvoirs de la Commission en cette matière la difficulté suivante. Le mot *subvention* de l'art. 81 doit il être entendu non seulement des sommes à répartir entre des communes ou établissements, mais aussi des secours à distribuer aux individus? Les budgets départementaux peuvent en effet comprendre des crédits destinés à secourir des individus. Par exemple, il arrive souvent que les conseils généraux votent des fonds pour secours aux anciens instituteurs ; pour secours à domicile aux malades indigents ; pour traitement des malades indigents dans les établissements thermaux. Or, la Commission départementale peut-elle aussi distribuer ces secours aux individus ? ou bien, au contraire, ses pouvoirs se bornent-ils à répartir les subventions aux communes ou autres établissements ?

Une jurisprudence constante a décidé que la Commission départementale n'avait pas le droit de distribuer les secours individuels et que le préfet était seul compétent en cette matière (1). Cette jurisprudence nous paraît conforme au texte de la loi ; car le mot subvention, qui se trouve dans l'art. 81, a toujours eu, en administration, un sens technique ; il signifie sommes allouées à différents établissements publics ou d'utilité publique. L'expression *secours* est au contraire réservée aux allocations faites aux individus. La même jurisprudence paraît, en outre, conforme à la logique. En effet, répartir entre diverses communes ou établissements des sommes votées en bloc par le Conseil général, c'est compléter, ainsi qu'il a été dit plus haut, la délibération du Conseil général, et il est rationnel que ce soit la Commission départementale qui complète cette délibération. Mais lorsqu'il s'agit de crédits pour secours individuels, le

(1) V. nombreuses décisions. B. L. p. 1186 et suiv.

Conseil général, en inscrivant les crédits au budget, a épuisé sa mission. Le mandatement au nom de tel ou tel individu est un acte d'exécution pure qui échappe au Conseil général. La délibération du Conseil général étant complète, il n'y a plus lieu de faire intervenir la Commission départementale. Il n'y a plus qu'à ramener le vote à exécution, et cela est du ressort du préfet. Il serait aussi peu rationnel d'enlever au préfet la distribution des secours individuels votés par le Conseil général pour la confier à la Commission départementale, que d'enlever au ministre la distribution des fonds votés par le Parlement tout entier, pour le confier, par exemple, à la Chambre des députés. Sans doute, le préfet aura un pouvoir d'appréciation. Il sera juge de la question de savoir si un secours doit être accordé à telle ou telle personne ; il sera même juge du *quantum* de la somme à donner. Mais ira-t-on jusqu'à refuser au préfet toute espèce de pouvoir d'appréciation, sous prétexte de séparer davantage la délibération de l'action administrative? Ce principe de la séparation de l'action de la délibération n'est en somme qu'une règle d'utilité, et il n'y a aucune raison de l'appliquer à outrance et de manière à la rendre nuisible. L'exagération en cette matière peut, en effet, conduire aux résultats les plus absurdes et les plus dangereux. En ce qui concerne la question actuelle, il est certain que la distribution des secours aux individus sera plus utilement faite, en pratique, par le préfet qu'elle ne le serait par la Commission départementale. Cette dernière n'est pas toujours en séance. On sait qu'elle peut ne se réunir qu'une fois par mois. Or, le plus souvent, il s'agit de cas urgents, sur lesquels le préfet peut toujours statuer, car il est toujours présent (1).

38. — *b*). *Répartition des fonds provenant des amendes de police correctionnelle.* — Les fonds provenant des amendes de police correctionnelle sont centralisés dans les caisses des trésoriers-

(1) Dans le même sens : Ducrocq, Cours, t. 1, n° 169.

payeurs généraux. Sur le produit brut de ces amendes, on prélève la somme nécessaire pour le remboursement des frais de poursuite et des droits dus aux greffiers. Après ce prélèvement, le produit net des amendes est divisé en trois portions. Le premier tiers est affecté au service des enfants assistés. Le second tiers sert à payer les frais divers occasionnés par le service qui est fait aux communes du *Journal officiel*. Enfin le dernier tiers est réparti, suivant les besoins, aux communes pauvres du département. Or, avant 1871, le droit de répartir ce dernier tiers appartenait au préfet. Même avant le décret du 25 juin 1852, le préfet disposait des deux derniers tiers, car l'affectation d'un tiers aux dépenses occasionnées par le service du *Moniteur* (aujourd'hui le *Journal officiel*) résulte de ce décret.

La loi de 1871, toujours dans le même esprit décentralisateur, a substitué la Commission départementale au préfet.

Il faut remarquer qu'ici la Commission tient son pouvoir non pas d'un mandat tacite du Conseil général, mais de la loi elle-même. Le Conseil général ne pourrait donc, comme dans le cas précédent, se réserver la distribution des fonds. Il ne pourrait pas non plus affecter les sommes à répartir à un objet déterminé. S'il indiquait les travaux à subventionner, sa délibération n'aurait d'autre portée que celle d'un vœu ou d'un avis. En matière de fonds de police correctionnelle, la Commission départementale apprécie souverainement pour quels besoins elle alloue une subvention à une commune, de même qu'elle apprécie la quotité de la somme, pourvu que cette quotité n'excède pas le crédit mis à sa disposition. Au contraire, en ce qui concerne les fonds dont il a été parlé précédemment, la Commission départementale doit respecter l'affectation qui leur a été donnée par le Conseil général. Elle ne saurait, sans commettre un grave excès de pouvoir, les détourner de l'objet en vue duquel ils ont été votés.

39. — *c*). — *Répartition des fonds provenant du rachat des prestations en nature sur les lignes que ces prestations concernent.*

L'art. 81, dans la fin du n° 1, dispose que la Commission départementale répartit « *les fonds provenant du rachat des prestations en nature, sur les lignes que ces prestations concernent.* » Cette disposition est obscure. Pour la commenter, nous traiterons deux questions :

1°) Y a-t-il réellement une répartition à faire des fonds provenant du rachat des prestations en nature ?

2°) S'il y a une répartition, à qui appartient-il de l'opérer ?

40. — *Première question.* Y a-t-il une répartition à faire ?

La négative a été soutenue dans un avis du ministre de l'intérieur du 5 août 1873.

D'après cet avis, le mécanisme du vote et du recouvrement de l'impôt des prestations rendrait inutile toute espèce de répartition par la Commission départementale, cette répartition étant faite *ipso facto* par l'établissement même de l'impôt. Le rôle de la Commission départementale se bornerait à un simple contrôle. Nous ne saurions mieux faire d'ailleurs, pour exposer ce système, que de reproduire ici l'avis de 1873.

« L'article 81, § 1er, porte que la Commission départementale répartit les fonds provenant du rachat des prestations en nature sur les lignes que ces prestations concernent.

Cette disposition paraît avoir été empruntée à un rapport fait au nom de la Commission chargée d'éclairer l'Assemblée nationale sur l'état des routes, chemins et canaux ; il exprimait le vœu que le montant des sommes centralisées au département et provenant de ces rachats, ne fût plus laissé à la disposition des préfets.

Mais ce vœu reposait sur une erreur.

La Commission croyait que le préfet avait le droit de disposer comme bon lui semblait, et au profit d'une ligne quelconque, des ressources provenant du rachat de la prestation, tandis qu'aux termes de la loi de 1836, le contingent demandé aux communes pour une ligne, doit exclusivement profiter à cette ligne, et il ne dépend ni du préfet ni du Conseil général d'en changer la destination.

Le Conseil général désigne les communes intéressées à la construction ou à l'entretien d'une ligne, et fixe leur contingent. Ce contingent est payé soit en nature, soit en argent. S'il est acquittés en nature, la Commission départementale n'a évidemment plus rien à y voir ; s'il est payé en argent, les ressources reçoivent naturellement l'affectation qui leur a été donnée par le Conseil général.

Le rôle de la Commission se borne donc à prendre acte de la destination légale des fonds provenant du rachat des prestations et à veiller à ce que ces ressources ne soient pas détournées de leur affectation régulière ; mais il ne lui appartient pas de décider sur quel point de la ligne à construire les fonds dont il est question doivent être dépensés, ni à quel travail ils doivent être consacrés.

Pour trouver une application à ce paragraphe de la loi, on peut dire qu'il donne à la Commission départementale le droit de déterminer quelle est la portion du produit des prestations rachetées qui doit être affectée, d'une part, aux chemins de grande communication, d'autre part, aux lignes d'intérêt commun, enfin aux chemins vicinaux ordinaires ; mais comme la loi ou le Conseil général ont fixé le nombre de journées de prestations qui doivent être employées sur chaque catégorie de chemins, il est évident que si une partie des journées est rachetée, le produit du rachat doit être réparti exactement dans la même proportion, en sorte que l'opération à faire ou plutôt à constater par la Commission départementale se borne à une opération arithmétique. (*Ain* et *Gironde*.) » (1)

Nous ne pouvons accepter sans réserve les idées contenues dans cet avis. Mais, avant de discuter, il importe de bien préciser les termes de la question.

Un point essentiel sur lequel nous sommes d'accord avec l'avis de 1873 est le suivant. Chaque ligne doit profiter exclusivement du contingent qui a été fixé par le Conseil général et voté par les conseils municipaux. Chaque chemin doit recevoir ce qui lui est dû, et il n'est permis ni au préfet, ni au Conseil général, ni à la Commission départementale, ni à personne d'enlever à un chemin pour donner à un autre.

Dès lors, quand on pose, en notre matière, la question de ré-

(1) B. L. p. 363.

partition, cela ne signifie pas qu'on demande s'il est possible de distribuer certaines ressources à tels ou tels chemins, à l'exclusion des autres, comme il arrive lorsqu'il s'agit de subventions ou de fonds de police correctionnelle. L'énoncé du problème est tout autre. On sait que les communes peuvent s'acquitter de leurs charges soit au moyen de sommes d'argent provenant de centimes additionnels, soit au moyen de journées de prestations (art. 2, 1. du 21 mai 1836). Les journées de prestations peuvent elles-mêmes être acquittées en nature par le contribuable, ou être rachetées par lui en argent. Il résulte de là que les ressources communales destinées au paiement des crédits ouverts aux divers chemins se décomposent en ressources en argent et ressources en nature. Or, lorsqu'on pose la question de répartition, on demande dans quelle proportion chacune des deux ressources sera attribuée soit à telle catégorie de chemins, soit à telle ligne, étant bien entendu d'ailleurs que chaque ligne recevra le montant intégral de ce qui lui est dû, de façon que si le crédit d'un chemin est totalement couvert en nature, ce chemin n'aura plus rien à prétendre en argent, et *vice versâ* ; que si le crédit d'un chemin n'est qu'en partie couvert en nature, le complément devra être nécessairement fourni en argent, ou réciproquement, si ce crédit n'est couvert que partiellement en argent, le déficit devra être comblé par des prestations en nature.

Il y a, comme on le voit, corrélation entre ces deux termes *nature* et *argent*. En admettant qu'il y ait lieu de faire une répartition, il est clair quoique l'art. 81 ne parle que de l'argent, que cette répartition comprendra *ipso facto* les ressources en nature. Répartir l'un des termes, c'est répartir l'autre; répartir le produit du rachat des prestations, c'est répartir les prestations elles-mêmes; ou, pour mieux dire, répartir ici, c'est équilibrer pour chaque ligne les travaux en nature et les sommes en argent.

Or, dans ces termes, la question de répartition se pose-t-elle réellement?

Nous avons vu comment l'auteur de l'avis de 1873 raisonne pour établir la négative. Dans cet avis, la répartition est considérée à trois points de vue : répartition entre les trois catégories de chemins ; répartition entre les lignes d'une même catégorie ; répartition sur les différents points d'une même ligne.

Nous allons reprendre successivement ces divers aspects de la question, mais en suivant l'ordre de l'avis.

1°) En ce qui concerne la répartition entre les lignes dont il s'occupe d'abord, le ministre fait le dilemme suivant : ou bien, dit-il, le contingent afférent à chaque ligne est payé en nature, et alors la Commission départementale n'a plus rien à y voir, parce que l'art. 81 ne l'appelle à jouer un rôle que dans le cas de rachat. Ou bien le contingent est payé en argent, et alors il n'y a pas non plus de répartition à faire, parce que les ressources reçoivent naturellement l'affectation qui leur a été donnée.

Nous adresserons tout d'abord à l'argument un reproche **général**. Son auteur semble n'avoir pas saisi la corrélation existant entre les deux termes *nature* et *argent*. En effet, dans la première partie du dilemme, il écarte la Commission départementale, en se fondant sur ce que la lettre de la loi n'appelle la Commission à jouer un rôle que pour les sommes d'argent. Il n'a pas vu que répartir ces fonds, c'est en même temps répartir les prestations acquittées en nature. Il n'a pas posé la question telle qu'elle doit l'être, et dès lors il est facile de prévoir que sa réponse court grand risque de n'être pas exacte.

D'ailleurs la première partie du dilemme prévoit une hypothèse à peu près chimérique : celle où le contingent serait fourni en journées de prestation, qui toutes sans exception seraient acquittées en nature par les prestataires.

Quant à la seconde partie de l'argument, elle repose sur une grave confusion. Le ministre de 1873 dit : si le contingent est payé en argent, les ressources reçoivent naturellement l'affectation qui leur a été donnée par le Conseil général. Mais de quelles ressources s'agit-il ? De quelle affectation parle-t-on ?

Les ressources, nous le savons, sont de deux sortes : elles sont en nature ou en argent. Or, pour que l'argument soit bon, il faudrait que le Conseil général ait déterminé non seule ment le taux du contingent demandé pour chaque chemin, mais aussi qu'il ait fixé, pour chaque chemin, et la part d'argent et la part de prestations en nature qui devront lui être attribuées. Alors il serait vrai de dire que les ressources ont reçu une affectation, et que par suite elles devront naturellement être employées d'une manière conforme à cette affectation. Mais le Conseil général l'a-t-il faite, cette affectation? Non, et pour une raison fort simple, c'est qu'il lui était impossible de la faire, comme nous allons le voir. Sans doute le Conseil général a fait, si l'on veut, une affectation en déterminant, avec évaluation en argent, le contingent à fournir pour chaque ligne. Il a ainsi affecté à chaque voie un certain crédit. Il a dit : le chemin A bénéficiera d'un crédit de 1000 fr. Mais cette affectation-là n'est pas suffisante. Il faut de plus dire : le chemin A, qui a un crédit de 1000 fr. recevra 400 en argent et 600 en nature. Or le ministre confond les deux opérations : la fixation du contingent et la détermination de la part d'argent et de travaux en nature à appliquer sur chaque ligne. Cette seconde opération n'a pas pu être faite par le Conseil général. Que s'est-il passé en effet? Le Conseil a fixé pour chaque chemin le contingent de chaque commune (art. 46 n°, 7 l, 10 août 1871) et a évalué en argent ce contingent. Les contingents de chaque chemin forment pour chaque commune intéressée un total. La commune fournit ce total en votant soit des centimes, soit des journées de prestations (art. 2 l, 21 mai 1836). Ce vote est fait en bloc. Il n'y a pas et il ne peut pas y avoir de détail.

Une partie des journées de prestations peut être rachetée. Mais au moment du vote, soit du Conseil général, soit des conseils municipaux, on ignore le nombre des journées qui seront rachetées; le produit du rachat ne peut donc pas être connu. Et dès lors l'affectation particulière soit de ce produit, soit des prestations payées en nature, ne peut pas être faite. Le rôle des prestations dressé par les soins de l'administration des contributions directes ne détermine pas et ne peut pas déterminer à quelle ligne ou à quel point d'une ligne est afférente la cote réclamée. Cette affectation spéciale à une ligne ou à un point d'une ligne n'existe que dans un seul cas : celui de subvention industrielle (art. 14, l. 21 mai 1836). Le débiteur d'une subvention industrielle peut se libérer soit en nature, soit en argent. Mais, de même que, s'il se libère en nature, les travaux portent uniquement sur la partie dégradée par lui; de même, s'il se rachète, le produit du rachat doit être affecté exclusivement à cette même partie dégradée. Mais, en dehors de ce cas, l'affectation ne peut être faite que longtemps après le vote du Conseil général, lorsque les prestataires auront fait leur déclaration. Après cette déclaration, on saura quelles sont les sommes provenant du rachat, quelles sont les journées payables en nature. Et alors, mais alors seulement, on pourra faire cette affectation particulière à chaque ligne des ressources soit en nature, soit en argent. Il s'agit en définitive ici d'une opération très analogue à un paiement. Or, si j'ai à payer 1000 fr. je ne puis fixer à l'avance la proportion de billets de banque ou de monnaie suivant laquelle j'opérerai mon paiement, tant que j'ignorerai la quotité de billets et celle de monnaie que j'aurai à ma disposition le jour où je paierai.

Or cette affectation des ressources soit en nature, soit en argent, à tel ou tel chemin n'est pas autre que la répartition dont nous nous occupons. Affecter à tel chemin ou à telle partie du chemin telle somme d'argent et tel nombre de journées de travail ou telles ou telles tâches, c'est précisément répartir les sommes provenant du rachat des prestations en nature ; c'est, comme nous le disions, équilibrer les travaux en nature avec les sommes d'argent.

Comme conclusion, nous pouvons donc dire qu'après le vote du Conseil général et des Conseils municipaux il reste une répartition à faire, et que, par suite, l'avis de 1873 n'est pas fondé.

2°) Répartition sur les différents points d'une même ligne.

L'avis semble n'entrer qu'incidemment dans cet ordre d'idées, et se contente d'affirmer qu'il n'appartient pas à la Commission départementale « de décider sur quel point de la ligne à cons- « truire les fonds dont il est question devront être employés, « ni à quel travail ils doivent être consacrés ».

L'examen de cette partie de l'avis trouvera sa place quand nous étudierons notre seconde question. Bornons-nous, pour l'instant, à constater que, de l'aveu même du ministre, il y a ici une répartition à effectuer, puisqu'il refuse à la Commission départementale le droit de la faire.

3°) Répartition entre les trois catégories de chemins.

Ici le ministre prétend que l'opération qui reste à faire après le vote du Conseil général est simplement une opération arithmétique. Il raisonne ainsi : le Conseil général détermine, dans les limites fixées par la loi de 1838 (art. 8), le nombre de journées applicables à chaque catégorie de chemins. Donc, si une partie des journées est rachetée, le produit se répartit mathématiquement dans la même proportion. Ainsi, aux termes de la loi de 1836 (art. 8, § 4), deux journées, au maximum, sont applicables aux deux premières catégories de chemins, la troi- sième journée étant réservée pour les chemins vicinaux ordi- naires. Supposons cette proportion adoptée par le Conseil : le produit du rachat se répartira ainsi qu'il suit : deux tiers pour les deux premières catégories de chemins, un tiers pour la troisième.

Ainsi, en supposant que le produit total des rachats s'élève à 9,000 fr., les deux premières catégories auront 6,000 fr., et les chemins vicinaux ordinaires auront 3,000 fr. Avant de discuter la valeur d'une telle assertion, nous ferons remarquer que cette partie de l'avis ministériel est en désaccord avec la partie relative à la répartition entre les lignes. Il y a contradiction entre l'idée d'une répartition mathématique et l'idée d'une affectation spéciale des ressources en nature ou en argent à chaque ligne, idée qui sert de base à la seconde partie du dilemme. Pour qu'on puisse répartir les sommes provenant du rachat, proportionnellement au nombre des journées, il ne faut pas que les ressources en nature, ou en argent aient déjà reçu une affectation particulière à chaque ligne, comme le veut le dilemme Car, si cette affectation existe, la part de rachat revenant à une catégorie ne sera plus que le total général des différentes parts de rachat qui reviennent à chaque ligne de cette catégorie. Et les totaux respectifs de chacune des trois catégories peuvent ne pas être proportionnels au nombre des journées.

Il faut donc choisir entre les deux idées. Pour être logique et conséquent avec soi-même, il faut : ou bien suivre l'idée d'affectation qui sert de base au dilemme, et répéter, pour la répartition entre les catégories, ce qu'on a déjà dit pour la répartition entre les lignes, savoir qu'il n'y a pas de répartition à faire, parce que « les ressources reçoivent naturellement l'affectation qui leur a « été donnée par le Conseil général » ; — ou bien appliquer à la répartition entre les lignes l'idée d'opération mathématique et dire : de même que le produit du rachat des prestations se répartit entre les catégories, proportionnellement au nombre de journées affecté à chacune d'elles ; de même, dans chaque catégorie, le produit du rachat se répartit proportionnellement aux crédits respectifs de chacun des chemins. Ainsi la catégorie des chemins de grande communication a reçu une journée ; celle des chemins d'intérêt commun, une ; celle des chemins vicinaux ordinaires, une. Le produit total du rachat est de 9,000 fr. Chaque catégorie aura 3,000. Puis, le réseau de grande communication se compose de trois lignes : A B C. A aura un crédit de 2,000 ; B de 1,000 ; C de 1,000.

A qui a un crédit de 2,000 recevra sur le produit du rachat: 1,500

B	—	1,000	—	—	750
C	—	1,000	—	—	750
				Total.	3,000

Nous voilà donc maintenant en présence de deux systèmes nettement déterminés. Le premier ayant déjà été réfuté, examinons le second, c'est-à-dire celui de la répartition mathématique.

Il faut tout d'abord noter que notre question primitive se trouve modifiée. Cette question était : y a-t-il lieu, après le vote du Conseil général, à une répartition des sommes provenant du rachat des prestations en nature ? D'après ce qui précède, nous répondons oui. Le débat se trouve donc circonscrit maintenant dans les termes suivants : la répartition qui sera faite consistera-t-elle simplement en une opération arithmétique, ou bien au contraire sera-t-il permis, laissant de côté l'idée de proportionnalité mathématique, de s'inspirer des besoins divers du service vicinal, et de donner à tel chemin plus de nature et moins de rachat, à tel autre plus de rachat et moins de nature, de façon à équilibrer, suivant les besoins, les travaux en nature et les sommes d'argent, étant toujours bien entendu que chacune des lignes recevra le montant intégral de ce qui lui est dû, et qu'aucune d'elles ne pourra s'enrichir aux dépens des autres ?

Il est bien certain que la seconde manière de comprendre et d'opérer la répartition sera la plus avantageuse, tant au point de vue des besoins du service qu'au point de vue de la commodité des prestataires qui ont déclaré vouloir se libérer en nature.

En ce qui touche les besoins du service, il est facile de comprendre que sur un chemin il soit nécessaire d'avoir une somme d'argent plus considérable, tandis que, sur un autre, des travaux en nature suffiront. Prenons un exemple : soient deux chemins A et B. Le chemin A a un crédit de 1,000 fr. Le chemin B a un crédit de 1,500. Mais sur le chemin A il y a des travaux de réparation à exécuter à des ouvrages d'art, à des aqueducs, par exemple, ou à des ponts, tandis que sur B il n'y a qu'à mettre des matériaux et à nettoyer des fossés. Il est clair que

l'argent sera plus nécessaire sur A que sur B, car pour les
travaux de A il faut des hommes du métier qu'on ne trouvera
peut-être pas parmi les prestataires qui doivent se libérer en
nature : il y aura lieu de faire venir des ouvriers spéciaux, qu'on
devra payer. Il peut donc se faire qu'il y ait utilité à couvrir en
argent, suivant une très forte proportion, ou même en totalité, le
crédit de 1,000 fr. du chemin A. Sur le chemin B, au contraire,
les travaux pouvant être facilement exécutés par les prestataires, il sera de meilleure administration de donner peu en
argent et beaucoup en nature, ou même de couvrir totalement
en nature le crédit de 1,500 fr.

D'autre part, nous avons parlé de la commodité du prestataire.
C'est là un élément qui ne doit pas être négligé. Moins un impôt
est lourd pour le contribuable, mieux il est payé. Ici on peut
dire que l'exécution du travail sera d'autant plus satisfaisante
qu'elle aura pesé moins sur le prestataire. Il y a donc intérêt, par
exemple, à ce que les prestataires n'aillent pas travailler trop
loin de leur domicile et à ce qu'ils puissent facilement rentrer
chez eux, une fois leur journée terminée.

Avec la répartition mathématique, il n'est tenu compte
d'aucun de ces éléments ; et une telle répartition peut conduire
aux résultats les plus contraires aux véritables intérêts de la
vicinalité.

Toutefois, si cette répartition mathématique était imposée par
la loi, il faudrait s'incliner, et les considérations utilitaires qui
viennent d'être indiquées ne sauraient prévaloir contre la légalité. Nous devons donc nous demander si la loi exige cette
répartition ainsi entendue. La réponse doit être négative. Il
semble que l'auteur de l'avis de 1873 fait découler cette idée de
répartition proportionnelle de l'art. 8, § 4, de la loi du 21 mai
1836, qui réserve à la vicinalité ordinaire une journée de prestations sur les trois, et un tiers des centimes spéciaux. Mais la
portée exacte de cette disposition semble avoir échappé à l'auteur de l'avis. Le produit des journées de prestations, comme le

produit des centimes, est évalué en argent par le conseil municipal, lorsqu'il vote soit les journées, soit les centimes. Ainsi, le conseil municipal dit : la commune sera imposée pour telle année :

1° De trois journées de prestations dont le produit est évalué à. . . . . 15.000 fr.

2° De deux centimes spéciaux ordinaires évalués à 12.000 fr.

Appliquons à ce vote le § 4 de l'art. 8 de la loi de 1836 et nous arrivons au résultat suivant : sont réservés aux chemins vicinaux ordinaires :

1° Un tiers des centimes, soit. . 4.000 fr.⎫
2° Une journée de prestations, soit. 5.000 fr.⎬ total : 9.000 fr.(1)

Sur l'ensemble des ressources, la loi de 1836 réserve donc 9.000 fr. à la vicinalité ordinaire : voilà tout ce qu'elle fait. Quant à ce qui est de fournir, soit en nature, soit en rachat, les 5.000 fr. de prestations, la loi ne dit rien. La nécessité d'une répartition mathématique ne résulte donc pas de la loi de 1836. Elle ne résulte pas non plus de la loi de 1871 ni d'aucune autre loi. Est-elle donc imposée par les principes ? Non, car les principes disent simplement que chaque ligne doit bénéficier exclusivement du crédit qui lui est ouvert, et ils ne disent rien de plus.

Il faut donc, sans hésiter, repousser cette idée d'une répartition mathématique.

Les conclusions de tout ce qui précède peuvent se résumer dans les trois points suivants :

1° Après le vote des prestations par les conseils municipaux et la fixation des contingents par le Conseil général, il y a lieu de répartir les fonds provenant du rachat des prestations en nature;

2° Quoique l'art. 81 de la loi de 1871 ne parle expressément

(1) Le détail sera ensuite fait par le conseil municipal, qui fixera le taux du crédit ouvert à chaque chemin vicinal ordinaire. Pour les chemins de grande communication et d'intérêt commun, ce taux est fixé par le Conseil général.

que des sommes d'argent provenant du rachat, la répartition comprend à la fois ces sommes et les prestations non rachetées. Il y a corrélation entre les deux termes, à cause du principe que chaque chemin doit recevoir le montant intégral de ce qui lui est dû, et qu'on ne peut donner à l'un aux dépens des autres.

3° Enfin cette répartition n'est pas une opération arithmétique consistant à attribuer les ressources à chaque groupe de chemins proportionnellement au nombre des journées, ou à chaque chemin proportionnellement à son crédit. Mais c'est une opération raisonnée, dans laquelle on doit s'inspirer des besoins et des nécessités de la pratique, pour apprécier quand on doit donner plus en nature, quand on doit donner plus en argent.

41. — *Seconde question*. — A qui appartient-il d'opérer la répartition ?

S'il n'y avait aucun texte sur ce point, la réponse serait assez facile. On pourrait faire rentrer la répartition dans la catégorie des mesures d'exécution qui appartiennent au préfet. Mais nous nous trouvons en présence de l'art. 81 qui dit : « *La Commission départementale répartit les fonds provenant du « rachat des prestations en nature sur les lignes que ces presta- « tions concernent.* »

Ce qui rend difficile l'intelligence de ce texte, ce sont les mots : « *sur les lignes que ces prestations concernent.* » Ces mots n'existaient pas dans le projet primitif, qui disait simplement :

« La Commission départementale, après avoir entendu l'avis « et les propositions du préfet: 1° répartit. . . etc. . . et « les fonds provenant du rachat des prestations en nature. »

Ce texte primitif était assez clair. Il s'inspirait, comme le dit l'avis de 1873, d'un rapport fait au nom de la commission chargée d'éclairer l'Assemblée nationale sur l'état des routes, chemins et canaux. Le passage de ce rapport était ainsi conçu :

« Sixième question. — La répartition des fonds provenant du « rachat des prestations affectées aux chemins de grande com-

« munication et d'intérêt commun doit-elle rester dans les
« mains du préfet ?

« Votre commission estime que les sommes provenant des
« rachats de prestations affectées aux chemins de grande com-
« munication et d'intérêt commun doivent être réparties, comme
« toutes les autres sommes allouées ou votées, par le Conseil
« général.

« Le montant des sommes centralisées au département, et
« provenant de ces rachats, devra donc être communiqué cha-
« que année au Conseil général, qui en fera la répartition con-
« formément à la loi du 24 mai 1836. »

Ce vœu ne reposait pas sur une erreur, comme le prétend
l'avis de 1873. Nous savons en effet que, dans la répartition à
faire, il y a des questions d'appréciation pour lesquelles le préfet était seul compétent. Et la commission des routes exprimait
le vœu que ce pouvoir d'appréciation fût retiré au préfet pour
être donné au Conseil général.

Le projet de loi organique départementale donnait satisfaction au vœu en transférant les pouvoirs d'appréciation du préfet, non au Conseil général, mais à la Commission départementale. Tout cela était fort clair.

Comment donc et pourquoi est-on venu ajouter au texte
primitif les mots : « sur les lignes que ces prestations concernent » ?

C'est qu'un député, M. Arfeuillère, avait demandé la suppression de la moitié de l'art. 81, n° 1, et proposait la rédaction suivante : « La Commission, etc... répartit les subventions diverses
dont le Conseil général ne s'est pas réservé la distribution (1). »
Les mots « sur les lignes que ces prestations concernent » étaient
une concession faite à M. Arfeuillère. Malheureusement c'était
une concession faite au dernier moment, sur la portée de
laquelle on n'avait pas eu le temps de réfléchir, et déterminée

(1) J. off. n° du vendredi 11 août, p. 2603, col. 1, 2 et 3.

15

par une réclamation qui elle-même était assez peu étudiée.
Les motifs invoqués par M. Arfeuillère étaient les suivants :

Le Conseil général, disait M. Arfeuillère, doit rester maître
de tous les éléments de son budget, et la Commission départementale ne peut avoir de sommes à distribuer que dans les
cas où le Conseil général lui aurait donné un mandat. Cette
raison s'appliquait à la fois aux fonds de police correctionnelle
et aux fonds provenant des rachats.

Après cette raison générale, M. Arfeuillère donnait des raisons particulières pour le rachat des prestations. Et là, il com-
mettait deux erreurs. En premier lieu, il reprochait à la
rédaction primitive de l'art. 81 de laisser les fonds provenant
du rachat des prestations en nature à la discrétion absolue de
la Commission, ce qui, suivant lui, était contraire à la législation vicinale, « car ces fonds appartiennent, par leur origine
« même, aux communes dont elles représentent les presta-
« tions ».

M. Arfeuillère se trompait La rédaction primitive de l'art. 81
n'aurait pu avoir pour effet de donner à la Commission départementale le droit de disposer, absolument à son gré, des
fonds provenant du rachat. La Commission eût toujours été
limitée par le principe que le taux du contingent demandé pour
une ligne, doit profiter exclusivement à cette ligne. Tout son
pouvoir se fût borné à apprécier la proportion d'argent et de
travaux en nature qui devait être établie pour couvrir ce taux.

En second lieu, M. Arfeuillère croyait, comme l'avis de 1873,
qu'après le vote des conseils municipaux et du Conseil général les prestations étaient affectées à telle ou telle ligne, de sorte
que le rachat devait profiter exclusivement au chemin que ces
prestations concernaient. Mais nous savons déjà que les conseils municipaux votent les journées de prestations en
évaluant en argent le produit de ces journées, sans pouvoir
faire des affectations particulières, puisque l'option des prestataires n'est pas encore connue.

Quoi qu'il en soit, les raisons de M. Arfeuillère, communiquées certainement à la commission législative avant le débat public qui nous les révèle, firent une certaine impression sur cette commission. Il semble que celle-ci fut touchée surtout de cette considération qu'il était contraire à la législation vicinale de laisser les fonds provenant du rachat, à la disposition absolue de la Commission départementale. Au lieu de répondre à cette objection en disant que la Commission départementale serait limitée par le principe que nous savons, la commission parlementaire résolut de limiter par une disposition formelle les pouvoirs de la Commission départementale, et de mettre la loi de 1871 en harmonie avec celle de 1836. C'est alors que, trompée par l'objection, peu fondée, tirée de la loi de 1836, elle s'inspira en outre de la seconde erreur de M. Arfeuillère et dit : La Commission départementale répartira les fonds provenant du rachat des prestations en nature *sur les lignes que ces prestations concernent* (1).

Que signifiait donc désormais l'art. 81 ainsi modifié ?

M. Arfeuillère l'indique. « Les mots : *sur les lignes que ces « prestations concernent*, dit-il, semblent donner à l'article ‹ un sens restreint qui fera que la Commission départementale « aura seulement la faculté de répartir ces fonds sur les divers « points de la ligne. » M. Arfeuillère déclara d'ailleurs que cette modification ne le satisfaisait pas ; et il demanda que même la répartition sur les divers points d'une ligne fût faite par le Conseil général lui-même. Personne ne répondit à M Arfeuillère, dont l'amendement fut repoussé. Puis le texte de l'art. 81 fut voté avec les mots « *sur les lignes que ces prestations concernent* ».

Les solutions du problème vont maintenant se dégager facilement.

---

(1) C'est ainsi que les erreurs s'engendrent les unes les autres, et nous serions peu surpris que les confusions de l'avis de 1873 n'aient elles-mêmes eu pour cause celles de M. Arfeuillère.

Tout d'abord, il est certain que la Commission départementale peut répartir sur les différents points d'une même ligne le produit des rachats, et par suite les travaux en nature, à cause de la corrélation existant entre les deux termes. Cette proposition est, il est vrai, contredite par l'avis de 1873 ; mais à cet avis nous opposons le texte de la loi.

En second lieu, la répartition soit entre les diverses lignes soit entre les trois catégories (1), par qui doit-elle être faite?

Il ne faut plus ici consulter le texte de la loi, mais son esprit.

Un point certain, c'est qu'il faut écarter le préfet. Là-dessus tout le monde a été d'accord: la commission des routes, la commission de la loi de 1871 et l'Assemblée nationale tout entière, y compris M. Arfeuillère.

Le préfet écarté, restent le Conseil général et la Commission départementale.

En fait, le Conseil général ne peut effectuer la répartition, car au moment où cette répartition est possible, c'est-à-dire au mois de décembre ou janvier, après l'option des prestataires, il n'est pas réuni. La Commission départementale, au contraire, peut faire le travail.

En droit maintenant, il faut également repousser le Conseil général et donner compétence à la Commission départementale. En effet, l'intention de l'Assemblée de 1871 était de donner, en cette matière, toute compétence possible à la Commission départementale, sans toutefois porter atteinte à la loi de 1836. Dans ce but, elle avait voté en deux lectures un texte qui exprimait bien sa pensée. Or, quelle compétence pouvait-elle donner sans porter atteinte à la loi de 1836? Elle pouvait donner compétence non seulement pour la répartition sur les divers points d'une ligne,

_____

(1) Cela ne fait qu'une seule et même répartition, car, l'idée de répartition mathématique proportionnelle étant écartée, la part de rachat d'une catégorie ne sera plus que le total de la part de rachat attribuée à chacun des chemins compris dans cette catégorie.

mais aussi pour la répartition entre les diverses lignes. Elle a cru qu'elle ne pouvait donner cette seconde compétence, et alors elle a modifié son texte. Mais cette croyance était erronée. Donc il faut revenir au texte primitif, qui traduit plus fidèlement les intentions de l'Assemblée, et dire : la Commission départementale a la mission de répartir les sommes provenant du rachat des prestations en nature et, par suite, ces prestations elles-mêmes, non seulement sur les divers points d'une même ligne, mais encore entre les diverses lignes.

Par conséquent, l'état de répartition dressé dans la plupart des départements au mois de février par les soins du service vicinal, c'est-à-dire du préfet, doit être dressé par la Commission départementale ; ou plutôt, comme la Commission départementale n'agit ici que sur l'avis ou les propositions du préfet, le travail préparé par les soins du service vicinal, c'est-à-dire du préfet, doit être soumis à l'approbation de la Commission départementale, qui d'ailleurs peut le modifier.

II. — Travaux départementaux.

42. — La Commission départementale est compétente en cette matière sur deux points :

1°) Aux termes de l'art. 81, n° 2, elle *« détermine l'ordre de priorité des travaux à la charge du département, lorsque cet ordre n'a pas été fixé par le Conseil général. »*

Un département peut avoir à exécuter plusieurs travaux ; mais il peut se faire que ces travaux ne puissent être entrepris simultanément. Il y a donc lieu de déterminer l'ordre dans lequel ils seront exécutés. Il peut y avoir intérêt à faire passer tel travail avant tel autre. Il appartient au Conseil général de se prononcer sur ce point. Mais s'il a gardé le silence, à qui appartiendra-t-il de le suppléer ? Avant 1871, c'était le préfet qui était appelé à compléter, en cette matière comme en matière de subventions, la délibération du Conseil général. Là encore, on retrouve cette dée déjà signalée d'un mandat tacite. Il était donc naturel que la loi de 1871 substituât la Commission départementale au préfet. Les motifs sont les mêmes que pour les subventions.

2°) En second lieu, la Commission départementale, aux termes de l'art. 81, n° 4, « *fixe l'époque de l'adjudication des travaux d'utilité départementale* ».

C'est toujours la même pensée de décentralisation qui a inspiré le législateur lorsqu'il a enlevé cette attribution au préfet pour la donner à la Commission départementale.

III. — Emprunts départementaux.

43. — Le n° 3 de l'art. 81 s'exprime ainsi : La « *Commission départementale... 3° fixe l'époque et le mode d'adjudication ou de réalisation des emprunts départementaux, lorsqu'ils n'ont pas été fixés par le Conseil général.* »

Les emprunts départementaux sont votés par le Conseil général, et, quand il y a lieu, autorisés par une loi (art. 40 et 41 l. 1871). Une fois votés, les emprunts peuvent être réalisés de diverses manières. On peut s'adresser soit à la Caisse des dépôts et consignations, soit à un établissement de crédit, comme le Crédit foncier ; on peut également procéder par voie d'adjudication ou même s'adresser à des particuliers. Il y a donc lieu d'apprécier, suivant les circonstances, à quel moment et par quel mode il sera plus avantageux de réaliser l'emprunt. Cette appréciation appartient naturellement au Conseil général. Mais si le Conseil ne se prononce pas, la Commission départementale est investie des pouvoirs nécessaires pour régler ces points. Là encore on retrouve l'idée d'un mandat tacite qui autrefois était rempli par le préfet. La substitution de la Commission départementale au préfet s'explique par les considérations déjà exposées.

Avant de quitter l'art. 81, il convient de présenter deux ob-

servations qui s'appliquent également à toutes les matières énumérées dans cet article.

La première, c'est que la Commission départementale ne peut
jamais statuer sur ces matières sans avoir pris l'avis du préfet.
En effet, l'art. 81 commence ainsi : « *La Commission départementale, après avoir entendu l'avis et les propositions du préfet* : 1° ré-
partit, etc .. » De ce texte, il résulte qu'une délibération sur l'un
des objets qui viennent d'être examinés, prise sans l'avis du
préfet, est entachée de nullité.

L'avis du préfet ne lie pas la Commission, mais il doit être
donné ou tout au moins demandé. Cette exigence de la loi est
sage. En matière de subventions, par exemple, le préfet peut assurément, mieux que la Commission départementale, apprécier,
dans bien des cas, la véritable situation des communes et l'utilité de la subvention qu'elles sollicitent.

La seconde observation est que dans les matières de l'art. 81
l'initiative est partagée entre le préfet et la Commission départementale. Que le préfet ait l'initiative, cela ne peut faire aucun
doute en présence du mot « *proposition* » de l'art 81. En ce
qui concerne la Commission départementale, une explication est
nécessaire. Si le mot « *proposition* » de l'art. 81 implique pour
le préfet le droit d'initiative, le mot « *avis* » du même article
implique le même droit pour la Commission départementale, ou
plutôt pour chacun de ses membres. En effet, dire que la Commission départementale prononce sur *l'avis* du préfet, c'est dire
que la Commission peut provoquer cet avis, et par suite prendre
l'initiative d'une mesure.

Il arrive souvent que, dans la pratique, les municipalités
s'adressent directement au président de la Commission départementale, pour solliciter une subvention en faveur d'un travail
communal. La Commission se trouve parfaitement saisie de la
demande par la communication que lui fait son président, et
peut statuer après avoir entendu le préfet.

Mais il faut se garder de confondre le droit de présenter une affaire à la Commission, c'est-à-dire le droit d'initiative, avec le droit d'instruire cette affaire. L'instruction appartient au préfet (nᵒˢ 7, 18, 29 et 82) ; et si la Commission trouve que le dossier qu'on lui communique n'est pas en état, c'est au préfet qu'elle doit le renvoyer pour instruction.

IV. — Compétence de la Commission départementale en matière de chemins vicinaux.

44. — La loi organique du 10 août 1871 sur les conseils généraux et la loi du 20 août 1881, relative au Code rural, ont donné à la Commission départementale d'importantes attributions en matière de chemins vicinaux et ruraux.

A. — *Subventions industrielles.*

45. — Nous signalerons tout d'abord une attribution qui concerne tous les chemins vicinaux et ruraux.

La Commission départementale est appelée à approuver les abonnements pour subventions industrielles.

Le second alinéa de l'art. 86 de la loi du 10 août 1871 est ainsi conçu : « *Elle (la Commission départementale) approuve les abonnements relatifs aux subventions spéciales pour la dégradation des chemins vicinaux, conformément au dernier paragraphe de l'article 14 de la même loi* » (du 21 mai 1836).

Pour comprendre ce texte, il suffit de lire l'art. 14 de la loi du 21 mai 1836. Cet article s'exprime ainsi : « *Toutes les fois qu'un chemin vicinal, entretenu à l'état de viabilité par une commune, sera habituellement ou temporairement dégradé par des exploitations de mines, de carrières, de forêts ou de toute entreprise industrielle appartenant à des particuliers, à des établissements publics, à la couronne ou à l'Etat, il pourra y avoir lieu à imposer aux entrepreneurs ou propriétaires, suivant que l'exploitation ou les transports auront eu lieu pour les uns ou les autres, des subventions spéciales dont la quotité sera proportionnée à la dégradation extraordinaire qui devra être attribuée aux exploitations.*

« *Ces subventions pourront, au choix des subventionnaires, être*

acquittées en argent ou en prestations en nature, et seront exclusi-
vement affectées à ceux des chemins qui y auront donné lieu.

« *Elles seront réglées annuellement, sur la demande des communes,*
par les Conseils de préfecture, après des expertises contradictoires,
et recouvrées comme en matière de contributions directes.

« *Les experts seront nommés suivant le mode déterminé par l'art.*
17 ci-après.

« *Ces subventions pourront aussi être déterminées par abonne-*
ment ; elles seront réglées, dans ce cas, par le préfet en Conseil de
préfecture. »

L'art. 86 ne fait que transporter à la Commission départementale une attribution qui était, d'après l'art. 14 de la loi de
1836, exercée par le préfet en Conseil de préfecture.

Comme on le voit, ni la loi de 1871 ni celle de 1836 ne distinguent entre les diverses catégories de chemins. La Commission
départementale est donc compétente pour approuver les abonnements aussi bien en ce qui concerne les chemins de grande
communication et d'intérêt commun qu'en ce qui concerne les
chemins vicinaux ordinaires.

Il faut même aller plus loin, et dire que la Commission départementale est compétente pour approuver les abonnements relatifs aux chemins ruraux. En effet, la loi du 20 août 1881, relative
au Code rural, reproduit presque littéralement dans son art. 11
le texte de l'art. 14 de la loi de 1836, et dispose, dans le dernier
alinéa de cet art. 11, que « *ces subventions pourront aussi être*
déterminées par abonnements ; les traités devront être approuvés
par la Commission départementale. »

Il faut remarquer que la Commission départementale n'a pas
à décider quand une subvention industrielle est due ou n'est pas
due. Une telle question doit être portée, en cas de contestation,
entre la commune et l'industriel, devant le Conseil de préfecture
(art. 14, 1. 1836). La Commission départementale n'intervient
que pour approuver le tarif de l'abonnement.

Ces textes n'exigent pas de développements plus considérables.

Nous arrivons à des attributions qu'il faut, à la différence de l'attribution précédente, restreindre aux seuls chemins vicinaux ordinaires et aux chemins ruraux.

B. — Actes relatifs aux chemins vicinaux ordinaires et aux chemins ruraux.

46. — L'art. 86, 1ᵉʳ alinéa, de la loi du 10 août 1871 est ainsi conçu : « *La Commission départementale prononce, sur l'avis des conseils municipaux, la déclaration de vicinalité, le classement, l'ouverture et le redressement des chemins vicinaux ordinaires, la fixation de la largeur et de la limite desdits chemins. Elle exerce à cet égard les pouvoirs conférés au préfet par les articles 15 et 16 de la loi du 21 mai 1836.* »

Reproduisons les art. 15 et 16 de la loi de 1836.

Art. 15. « *Les arrêtés du préfet portant reconnaissance et fixation de la largeur d'un chemin vicinal attribuent définitivement au chemin le sol compris dans les limites qu'ils déterminent.*

Le droit des propriétaires riverains se résout en une indemnité, qui sera réglée à l'amiable ou par le juge de paix du canton, sur le rapport d'experts nommés conformément à l'article 17. »

Art. 16. « *Les travaux d'ouverture et de redressement des chemins vicinaux seront autorisés par arrêté du préfet.*

Lorsque, pour l'exécution du présent article, il y aura lieu de recourir à l'expropriation, le jury spécial chargé de régler les indemnités ne sera composé que de quatre jurés. Le tribunal d'arrondissement, en prononçant l'expropriation, désignera, pour présider et diriger le jury, l'un de ses membres ou le juge de paix du canton. Ce magistrat aura voix délibérative en cas de partage.

Le tribunal choisira, sur la liste générale prescrite par l'article 29 de la loi du 7 juillet 1833, quatre personnes pour former le jury spécial et trois jurés supplémentaires. L'administration et la partie intéressée auront respectivement le droit d'exercer une récusation péremptoire.

Le juge recevra les acquiescements des parties.

Son procès-verbal emportera translation définitive de propriété.

Le recours en cassation, soit contre le jugement qui prononcera l'expropriation, soit contre la déclaration du jury qui règlera l'indemnité, n'aura lieu que dans les cas prévus et selon les formes déterminées par la loi du 7 juillet 1833. »

La Commission départementale est appelée, par l'art. 86, à faire, à l'égard des chemins vicinaux ordinaires, un certain nombre d'actes qui antérieurement étaient accomplis par le préfet. Ces actes sont les mêmes que le Conseil général réalise à l'égard des chemins de grande communication et d'intérêt commun. La loi de 1871 n'a fait en cette matière que compléter la décentralisation commencée en 1866. En effet, d'après la loi de 1836, le préfet était exclusivement compétent pour les chemins vicinaux ordinaires, et partageait avec le Conseil général les attributions concernant les deux premières catégories de chemins (art. 7, 15, 16, l. 21 mai 1836). La loi de 1866 a transféré au Conseil général les attributions qui appartenaient au préfet, en ce qui concerne les chemins de grande communication et d'intérêt commun. La loi du 10 août 1871 a maintenu cette première décentralisation (art. 44 et 46, 7° et 8°); puis elle a enlevé au préfet la compétence qui lui restait vis-à-vis des chemins vicinaux ordinaires, pour la donner à la Commission départementale (1).

La loi du 20 août 1881, relativement au Code rural, est venue par ses art. 4 et 13 étendre aux chemins ruraux les attributions que la loi de 1871 avait conférées à la Commission départementale pour les chemins vicinaux ordinaires. Tout ce que nous allons dire de ces chemins s'applique donc aussi aux chemins ruraux (2). — L. 20 août 1881, art. 4. « *Le conseil municipal, sur la proposition du maire, déterminera ceux des chemins ru-*

---

(1) Voir dans la Revue critique de législation et de jurisprudence, année 1879, page 209, un article de M. Jean Sauzey sur les pouvoirs des Conseils généraux et des Commissions départementales en matière de classement, d'ouverture et d'élargissement des chemins vicinaux.

(2) V. loi du 20 août 1881, Bull. des lois, XIIe série, 2e semestre de 1881, partie principale, p. 232.

raux qui devront être l'objet d'arrétés de reconnaissance, dans les formes et avec les conséquences énoncées par la présente loi.

Ces arrétés seront pris par la Commission départementale, sur la proposition du préfet, après enquête publique dans les formes prescrites par l'ordonnance des 23 août-9 septembre 1835 , et sur l'avis du conseil municipal.

Ils désigneront, d'après l'état des lieux, au moment de l'opération, la direction des chemins ruraux, leur longueur sur le territoire de la commune et leur largeur sur les différents points.

Ils devront être affichés dans la commune, et notifiés par voie administrative à chaque riverain, en ce qui concerne sa propriété.

Un plan sera annexé à l'état de reconnaissance.

Les dispositions de l'art. 88 de la loi du 10 août 1871, relatives aux droits d'appel devant le Conseil général et de recours devant le Conseil d'Etat, sont applicables aux arrétés de reconnaissance. »

Art. 13. « L'ouverture, le redressement, la fixation de la largeur et de la limite des chemins ruraux sont prononcés par la Commission départementale, conformément aux dispositions des cinq derniers paragraphes de l'article 4.

A défaut du consentement des propriétaires, l'occupation des terrains nécessaires pour l'exécution des travaux d'ouverture, de redressement ou d'élargissement ne peut avoir lieu qu'après une expropriation poursuivie conformément aux dispositions des paragraphes 2 et suivants de l'article 16 de la loi du 21 mai 1836.

Quand il y a lieu à l'occupation soit des maisons, soit des cours ou jardins y attenant, soit de terrains clos de murs ou de haies vives, la déclaration d'utilité publique devra être prononcée par un décret, le Conseil d'Etat entendu, et l'expropriation sera poursuivie comme il est dit dans le paragraphe précédent.

La commune ne pourra prendre possession des terrains expropriés avant le paiement de l'indemnité. »

Art. 16. — « Les arrétés portant reconnaissance, ouverture ou redressement, peuvent être rapportés dans les formes prescrites par l'art. 4, ci-dessus... »

Aux termes de l'art. 19 et suivants de la même loi de 1881, des syndicats peuvent être formés soit pour l'entretien, soit pour la construction des chemins vicinaux. Dans ce cas, les opérations administratives sont toujours accomplies par la Commission départementale; mais celle-ci doit, pour délibérer, avoir non pas seulement l'avis du conseil municipal, mais encore l'assentiment de la moitié plus un des interessés représentant au moins les trois quarts de la superficie des propriétés desservies, ou des trois quarts des intéressés représentant plus de la moitié de la superficie. Lorsqu'il s'agit d'élargissement, le consentement unanime des intéressés est nécessaire.

Avant d'entrer dans les développements qui vont suivre, remarquons que la Commission départementale n'a point à statuer ni sur les travaux à exécuter, ni sur les devis. Elle ne saurait passer un marché avec un entrepreneur, ordonner un terrassement, un ouvrage d'art, etc. Ce sont là des mesures d'exécution qui lui échappent. Son rôle consiste à prendre certaines mesures d'administration qui sont destinées à rendre possibles les travaux d'exécution.

Quelles sont donc ces mesures administratives ? Et quels sont les pouvoirs de la Commision départementale à l'égard de chacune d'elles ?

Nous étudierons séparément ces deux questions, auxquelles on ne saurait répondre d'un mot. En effet, toute cette matière est complexe. Les principes de droit administratif qui doivent y être appliqués sont multiples et divers. L'art. 86 met à la fois en jeu les règles sur l'expropriation pour cause d'utilité publique ; la liberté des communes à l'égard des dépenses non obligatoires ; les règles de l'autorisation administrative, appelée quelquefois tutelle administrative (1).

47. — *Première question*. Actes que la Commission départementale est appelée à accomplir.

La terminologie de l'art. 86. comme celle des textes antérieurs,

_____

(1) Ducrocq, Cours, t. 1, n° 99.

manque de précision. On peut toutefois donner une énumération. Les actes que la Commission accomplit : sont le classement, la fixation de largeur, la fixation de l'assiette, le redressement, l'élargissement, l'alignement. A tous ces actes compris dans les termes de l'art. 86 il faut ajouter le déclassement, sur lequel l'article est muet.

Nous allons étudier chacun de ces actes, en distinguant deux hypothèses : 1°) celle où il s'agit d'un chemin à ouvrir ; 2°) celle où il s'agit d'un chemin déjà existant à titre de chemin public.

48. — Première hypothèse. Chemin à ouvrir.

Ici la Commission départementale a trois actes à accomplir : le classement, la fixation de largeur, la fixation des limites ou de l'assiette.

a) Le classement est l'acte par lequel la Commission départementale attribue au chemin projeté le caractère de vicinalité, et le soumet par conséquent aux règles qui concernent les chemins vicinaux ordinaires, ce qui l'admet notamment à bénéficier des ressources spéciales de la vicinalité. Les textes appellent quelquefois le classement, déclaration de vicinalité, ou reconnaissance. Ce sont trois expressions synonymes. Toutefois les deux dernières s'appliquent mieux dans l'hypothèse où il s'agit d'un chemin déjà existant.

Pratiquement , le classement peut se formuler ainsi dans la délibération de la Commission départementale: « La Commission départementale, vu, etc..... prononce le classement au rang des chemins vicinaux ordinaires de la commune de . . . . sous le n° . . . . avec la dénomination. . . . . . d'un chemin partant du point A, aboutissant au point B, et passant par les points intermédiaires C et D, conformément à la ligne. . . . . (rouge). . . du plan visé à la date de ce jour ; fixe la largeur de ce chemin à . . . (six). . . mètres entre fossés (1). »

---

(1) La fixation de largeur peut être faite par acte séparé.

b) La fixation de largeur n'est autre chose, comme l'indique la formule ci-dessus, que l'indication générale que le chemin aura, sur l'ensemble de son parcours ou sur tel ou tel point, une largeur de tant de mètres.

c) Mais ces deux actes, classement et fixation de largeur, sont insuffisants. Pour que l'exécution devienne possible, il faut déterminer d'une manière précise l'assiette du chemin, c'est-à-dire fixer sur le terrain les limites de la voie, l'axe de chaque côté duquel sont tracées ces limites. Tel est l'objet de la troisième opération annoncée. Pour prononcer le classement, la Commission départementale peut se contenter d'un plan général représentant l'ensemble des chemins de la commune et sur lequel le chemin projeté est indiqué d'une certaine manière, si l'on veut, par une ligne rouge. Pour fixer l'assiette, il faut, au contraire, un plan détaillé, indiquant les parcelles sur lesquelles porte l'emprise, donnant exactement la longueur du tracé, indiquant les profils de nivellement. C'est en effet ce plan qui sera exécuté par les entrepreneurs sous la direction du service vicinal. Il doit donc être complet.

Pratiquement, la fixation d'assiette peut se formuler ainsi :

« La Commission départementale, vu, etc., fixe l'assiette et les limites du chemin vicinal ordinaire n° . . . de. . . à ....de la commune de. . . . . . dans la partie comprise entre. . . . . et . . . . sur une longueur de. . . . . mètres, conformément au tracé figuré en . . . . (rose). . . . et délimité par les lignes. . . (rouges). . . . du plan visé à la date de ce jour. »

Ces trois actes, classement, fixation de largeur, fixation d'assiette, peuvent être accomplis ensemble par la même délibération, pourvu que les formalités dont nous parlerons plus bas aient été accomplies. Ils peuvent aussi être l'objet de trois délibérations séparées. Dans la pratique, le classement et la fixation de largeur sont effectués le plus souvent par la même délibération ; la fixation d'assiette intervient postérieurement.

49. — Le classement et la fixation d'assiette ont des conséquences très graves au point de vue de l'expropriation des terrains, et il nous faut étudier ces conséquences. La première condition, en effet, pour que la commune puisse ouvrir un chemin, c'est qu'elle devienne propriétaire des parcelles nécessaires à la confection du projet. Et si les particuliers refusent de céder amiablement leur terrain, il faut recourir à l'expropriation pour cause d'utilité publique.

Or, dans notre matière, la théorie générale de l'expropriation, telle qu'elle résulte de la loi du 3 mai 1841, reçoit de graves dérogations. On a voulu, dans l'intérêt de la vicinalité, simplifier les règles ordinaires. Cette idée de simplification avait déjà inspiré l'art. 10 de la loi de 1824, et le principe de cet article a été maintenu.

Comme toute cette matière n'est qu'une série d'exceptions à la théorie générale de la loi du 3 mai 1841, nous croyons utile de résumer brièvement les traits principaux qui caractérisent l'économie de cette loi, au point de vue de la procédure. La procédure d'expropriation comprend six phases :

1°) Le premier acte est la déclaration d'utilité publique. Cette déclaration est prononcée par une loi quand il s'agit des grands travaux de l'Etat énumérés par l'art. 1 de la loi du 27 juillet 1870. En ce qui touche les autres travaux de l'Etat et les travaux des départements et des communes, la déclaration d'utilité publique résulte d'un décret (art. 1 et 2, loi précitée).

2°) Le second acte est la désignation des terrains à exproprier. Cet acte est complexe : il comprend la désignation des localités ou territoires et la désignation des parcelles. La première désignation peut être faite par l'acte (loi ou décret) qui déclare l'utilité publique. A défaut, elle est faite par le préfet (art. 2, n° 2, l. 3 mai 1841). La seconde est accomplie par le préfet (art. 2, n° 3, l. précitée), et dans la pratique on appelle arrêté de cessibilité cet acte du préfet désignant les parcelles.

Ces deux actes, déclaration d'utilité publique et désignation des terrains, sont précédés d'enquêtes (art. 4 à 11, l. précitée).

3°) Vient ensuite la translation de propriété. Cette translation peut s'opérer à l'amiable. A défaut d'entente, l'autorité judiciaire intervient. Le tribunal prononce, par un jugement, l'expropriation et attribue à l'expropriant les terrains ou bâtiments enlevés à l'exproprié (art 14, l. précitée).

4°) Après la translation de propriété, vient le règlement des indemnités. A défaut d'entente amiable, les indemnités sont fixées par un jury composé d'après les règles établies par les art. 29 et suivants de la loi de 1841. Le jury de jugement comprend douze membres ; mais il peut statuer à neuf (art 35).

5°) Lorsque les indemnités ont été fixées, et avant la prise de possession, l'administration doit les payer, ou, si l'exproprié refuse le paiement, faire des offres réelles suivies de consignation (art. 53).

6°) Enfin, après le paiement ou les offres, vient la prise de possession (1).

Les points sur lesquels portent les exceptions à cette théorie générale sont au nombre de trois : 1° la déclaration d'utilité publique ; 2° la désignation des terrains; 3° la composition du jury appelé à fixer l'indemnité.

50. — La Commission départementale étant tout à fait étrangère à la fixation de l'indemnité, nous écarterons de suite ce point en disant que le jury n'est pas composé de douze personnes, comme en matière ordinaire, mais de quatre seulement, désignées par le tribunal dans le jugement même d'expropriation. A ces quatre personnes est adjoint un magistrat directeur qui préside. Dans la pratique, on appelle petit jury, ce jury ainsi réduit. Il est institué par l'art. 16 de la loi de 1836, à laquelle n'a pas dérogé la loi du 3 mai 1841, en

(1) V. Ducrocq, Cours, t. 2, nos 813 et suiv.

vertu de la maxime : « *generalia specialibus non derogant* » (1).
Voyons maintenant les deux autres points.

51. — 1° La déclaration d'utilité publique n'est ici prononcée ni par une loi ni par un décret. Elle résulte de l'acte même
de classement. On peut même dire qu'elle constitue le principal
effet d'un classement s'appliquant à une ligne à ouvrir.

C'est donc la Commission départementale qui déclare l'utilité
publique. Cette dérogation résulte de l'art. 16 de la loi de 1836
et de l'art. 86 de la loi de 1871 qui transfère à la Commission
le pouvoir que l'art. 16 donnait au préfet.

Or, pour que la délibération de la Commission départementale
soit valable, il faut que les formalités préalables nécessaires pour
la déclaration d'utilité publique aient été remplies. L'art. 86
semble n'exiger que l'avis des conseils municipaux. Mais cet
avis lui-même, lorsqu'il s'agit d'exproprier, doit être précédé
d'enquêtes. Et, dans la matière actuelle, il faut se référer aux
dispositions de l'ordonnance du 23 août 1835 relative aux
enquêtes pour les travaux d'utilité communale.

D'après cette ordonnance, la procédure sera la suivante.

Un projet faisant connaître le but de l'entreprise, le tracé des
travaux (2) et l'appréciation sommaire de la dépense, sera
déposé à la mairie pendant quinze jours, pour que chaque
habitant puisse en prendre connaissance. Les quinze jours
expirés, un commissaire enquêteur désigné par le préfet recevra
à la mairie, pendant trois jours consécutifs, les déclarations des
habitants sur l'utilité du projet.

Le délai de 15 jours peut être augmenté par le préfet.

Le dépôt, publié à son de trompe et par voie d'affiches, est
certifié par le maire (art. 2 et 3 de l'ordonnance).

Le commissaire enquêteur transmet au maire, avec son avis,
le procès-verbal des déclarations (art. 4).

(1) V. Ducrocq, Cours, t. 2, n° 844.
(2) Un p'an d'ensemble suffit.

Le conseil municipal délibère ensuite. Puis le dossier est transmis au sous-préfet, qui le transmet lui-même au préfet avec son avis. Enfin le préfet saisit la Commission départementale

Celle-ci doit s'assurer, avant de statuer, que toutes les formalités ont été remplies. Si l'une d'elles avait été omise, il y aurait lieu de renvoyer au préfet pour réparer cette omission.

Si au contraire les formalités ont été remplies, la Commission départementale peut classer le chemin et déclarer l'utilité publique. Il sera bon que, dans la pratique, la Commission départementale prononce expressément cette déclaration d'utilité publique. Ainsi, à la suite de la formule de classement donnée plus haut, la Commission pourra ajouter les mots : « et prononcé la déclaration d'utilité publique. »

Mais quand bien même cette mention expresse serait omise dans la délibération, la déclaration d'utilité publique n'en serait pas moins prononcée, si toutes les formalités ont été remplies. En la matière, classement et déclaration d'utilité publique sont inséparables ; l'un emporte l'autre, et les deux expressions deviennent synonymes.

M. Sauzey (1) semble penser que la déclaration d'utilité publique ne résulte pas du classement, mais d'un acte postérieur, de l'acte « autorisant les travaux d'ouverture ». Quant au classement, c'est une « disposition qu'on a avec raison qualifiée de platonique » ; elle n'est encore qu'une indication pour l'avenir. « Avant de la mettre à exécution, il sera nécessaire, s'il s'agit « d'un chemin nouveau, de dresser un plan, de déterminer « exactement les limites des terrains qui devront être expropriés « ou acquis à l'amiable ; alors seulement on pourra prendre la « décision prévue par l'article 16 de la loi de 1836. »

Mais le second acte autorisant, suivant M. Sauzey, les travaux d'ouverture et duquel résulterait la déclaration publique, n'est pas autre chose que l'acte de désignation des terrains, comme

(1) Revue critique 1879, p. 212-213.

l'auteur le dit lui-même dans le passage que nous rapportons. Cet acte, qui opère fixation d'assiette et de la limite du chemin, se confond, ainsi que nous le verrons plus bas, avec ce qu'on appelle, en matière d'expropriation, l'arrêté de cessibilité. Or un tel acte doit nécessairement être précédé d'une déclaration d'utilité publique. Cette déclaration d'utilité publique préalable ne peut donc résulter que du classement. D'ailleurs, M. Sauzey reconnaît qu'un classement a pour conséquence « de déclarer en principe l'utilité du chemin » (p. 212). C'est donc bien à tort qu'on a qualifié un tel acte de platonique, puisqu'il est le point de départ de toute la procédure d'expropriation.

Le droit de la Commission départementale de déclarer l'utilité publique n'existe qu'à l'égard des terrains non bâtis. Pour les terrains bâtis, on revient à la règle générale : il faut un décret. C'est ce qui résulte des termes formels de la loi du 8 juin 1864, dont l'art. 2 est ainsi conçu : « *Lorsque l'occupation de terrains bâtis est jugée nécessaire pour l'ouverture, le redressement ou l'élargissement immédiat d'une rue formant le prolongement d'un chemin vicinal, l'expropriation a lieu conformément aux dispositions de la loi du 3 mai 1841 combinées avec celles des cinq derniers paragraphes de l'article 16 de la loi du 21 mai 1836.*

Il est procédé de la même manière lorsque les terrains bâtis sont situés sur le parcours d'un chemin vicinal en dehors des agglomérations communales (1). »

Mais on ne revient au principe que pour la déclaration d'utilité publique. Sur les autres points, les dérogations subsistent et notamment le petit jury.

52. — 2° Désignation des terrains. Il n'y a point ici à se préoccuper de la désignation des localités qui est opérée par l'acte de classement. Seule la désignation des parcelles doit attirer l'attention.

Les règles générales de l'expropriation subissent sur ce point

(1) Cf. art. 13, 3e alinéa, l. 20 août 1881 sur les chemins ruraux.

deux dérogations : l'une concernant la compétence, l'autre concernant les formalités préalables.

En ce qui concerne la compétence, la désignation des terrains est faite non par le préfet, comme le voudrait l'art. 2 de la loi de 1841, mais par la Commission départementale.

En effet, nous savons que la Commission fixe les limites, c'est-à-dire l'assiette du chemin. Par cela même, elle désigne les parcelles à exproprier. Nous avons vu, en effet, que dans la la fixation des limites il ne s'agit plus simplement, comme dans le classement, de déterminer la direction de la ligne, les points de départ et d'arrivée, et les principaux points intermédiaires. Il s'agit de tracer la ligne de démarcation entre la portion de terrain affectée au chemin et les propriétés particulières. Fixation des limites devient donc synonyme de désignation des terrains. Et la Commission départementale se trouve avoir effectué le travail qui, en matière ordinaire, est accompli par le préfet.

Est-ce à dire que le préfet n'aura aucun rôle à jouer ? Ce serait une erreur de le croire : le préfet interviendra. En effet, il ne suffit pas, pour arriver au but qu'on se propose, de déterminer les parcelles à acquérir. Il faut porter à la connaissance des intéressés la désignation des parcelles. Or la communication des décisions de la Commission départementale appartient au préfet (*suprà*, n° 19 et *infrà*, n° 98, sur art. 88). Le préfet pourra donc prendre un arrêté auquel, dans la pratique, on conservera souvent le nom d'arrêté de cessibilité. Mais en réalité cet acte ne sera que la copie de la délibération de la Commission départementale portée à la connaissance du public (1).

Quelles sont maintenant les formalités préalables ?

L'art. 86 ne parle que de l'avis du conseil municipal. Mais la

---

(1) En effet, la communication aux intéressés n'a pas lieu par une notification individuelle. Elle peut donc revêtir la forme d'un arrêté qui est publié et affiché. La loi de 1881 (art. 4) exige une notification individuelle pour les arrêtés de reconnaissance des chemins ruraux

fixation des limites constituant ici, comme tout à l'heure le classement, un des actes de la procédure d'expropriation pour cause d'utilité publique, il convient de faire précéder l'avis du conseil municipal de l'enquête exigée en pareille matière. Cette enquête précédant les désignations de terrains est réglementée par la loi du 3 mai 1841 (art. 4 à 12).

Le plan du chemin à exécuter doit être dressé, d'une manière absolument complète, par un homme de l'art. Il indique les parcelles traversées, avec les noms des propriétaires, tels qu'ils sont inscrits sur la matrice des rôles. Souvent, dans la pratique, ces derniers renseignements sont fournis sur un état spécial joint au plan (art. 4 et 5).

Les pièces sont déposées à la mairie pendant une durée de huit jours, à partir d'un avertissement collectif donné à son de caisse, affiché et inséré dans l'un des journaux publiés dans l'arrondissement (art. 6).

Le maire ouvre ensuite un procès-verbal dans lequel il certifie les publications et affiches, et consigne toutes les réclamations faites verbalement. Il doit annexer celles qui sont transmises par écrit (art. 7).

D'après les règles générales, le dossier est ensuite soumis à l'examen d'une commission spéciale (art. 8, 9, 10). Mais, en matière de chemins vicinaux, cette commission spéciale est supprimée. Le dossier est soumis par le maire au conseil municipal, puis il est transmis au sous-préfet. Ce dernier le transmet, à son tour, au préfet avec ses observations (art. 12). La Commission départementale délibère ensuite.

53. — Dans notre première hypothèse d'un chemin à ouvrir, rentre celle où le chemin est déjà construit, mais appartient à un particulier. Là en effet il serait nécessaire de faire intervenir une déclaration d'utilité publique, et de déterminer exactement les limites séparatives du chemin et des terrains restant au propriétaire.

54. — Seconde hypothèse. Chemin déjà existant à titre de chemin public.

Les actes que la Commission départementale peut avoir à accomplir sont au nombre de trois : classement, redressement, fixation de largeur qui se confond ici avec la fixation de limites.

a) Le classement, qu'on peut appeler plus justement, dans l'hypothèse actuelle, la reconnaissance ou la déclaration de vicinalité, n'a pas des effets aussi étendus que ceux qui ont été déterminés plus haut. Il n'y a pas ici d'expropriation ni de déplacement de propriété d'aucune sorte à faire, et par conséquent pas de déclaration d'utilité publique. La déclaration de vicinalité d'une voie déjà existante et affectée à l'usage du public n'a donc pas d'autre effet que de soumettre cette voie aux règles de la vicinalité et de la faire participer aux ressources spéciales.

La même délibération peut à la fois déclarer la vicinalité d'un chemin, et fixer des limites qui ont pour but de l'élargir. Il y aurait bien dans ce cas, déplacement de propriété. Mais la Commission accomplirait en réalité deux actes distincts. Le second sera étudié plus bas.

Pratiquement, la formule donnée plus haut pour le classement d'un chemin à ouvrir peut servir pour le classement d'un chemin existant. On peut toutefois substituer l'expression « déclaration ou reconnaissance de vicinalité » à celle de « classement. »

Quelles sont les formalités préalables ? L'art. 86 n'exige que l'avis du conseil municipal ; et comme il n'y a point d'utilité publique à déclarer, les formalités décrites par l'ordonnance de 1835 ne sont pas obligatoires. En pratique, on les remplit le plus souvent, et il n'y a certes pas lieu de s'en plaindre.

L'enquête aura même une très grande utilité. Il arrive souvent que la qualité de public est contestée à un chemin par des particuliers, lorsque ce chemin, comme dans notre hypothèse, n'est pas classé. Or l'enquête aura pour résultat de faire connaître les oppositions qui pourraient se produire. La commune pourra apprécier les prétentions qui se feront jour. Le conseil municipal sera mieux éclairé pour prendre une délibération.

La jurisprudence a décidé avec raison que si la qualité de public était contestée en justice au chemin, et si la propriété en était revendiquée par un particulier, la Commission départementale saisie, devrait surseoir à statuer jusqu'à ce que la question de propriété ait été tranchée par une transaction ou par un jugement (1). La compétence pour trancher les difficultés qui peuvent s'élever dans cet ordre d'idées appartient naturellement à l'autorité judiciaire.

Il existe un cas spécial dans lequel la Commission départementale n'est pas compétente pour ranger parmi les chemins vicinaux ordinaires un chemin public déjà existant. C'est lorsque ce chemin est une ancienne route nationale déclassée. Dans ce cas, le classement a lieu par décret. C'est ce qui résulte de l'art. 1 de la loi du 24 mai 1842, relative aux portions de routes royales délaissées, etc. « *Les portions de routes royales délaissées par suite de changement de tracé ou d'ouverture d'une nouvelle route pourront, sur la demande ou avec l'assentiment des conseils généraux des départements ou des conseils municipaux des communes intéressées, être classées par ordonnances royales, soit parmi les routes départementales, soit parmi les chemins vicinaux de grande communication, soit parmi les simples chemins vicinaux.* »

55. — *b*) Le redressement n'est pas autre chose qu'une ouverture partielle. On doit donc appliquer les règles concernant l'ouverture. Il faut un classement et une fixation d'assiette de la nouvelle partie ; une déclaration d'utilité publique et une

---

(1) Arrêts du Cons. d'Etat, 27 février 1862, Massé ; 25 février 1864, Grellier ; 12 janvier 1870, Evain ; Instr. gén. art. 6. — Cf. Guillaume, Traité pratique de la voirie vicinale, n° 9.

désignation des terrains. Il n'y a qu'à se référer à ce qui a été dit précédemment (n° 48).

56. — c) La fixation de limites se confond, avons-nous dit, avec la fixation de la largeur. En effet, il ne saurait plus être question, lorsqu'il s'agit d'un chemin déjà existant, déja vicinal, de cette fixation générale de largeur à tant de mètres que nous avons rencontrée lorsqu'il s'agissait d'un chemin à ouvrir. Il s'agit de tracer exactement la ligne de démarcation entre le chemin et la propriété riveraine.

Mais ce n'est pas une simple opération de bornage. La Commission départementale peut, en fixant les limites rétrécir ou élargir la voie publique. Le rétrécissement ou réduction de largeur n'est pas autre chose qu'un déclassement partiel, laissant en dehors du chemin toute la bande de terrain comprise entre l'ancienne limite et la nouvelle. Nous nous référons à ce qui sera dit plus bas sur le déclassement. Nous mentionnons seulement le droit de préemption des riverains, à l'égard de la bande déclassée, écrit dans l'art. 53 de la loi du 16 sept. 1807 sur le dessèchement des marais.

L'élargissement peut s'appliquer à des portions de chemins situées en rase campagne et traversant des terrains non bâtis. Il peut aussi s'appliquer aux rues formant le prolongement d'un chemin vicinal, ou aux parties de chemins bordées par des bâtiments en dehors des agglomérations. Dans le premier cas, c'est un élargissement proprement dit ; dans le second, c'est un alignement.

Les conséquences juridiques de chacun de ces actes sont très différentes, et nous devons les étudier séparément.

57. — L'élargissement proprement dit est réglé par l'art. 15 de la loi du 21 mai 1836 (*suprà*, n° 46).

Pratiquement, il peut se formuler ainsi: « La Commission départementale... vu, etc... prononce l'élargissement du chemin vicinal ordinaire n°..... de........ à......... de la commune de.. dans la portion comprise entre......... et......... sur une longueur de....... mètres; et fixe les nouvelles limites du chemin telles qu'elles sont figurées par les lignes.....(rouges)... du plan visé à la date de ce jour et annexé à la présente délibération. »

Un tel acte a des conséquences fort graves. Il ne constitue pas, comme le classement, une simple déclaration d'utilité publique : il porte directement atteinte à la propriété riveraine. Il attribue au chemin le sol compris entre les limites. Il tient lieu et de déclaration d'utilité publique et de jugement d'expropriation.

Quant aux propriétaires, leur droit se résout en un droit à une indemnité. De propriéaires qu'ils étaient, ils deviennent simplement créanciers. L'indemnité qui leur est due est fixée, en cas de contestation, non par le jury, mais par le juge de paix, qui statue sur un rapport d'experts nommés, l'un par le sous-préfet, l'autre par le propriétaire (art. 15 et 17, l. 1836) (1).

La Cour de cassation juge même que les riverains ainsi expropriés d'une façon aussi sommaire n'ont pas le droit de rétention qui appartient à tout autre exproprié. Suivant des arrêts nombreux, l'administration peut prendre possession avant que l'indemnité soit payée et réglée (2). Toutefois, aux termes de l'instruction du 6 déc. 1878, la prise de possession ne peut avoir lieu que dix jours après la notification aux intéressés de la délibération de la Commission départementale.

Cette jurisprudence est conforme aux termes de la loi de 1836 (art. 15); mais elle serait inapplicable aux chemins ruraux. En effet, la loi de 1881, dans son art. 13, dit que l'ouverture, le redressement, la fixation de la largeur et de la limite de che-

---

(1) Aux termes de l'art. 17 de la loi de 1836 le tiers expert est nommé par le conseil de préfecture. La nomination du tiers expert par le Conseil de préfecture, alors que le juge de paix est appelé à statuer, peut paraître bizarre. Mais cette solution n'est que l'application stricte du texte de la loi. La Cour de cassation décide cependant que le tiers expert doit être nommé par le juge de paix ; arrêt du 21 déc. 1864, commune de Mer. Cf. Ducrocq, t. 2, n° 1376.

(2) Ch. crim. arr. 7 juin 1838, Barghéon, Sirey I, p. 707 ; 2 février 1844, M. p. c. Louvier, Sirey I, p. 271 ; Ch. civ., 10 juillet 1864, Labarthe, Sirey, I, p. 628.

mins ruraux sont prononcés par la Commission départementale. Or le dernier paragraphe de cet article est ainsi conçu : « *La commune ne pourra prendre possession des terrains expropriés avant le paiement de l'indemnité.* » Cette disposition, d'après le contexte de l'article, s'applique aussi bien à l'élargissement qu'à l'ouverture et au redressement. La loi de 1881 fait donc revivre pour les chemins ruraux le droit de rétention que la théorie générale de l'expropriation accorde aux expropriés. Mais la loi de 1881 ne statuant que pour les chemins ruraux, l'exception subsiste pour les chemins vicinaux ordinaires.

L'art. 15 de la loi de 1836 déroge donc d'une manière très grave aux règles générales, et supprime, dans le cas spécial qu'il prévoit, les garanties ordinaires accordées à la propriété privée. Ces dérogations peuvent se justifier, d'un côté, par l'intérêt public, de l'autre par le peu de préjudice qu'elles causent en général aux propriétaires riverains. En effet, les portions de terrains prises de cette façon ne sont jamais bien considérables, et la valeur n'en est pas très élevée, parce qu'il ne s'agit que de terrains en rase campagne et non bâtis.

On s'est demandé ce qu'il fallait entendre par terrains bâtis, soit pour l'application de l'art. 86 au point de vue de l'autorité compétente pour déclarer l'utilité publique, soit pour l'application de l'art. 15 de la loi de 1836 et de l'art. 2 de la loi de 1864, au point de vue des modifications de la propriété riveraine. Quelques-uns ont voulu assimiler aux terrains non bâtis les terrains simplement clos de murs. Mais la jurisprudence du Conseil d'Etat avait déjà, avant la loi de 1864, décidé que l'art. 15 comme l'art. 16 de la loi de 1836 n'étaient applicables qu'aux terrains absolument nus (1). La loi de 1864 n'a fait que maintenir et accentuer cette jurisprudence. Enfin la loi du 20 août 1881 sur les chemins ruraux déclare formellement, dans le troisième paragraphe de son art. 13, que par terrains bâtis, il

(1) 24 janvier 1856, héritiers Bertin.

faut entendre non seulement les maisons, mais aussi les terrains attenant ou non à une habitation, qui sont clos de murs. Cette loi va même plus loin : elle assimile à ces terrains ceux qui sont simplement entourés de haies vives.

Quelles sont les formalités préalables à l'élargissement? L'avis du conseil municipal est toujours nécessaire (art. 86). Mais de plus, comme il s'agit ici d'un acte d'expropriation, une enquête préalable est indispensable (art. 10, 1. 28 juillet 1824). Cette enquête doit être faite dans la forme décrite par l'ordonnance de 1835 (suprà, n° 51), en observant toutefois que le plan qui servira de base à l'enquête doit être un plan de détail complet et indiquant les parcelles sur lesquelles porte l'élargissement. Le conseil municipal et la Commission départementale ne peuvent statuer que sur un plan de cette nature.

58. — Nous arrivons à l'alignement. Lorsqu'un propriétaire riverain veut élever une construction le long d'une voie publique, il est tenu de demander aux autorités compétentes l'alignement auquel il devra construire. Et l'autorité indique la ligne qui sépare le domaine public de la propriété privée. Cette obligation constitue une servitude légale d'utilité publique. Elle est fort ancienne. Le principe en est posé dans les art. 4 et 5 d'un édit d'Henri IV, de décembre 1607 (1). Cet édit, préparé par Sully, est toujours en vigueur. Il a été maintenu par la loi des 19-22 juillet 1791, aux termes de laquelle « *sont également confirmés provisoirement les règlements qui subsistent touchant la voirie, ainsi que ceux qui sont actuellement existants à l'égard de la construction des bâtiments et relativement à leur solidité.* »

Mais, pour que l'autorité compétente (dans notre matière, le maire) puisse délivrer l'alignement aux particuliers, il faut qu'il existe un plan général de la voie publique, sur lequel les limites de cette voie soient fixées d'une manière précise. L'art. 86, en conférant à la Commission départementale la mission de fixer les

(1) V. texte de l'édit : Ducrocq, Cours, t. 1, n° 344.

limites des chemins vicinaux ordinaires, lui a par suite donné celle d'approuver les plans généraux d'alignement de ces chemins.

Le plan général d'alignement opère donc fixation de la limite des chemins dans toutes les parties bordées par des constructions, que ces parties soient des rues formant prolongement de chemins vicinaux (l. 8 juin 1864), ou bien qu'elles soient situées en dehors des agglomérations.

Pratiquement, la délibération de la Commission départementale statuant sur un alignement peut se formuler ainsi : « La Commission départementale, vu... etc... arrête le plan général des alignements du chemin vicinal ordinaire n°. . . . . de . . . à . . . . . de la commune de . . . . dans la traverse du bourg, village, ou hameau de. . . . . sur une longueur de. . . . . . mètres, et fixe les limites dudit chemin, telles qu'elles sont figurées par des lignes. . . . . . (rouges). . . . . sur le plan visé à la date de ce jour et annexé à la présente délibération. »

Le plan général d'alignement peut rétrécir la voie. Dans ce cas, il y a lieu d'appliquer l'art. 58 de la loi du 16 septembre 1807, relatif au droit de préemption dont nous parlerons plus tard.

Il peut aussi l'élargir, et alors il produit, au point de vue de la propriété riveraine, des effets fort importants.

Comme l'élargissement en rase campagne, il constitue une expropriation sommaire. Il attribue, lui aussi, au chemin tout le terrain compris entre les limites. Mais les effets de l'alignement sont moins soudains et moins rapides que ceux de l'élargissement proprement dit, prévu par l'art. 15 de la loi de 1836. En matière d'alignement, l'administration ne peut se mettre immédiatement en possession du terrain compris dans les limites ; elle ne peut ni démolir par elle-même ni donner aux propriétaires l'ordre de démolir les constructions. Si l'administration voulait occuper de suite le terrain, elle devrait recourir à une expropriation conforme aux règles de la loi de 1841 combinée avec les cinq derniersparagraphes de l'art. 16 de la loi de 1836, c'est-à-dire qu'il faudrait une déclaration d'utilité publique prononcée par décret, une désignation de terrains (arrêté de cessibilité), un jugement d'expropriation, un règlement d'indemnité par le petit jury (art. 2, l. 8 juin 1864, *suprà*, n° 51).

Quels sont donc les effets précis du plan d'alignement ? Ces effets sont les mêmes, qu'il s'agisse de chemins vicinaux ou de toute autre voie. L'alignement attribue au chemin, avons-nous dit, le sol compris entre les limites. Cet effet résulte de l'obligation où se trouve le maire de ne délivrer aux particuliers que des alignements conformes au plan régulièrement approuvé par la Commission départementale.

En effet, l'art. 52, l. 16 septembre 1807, s'exprime ainsi : « *Dans les villes, les alignements pour l'ouverture des nouvelles rues, pour l'élargissement des anciennes qui ne font point partie d'une grande route, ou pour tout autre objet d'utilité publique, seront donnés par les maires, conformément au plan dont les projets auront été adressés aux préfets, transmis avec leur avis au ministre de l'intérieur, et arrêtés en Conseil d'Etat. En cas de réclamation des tiers intéressés, il sera de même statué en Conseil d'Etat sur le rapport du ministre de l'intérieur.* »

Mais la propriété privée n'est atteinte qu'au moyen de deux servitudes : la servitude de reculement et une servitude *non ædificandi*.

La servitude de reculement consiste en ce que le propriétaire ne peut faire aucun travail confortatif qui puisse prolonger la durée de son immeuble. Chaque fois que le propriétaire veut faire quelque réparation, il doit donc en prévenir, le maire, afin qu'on puisse vérifier si les travaux projetés sont ou non confortatifs. Dans le cas où ils seraient confortatifs, l'administration a le droit de s'y opposer.

Quand le propriétaire démolit sa maison soit pour cause de vétusté, soit pour toute autre cause, la bande de terrain comprise entre la ligne où s'élevait la construction démolie et la ligne fixée par le plan d'alignement est réunie d'une manière réelle, à la voie publique et les constructions nouvelles que le riverain veut élever doivent être placées à la limite indiquée par le plan d'alignement.

La servitude *non œdificandi* existe dans l'hypothèse suivante: un propriétaire a une maison séparée de la voie publique par une certaine quantité de terrain non bâti, cour ou jardin, mais clos d'un mur. D'après le plan d'alignement, la limite de la voie publique passe entre le mur de clôture et la maison, prenant ainsi une portion de la cour ou du jardin. Non seulement le propriétaire ne peut faire de travaux confortatifs à son mur, mais encore il ne peut élever aucune construction sur la bande de terrain comprise entre son mur et la ligne du plan. Cette bande de terrain se trouve donc grevée d'une servitude *non œdificandi*.

L'établissement de ces deux servitudes ne donne lieu à aucune indemnité au profit de ceux qui en sont grevés, conformément au principe général, en matière de servitudes légales d'utilité publique. (1)

Mais la valeur du terrain pris par l'administration doit être remboursée au riverain. Cette indemnité n'est payée qu'au moment où la démolition est faite, et où le terrain compris dans l'alignement est réuni d'une façon réelle à la voie publique comme il était déjà réuni sur le papier.

Ces points résultent de l'art. 50 de la loi du 16 sept. 1807. « *Lorsqu'un propriétaire fait volontairement démolir sa maison, lorsqu'il est forcé de la démolir pour cause de vétusté, il n'a droit à indemnité que pour la valeur du terrain délaissé, si l'alignement qui lui est donné par les autorités compétentes le force à reculer sa construction.* »

L'indemnité est fixée par le jury (2), et, en matière de chemins vicinaux, par le petit jury, conformément à l'ar-

(1) Ducrocq, t. 2, n° 850.
(2) Avis du Cons. d'Etat, 1ᵉʳ avril 1841.

ticle 16 de la loi de 1836 et à l'art. 2 de la loi du 8 juin 1864, reproduits plus haut (n°s 46 et 51).

On voit que l'alignement constitue bien une expropriation sommaire et qu'il supprime les garanties ordinaires accordées à la propriété. Aussi la jurisprudence a-t-elle constamment, et avec raison, établi que le procédé de l'élargissement soit par voie d'alignement, soit dans les termes de l'art. 15 de la loi de 1836, ne pouvait être employé qu'avec une certaine discrétion. Ainsi, il a été jugé que si la bande de terrain incorporée au chemin par le plan était trop considérable, par exemple si la largeur du chemin était portée de trois mètres à huit mètres, l'opération constituerait en réalité l'ouverture d'un chemin nouveau, et non l'élargissement d'un chemin ancien ; et que par conséquent il faudrait recourir aux formalités nécessaires en cas d'ouverture, décrites plus haut (n°s 48 et suiv.) (1).

Quelles sont les formalités préalables à l'alignement ? L'art. 86 ne parle encore que de l'avis du conseil municipal ; mais une enquête est nécessaire. Aux termes de l'art. 177 du règlement général, elle est faite dans les formes prescrites par l'ordonnance de 1835 (*suprà*, n° 51).

59. — Il nous reste, pour terminer l'étude de notre première question, à parler du déclassement.

Le déclassement est l'acte en vertu duquel un chemin perd, soit dans tout son parcours, soit dans une certaine partie seulement, son caractère de vicinalité. L'art. 86 de la loi de 1871 ne parle pas du déclassement ; mais on n'a jamais mis en doute la compétence de la Commission départementale. Le préfet, avant la loi de 1871, prononçait le déclassement aussi bien que le classement, et on sait que la Commission départementale a été substituée au préfet pour les matières de la vicinalité. D'après la logique, c'est à celui qui avait qualité pour faire qu'il appar-

---

(1) Arrêts du Cons. d'Etat, 19 janvier 1870, Lefébure-Wély ; 19 mars 1875, Letellier-Delafosse ; 13 juillet 1877, commune de Bosbénard. Cf. Guillaume, Traité de la voirie vicinale, n° 19.

tient de défaire. L'article 68 de la loi municipale du 5 avril 1884, plus explicite que l'art. 86 de la loi de 1871, mentionne d'une manière formelle le déclassement.

Pratiquement, le déclassement peut se formuler ainsi : « La Commission départementale, vu, etc. . . . . prononce le déclassement du chemin vicinal ordinaire n°. . . de. . . . . . à. . . . . de la commune de. . . . . . dans la (ou dans les) parties comprises entre . . . . . . et. . . teintées en (jaune) sur le plan visé à la date de ce jour. »

Le déclassement n'a pas pour résultat nécessaire de supprimer la voie publique. De même qu'un chemin de grande communication peut être déclassé comme chemin de grande communication et conservé à titre de chemin d'intérêt commun, de même un chemin vicinal ordinaire peut être déclassé comme vicinal ordinaire et être conservé comme chemin rural (1).

Dans cette hypothèse, la Commission départementale accomplit dans une délibération deux actes : un déclassement et un classement ; et il est bon qu'elle libelle sa délibération dans des termes qui ne peuvent laisser de doute sur sa portée.

Mais il peut se faire aussi que le déclassement entraîne la suppression complète du chemin. Alors ce déclassement a pour effet de faire passer les terrains déclassés du domaine public dans le domaine privé communal. Les parcelles déclassées cessent d'être inaliénables et imprescriptibles, et la vente, s'il y a lieu, est autorisée par le préfet (2).

C'est ici le lieu de parler des droits de préemption.

Trois hypothèses sont à prévoir.

Première hypothèse. — Le chemin déclassé n'a jamais été exécuté.

Dans ce cas, il y a lieu d'appliquer les art. 60, 61 et 62 de la loi du 3 mai 1841 qui sont ainsi conçus : Art. 60 : « *Si les terrains*

_____

(1) La Commission départementale classe les chemins ruraux.
(2) Décret décent. 25 mars 1852, tableau A, n° 48, et art. 68, n° 2, l. 5 avril 1884. — Ducrocq, t. 2, n° 1423.

17

acquis pour des travaux d'utilité publique ne reçoivent pas cette destination, les anciens propriétaires ou leurs ayants droit peuvent en demander la remise.

« *Le prix des terrains rétrocédés est fixé à l'amiable, et, s'il n'y a pas accord, par le jury, dans les formes ci-dessus prescrites. La fixation par le jury ne peut, en aucun cas, excéder la somme moyennant laquelle les terrains ont été acquis.* »

Art. 61. « *Un avis, publié de la manière indiquée en l'article 6, fait connaître les terrains que l'administration est dans le cas de revendre. Dans les trois mois de cette publication, les anciens propriétaires qui veulent réacquérir la propriété desdits terrains sont tenus de le déclarer ; et, dans le mois de la fixation du prix, soit amiable, soit judiciaire, ils doivent passer le contrat de rachat et payer le prix : le tout à peine de déchéance du privilège que leur accorde l'article précédent.* »

Art. 62. « *Les dispositions des articles 60 et 61 ne sont pas applicables aux terrains qui auront été acquis sur la réquisition du propriétaire, en vertu de l'article 50, et qui resteraient disponibles après l'exécution des travaux.* »

Il s'agit bien, dans cette première hypothèse, de terrains acquis pour des travaux d'utilité publique et qui ne reçoivent pas cette destination.

Les anciens propriétaires ont le droit d'exiger la revente des terrains. C'est un droit de rétrocession plutôt que de préemption. L'administration ne saurait se refuser à revendre ce terrain (1). Mais ces anciens propriétaires doivent exercer leur droit dans un délai de trois mois à partir de l'avertissement qui leur est donné. S'ils laissaient écouler ce délai, l'administration reprendrait sa liberté et pourrait vendre à des tiers.

Il faut remarquer que l'indemnité serait fixée, à défaut d'entente amiable, non par le jury de la loi de 1841, mais par le petit jury de l'art. 16 de la loi de 1836. En effet, c'est ce jury qui était

---

(1) Cf. Ducrocq, Cours, t. 2, n° 886.

compétent pour statuer lors de l'expropriation. Il est logique qu'il soit compétent pour statuer en cas de rachat.

Le prix à payer par le propriétaire ne peut être supérieur à l'indemnité qui lui avait été allouée lors de l'expropriation.

Seconde hypothèse. — Le chemin déclassé a été exécuté. Les riverains ont, dans cette hypothèse, un droit de préemption établi par l'art. 19 de la loi de 1836, et analogue au droit que la loi du 24 mai 1842, art. 3, accorde aux riverains des routes nationales. Ces deux textes s'expriment ainsi : loi 21 mai 1836, art. 19 : « *En cas de changement de direction ou d'abandon d'un chemin vicinal, en tout ou partie, les propriétaires riverains de la partie de ce chemin qui cessera de servir de voie de communication pourront faire leur soumission de s'en rendre acquéreurs, et d'en payer la valeur, qui sera fixée par des experts nommés dans la forme déterminée par l'article 17.* »

Loi 24 mai 1842, art. 3 : « *Les propriétaires seront mis en demeure d'acquérir, chacun en droit soi, dans les formes tracées par l'article 61 de la loi du 3 mai 1841, les parcelles attenantes à leur propriété.*

« *A l'expiration du délai fixé par l'article précité* (3 mois), *il pourra être procédé à l'aliénation des terrains, selon les règles qui régissent les aliénations du domaine de l'Etat, ou par application de l'article 4 de la loi du 20 mai 1836.* »

Dans cette seconde hypothèse, l'administration n'est pas obligée de vendre, comme tout à l'heure dans le cas des art. 60 et 61 de la loi de 1841 ; mais si elle vend, elle doit donner la préférence au propriétaire riverain. L'art. 19, en effet, n'est pas fondé sur le même motif que les art. 60 et 61 de la loi de 1841. Ces derniers articles sont des garanties accordées à la propriété privée. S'ils n'existaient pas, une commune ou un département ou l'Etat pourraient, sous prétexte d'utilité publique, enlever aux particuliers des propriétés auxquelles ils tiennent, et qui seraient ensuite vendues à des tiers peut-être avec bénéfice pour l'expropriant. Dans le cas de l'art. 19, au contraire, ces idées sont inapplicables. La pensée qui a inspiré cet art. 19 comme l'art. 3 de la loi de 1842, c'est que le riverain éprouve, par suite de la suppression du chemin, un préjudice réel, et le droit de préemption lui est accordé comme une sorte de compensation (1).

Le propriétaire riverain doit-il, comme dans l'hypothèse précédente, exercer son droit dans un certain délai, à peine de déchéance?

L'art. 19 est absolument muet sur ce point. L'instruction générale de 1870, dans son article 37, prescrit aux maires de mettre les riverains en demeure de déclarer, dans un délai de quinze jours, s'ils veulent ou non user de leur droit. Quoique la loi soit muette, nous n'hésitons pas à admettre, comme l'instruction de 1870, le principe d'un délai; mais pourquoi quinze jours plutôt qu'un mois, plutôt que trois ? Ce délai de quinze jours est arbitraire. Il est bien court. La loi du 20 août 1881 prévoit dans son art. 17 une situation analogue, et donne aux propriétaires riverains d'un chemin rural un délai d'un mois à partir de la mise en demeure. Il semble rigoureux de ne donner que quinze jours aux riverains des chemins vicinaux. Evidemment il y a une lacune dans la loi, et, pour combler cette lacune, il convient de prendre en considération ce que la loi a fait dans les cas analogues. Le délai de quinze jours ne saurait donc être accepté. On peut hésiter entre celui de trois mois accordé aux riverains des routes nationales, et celui d'un mois accordé aux riverains des chemins ruraux. Nous inclinons du côté du délai de trois mois, comme étant le plus favorable à la propriété riveraine.

Troisième hypothèse. — Les parcelles déclassées proviennent d'une réduction de largeur par voie de fixation de limites ou d'alignement.

Dans cette hypothèse, il faut appliquer l'art. 53 de la loi du 16 septembre 1807 : « *Au cas où, par les alignements arrêtés, un propriétaire pourrait recevoir la faculté de s'avancer sur la*

(1) Ducrocq, Cours, t. 2, n° 933.

oie publique, il sera tenu de payer la valeur du terrain qui lui sera cédé. Dans la fixation de cette valeur, les experts auront égard à ce que le plus ou moins de profondeur du terrain cédé, la nature de la propriété, le reculement du reste du terrain bâti ou non bâti loin de la nouvelle voie, peuvent ajouter ou diminuer de valeur relative pour le propriétaire. Au cas où le propriétaire ne voudrait pas acquérir, l'administration publique est autorisée à le déposséder de l'ensemble de sa propriété, en lui payant la valeur telle qu'elle était avant l'entreprise des travaux. »

Cet article organise en faveur de la propriété riveraine une garantie énergique, en conférant au riverain un droit de préemption d'une nature toute particulière.

Cette garantie est nécessaire. Il ne faut pas que l'administration puisse, à son gré, faire perdre à un propriétaire sa qualité de riverain et interposer un tiers ou s'interposer elle-même entre ce propriétaire et la voie publique. Un tel droit conféré à l'administration serait vraiment abusif. L'art. 53 de la loi de 1807 a pour but de le lui refuser. Cet article, applicable à toute espèce de voie publique (sauf controverse pour les cours d'eau), peut s'analyser dans les propositions suivantes.

Le propriétaire riverain a le droit exclusif d'acquérir les bandes de terrain déclassées par alignement et qui se trouvent entre sa propriété et la nouvelle limite de la voie publique. Lorsqu'il exige que cette vente lui soit faite, l'administration ne peut refuser.

Mais le propriétaire n'est pas obligé d'acquérir ces parcelles. L'administration ne peut le forcer. Seulement, s'il existe un intérêt à ce que ces parcelles soient acquises par un particulier, par exemple pour être bâties à la nouvelle limite, l'administration est armée du droit d'exproprier le propriétaire, de toute sa propriété, en payant la valeur telle qu'elle était avant l'entreprise des travaux, et de revendre à un tiers les immeubles expropriés auxquels sont ajoutées les parcelles délaissées. Il suit de là que l'administration ne peut, comme dans les cas précédents.

mettre le propriétaire en demeure d'acquérir les parcelles déclassées dans un certain délai, et vendre ensuite ces parcelles à des tiers, si ce propriétaire refuse de les acheter. Elle peut seulement le mettre en demeure d'acquérir ou d'être exproprié. Le droit du riverain est donc absolu et imprescriptible. L'administration ne peut ni vendre à un tiers ni s'interposer elle-même entre la voie et le riverain : tout son droit consiste à exproprier totalement le riverain. Et tant qu'elle n'a pas usé de ce droit, le riverain peut exercer le sien, c'est-à-dire acheter les parcelles rejetées en dehors de l'alignement. (1)

Les indemnités à payer soit par le riverain pour la valeur des parcelles délaissées, s'il les achète, soit par l'administration pour la valeur des immeubles du riverain, si elle l'exproprie, sont fixées, à défaut d'entente amiable, par des experts, dit l'art. 53 de la loi de 1807. Il faut observer que depuis l'institution du jury en ces matières, c'est à lui qu'il appartiendrait de fixer ces indemnités, et dans notre matière il faudrait suivre les prescriptions de l'art. 16 de la loi de 1836, c'est-à-dire qu'on devrait réunir le petit jury.

Quelles sont les formalités préalables au déclassement ? Il faut toujours, comme précédemment, l'avis du conseil municipal. Une Commission départementale ne pourrait, sans commettre un grave excès de pouvoir, déclasser un chemin vicinal sans que le conseil municipal ait pris une délibération.

L'avis du conseil municipal ne suffirait d'ailleurs pas. En effet, il s'agit ici d'une question qui touche à l'intérêt public. Et de même qu'il a fallu une enquête pour déclarer le chemin d'utilité publique, de même il faut une enquête pour déclarer qu'il a cessé d'être d'utilité publique. Rappelons, du reste, que le chemin peut être déclassé, puis aliéné au profit de la commune, ou bien qu'il peut simplement être déclassé comme vicinal et être conservé comme rural. La question de savoir si le chemin sera con-

---

(1) Cf. Ducrocq, Cours, t. 2, n° 854.

servé comme rural doit être posée dans l'enquête, et le conseil
municipal doit délibérer à cet égard. L'enquête sera faite
dans les formes de l'ordonnance de 1835 (*suprà*, n° 51).

60. — *Seconde question*. Quels sont les pouvoirs respectifs
de la Commission départementale et des conseils municipaux à
l'égard de chacun des actes précédemment étudiés ?

La Commission départementale n'est pas complètement souveraine en ce qui concerne les matières de la vicinalité ordinaire. Tout d'abord ses décisions peuvent être réformées par
le Conseil général, sur la réclamation des intéressés. L'art. 88
organise en effet un appel au Conseil général, pour inopportunité ou fausse appréciation des faits. Nous retrouverons plus
tard cette disposition (n°s 92 et suiv.). En second lieu, la
Commission départementale, aux termes de l'art. 86, ne peut
statuer que sur l'avis des conseils municipaux. C'est ce deuxième point que nous devons étudier ici.

La question qui se pose est la suivante : l'avis des conseils
municipaux lie-t-il la Commission départementale, ou bien celle-
ci peut-elle passer outre, et prendre des délibérations contraires
aux avis des municipalités ?

La jurisprudence distingue. Elle n'admet pas que la Commission départementale ait une liberté complète.

Quelle est donc la limite exacte des pouvoirs de la Commission ? Quel est le critérium auquel on reconnaîtra les cas dans
lesquels les avis des conseils municipaux devront être respectés,
ceux dans lesquels il sera permis de passer outre ?

La jurisprudence a essayé de dégager ce critérium ; mais,
jusqu'à présent, les solutions ne sont ni très nettes ni très con-
cordantes. Nous devons en présenter la critique.

D'après un très grand nombre d'arrêts, dont plusieurs sont
antérieurs à 1871, on doit, pour déterminer la limite des pouvoirs de la Commission départementale, se référer au principe
de l'indépendance des communes à l'égard des dépenses non
obligatoires. Or, d'après la loi du 5 avril 1884 (art. 136, n° 18),

comme d'après l'ancienne législation, les dépenses d'entretien des chemins vicinaux ordinaires sont obligatoires, mais les dépenses d'ouverture, c'est-à-dire de construction et d'acquisition de terrains sont facultatives. La jurisprudence a imaginé de se servir de ce principe pour régler les pouvoirs respectifs de la Commission départementale et des municipalités, et elle a dit : quand une délibération de la Commission départementale aura trait à des travaux qui n'exigent pas des dépenses de construction ou d'achats de terrains, elle sera valable, quoique prise malgré l'opposition de la commune ; si au contraire cette délibération vise des travaux impliquant ces dépenses, elle doit être prise sur l'avis conforme du conseil municipal ; sinon, elle est entachée de nullité pour excès de pouvoir (1).

Bien entendu, si le principe cesse, pour une raison quelconque, d'être en jeu, la Commission départementale reprend toute sa liberté d'action. Ainsi, lorsqu'une commune demande l'ouverture d'un chemin sur le territoire d'une commune voisine, la Commission départementale peut, malgré l'opposition de cette seconde commune, classer le chemin et en fixer l'assiette, si la première commune se substitue à la seconde pour la dépense (2).

D'après ce qui précède, la jurisprudence déclare nulles les délibérations prises par la Commission départementale sans l'assentiment des conseils municipaux, pour l'ouverture et le redressement, et cela est logique. Mais, chose étrange, elle déclare valables les délibérations contraires à l'avis des conseils municipaux, lorsqu'il s'agit de classement d'un chemin déjà existant (3), et lorsqu'il s'agit d'alignement (4).

(1) Avis du Cons. d'Et. 29 juillet 1870, B. L. p. 319 ; Arrêt C. d'Et. 27 juin 1873, commune de Villers, B. L. p. 318 ; 21 nov. 1873, commune Saint-Pierre-les-Etieux, B. L. p. 439 ; 19 mars 1875, Piron, B. L. p. 798 ; 18 février 1876, Proullaud, B. L. p. 937 ; 28 juillet 1876, commune de Giry, B. L. p. 952.

(2) Arr. C. d'Et. 5 déc. 1873, commune de Saint-Maurice, B. L. p. 447.

(3) Avis de 1870.

(4) Arr. C. d'Et. 7 août 1874, Pégoix, B. L. p. 653.

Ces deux dernières solutions ne sont pas du tout en harmonie avec le principe.

Pour le classement, en effet, il est certain que la décision de la Commission départementale engage les finances de la commune. Sans doute, celle-ci n'aura à débourser aucune indemnité de terrains ni aucuns frais de construction, puisque nous supposons ce chemin déjà construit ; mais la délibération aura pour effet de ranger parmi les dépenses obligatoires de la commune, l'entretien du chemin, entretien qui, avant le classement, était facultatif. Et si la commune ne peut être forcée de faire les dépenses non obligatoires, il faut dire aussi que la commune ne peut être forcée de transformer en dépense obligatoire une dépense qui était facultative.

La jurisprudence viole donc son propre principe dans le cas de classement.

Elle le viole d'une manière plus grave encore pour l'alignement. On sait en effet que l'alignement peut mettre à la charge de la commune des indemnités de terrain. Cela arrive toujours lorsque l'alignement élargit le chemin. Cela peut arriver aussi lorsqu'il le rétrécit. Car, si le riverain n'use pas du droit de préemption de l'art. 53 de la loi du 16 sept. 1807, la commune peut se trouver dans la nécessité de requérir l'expropriation totale du riverain. Les charges résultant de l'alignement pourront être, dans bien des cas, aussi onéreuses que celles qu'elle subirait en cas d'ouverture (1).

La jurisprudence essaie de justifier cette contradiction par l'argument de texte suivant. La loi de 1836, dit-elle, donne seulement au préfet le droit d'autoriser les travaux d'ouverture et de redressement (art. 16). Pour l'alignement, au contraire, elle lui confère le pouvoir direct de fixer les limites du chemin (art. 7, § 3 et 15).

Sans vouloir critiquer la portée qu'on attache ici à la diffé-

---

(1) Cf. Sauzey, Revue critique 1879, p. 227.

rence des termes des art. 16, 7, § 3 et 15 (1), nous ferons remarquer que la jurisprudence est bien loin du principe de la liberté des communes. Tout à l'heure elle disait : le pouvoir de
la Commission départementale est limité par la liberté des communes à l'égard des dépenses non obligatoires. A présent, elle
dit : ce pouvoir est limité dans certains cas par cette idée
qu'elle n'accomplit à l'égard de ces cas qu'un simple acte d'autorisation.

Voilà deux idées bien distinctes entre lequelles|il faut choisir,
car leur application simultanée est contradictoire. Ou bien c'est
le principe de la liberté des communes pour les dépenses facultatives qui limite la Commission, et alors il faut l'appliquer jusqu'au bout et dire que la Commission prononce sur l'avis
conforme du conseil municipal, dans le cas de l'art. 15 comme
dans celui de l'art. 16. Ou bien il faut admettre cette idée d'un
pouvoir propre et direct pour certaines attributions ; d'un simple
contrôle, ou, si l'on veut, d'une autorisation administrative pour
les autres, et alors il restera à chercher quels actes rentrent
dans la première catégorie, quels actes rentrent dans la seconde.

61. — Examinons tout d'abord l'idée de l'indépendance des
communes à l'égard des dépenses facultatives.

Cette idée soulève dans son application bien des difficultés.
Supposons qu'une commune demande le classement d'un chemin vicinal ordinaire suivant un tracé passant par les points
A B C. La Commission départementale prononce le classement et
la déclaration d'utilité publique, conformément à la demande.
Le conseil municipal revient devant la Commission pour la fixation d'assiette, et demande le tracé rouge dans tout le parcours,
tandis que la majorité des déposants à l'enquête s'est prononcée
pour ce même tracé, mais avec une modification en bleu entre
les points B C. La Commission départementale sera-t-elle complètement libre de choisir entre ces deux tracés ? Est-ce qu'elle

(1) Cf. Sauzey, Revue critique 1879, p. 227 et suiv.

serait fondée à tenir le langage suivant ? Vous, conseil municipal, en demandant le classement du chemin que j'ai prononcé sur votre avis conforme, vous vous êtes implicitemeut engagé à vous charger de toutes les dépenses nécessaires à la confection du chemin. Cet engagement une fois pris, vous ne pouvez pas m'empêcher d'adopter le tracé bleu, sous prétexte que le rouge est plus économique et que je viole, en approuvant le tracé bleu, votre liberté à l'égard des dépenses de construction. Cette liberté, vous l'avez aliénée en demandant le classement. Vous n'avez plus rien à dire ?

Le conseil municipal ne pourrait-il pas répondre ainsi qu'il suit ? Je me suis engagé à construire le chemin, c'est vrai ; mais je veux le construire de la manière la plus économique. Or, en fixant le tracé bleu, vous m'obligez à payer des indemnités de terrain que je n'aurai pas à payer pour le tracé rouge. Vous mettez donc à ma charge des dépenses dont je pourrais me dispenser pour l'exécution du chemin. Vous me forcez à faire des dépenses non obligatoires. Je demande que votre délibération soit annulée.

Voilà une première difficulté qui peut s'énoncer ainsi : le classement ayant été prononcé sur l'avis conforme du conseil municipal, la fixation de l'assiette doit-elle également être conforme à l'avis du conseil municipal ?

Supposons cette difficulté résolue dans le sens de la nécessité de l'avis conforme : en voici une seconde qui ne tardera pas à être soulevée. Si c'est le principe de la liberté des communes qui limite la Commission départementale, il s'ensuit que toutes les fois que la délibération de la Commission ne met pas à la charge des communes une dépense facultative, elle est valable. La jurisprudence admet cette idée qui n'est qu'une seconde forme de la première (1). Supposons donc une demande de fixation d'assiette. Deux tracés sont en présence. Le conseil municipal demande le rouge ; la majorité des déposants à l'enquête demande le bleu.

_____

(1) Arr. 5 déc. 1873 ; commune de Saint-Maurice.

La dépense est égale. La Commission départementale est libre. Elle adopte le tracé bleu, malgré le conseil municipal. Sa délibération est valable. Il en serait de même si la dépense du tracé bleu était inférieure à celle du tracé rouge. Supposons, au contraire, que le tracé bleu coûte un peu plus cher, un franc, ou même vingt-cinq centimes : la délibération de la Commission départementale est nulle !

Voilà le résultat auquel aboutit le principe de la jurisprudence. Mais ce n'est pas tout. Supposons qu'il y ait contestation sur le montant des prix soit du tracé rouge, soit du tracé bleu. Cette question a son importance, puisque sa solution fournira la limite des pouvoirs de la Commission départementale. La Commission a donc le droit de l'examiner et de contester les évaluations du conseil municipal.

Or le conseil municipal dit : Je demande le tracé rouge parce qu'il me coûtera 3,000 fr., tandis que le tracé bleu me coûterait 3,200 fr. — Vous vous trompez, répond la Commission départementale. Le rouge vous coûtera 3,300 fr., et le bleu ne vous coûtera que 3,000 fr.

Qui tranchera cette question ? Et comment la tranchera-t-on ? Avec des devis, des expertises ?

Mais on sait que les devis, les expertises de travaux à faire sont toujours approximatifs. Pour savoir au juste le prix de chaque tracé, il faudrait l'exécuter. De telle sorte qu'on arrive à ce résultat bizarre que, pour savoir si la délibération de la Commission départementale approuvant le tracé bleu est nulle ou valable, il faudrait exécuter les deux tracés.

Ces considérations tirées des conséquences pratiques du principe de la jurisprudence suffiraient pour le faire écarter. Mais nous devons le combattre par une raison de logique. Ce principe, en effet, est impuissant à résoudre la question.

La question est de savoir si la délibération de la Commission doit être conforme à l'avis du conseil municipal. Or la solution négative peut parfaitement se concilier avec l'indépendance des communes à l'égard des dépenses facultatives. Qu'est-ce que cette indépendance, en effet ? C'est le pouvoir de ne pas faire. Or la Commission départementale peut parfaitement fixer un tracé qui n'a pas l'assentiment du conseil municipal, sans que l'indépendance de la commune soit violée. Le conseil municipal dira simplement : Je ne fais pas! Lorsqu'on tire du principe de l'indépendance des communes cette conséquence que les délibérations prises par la Commission départementale sans un avis conforme du conseil municipal, sont nulles, on tire du principe plus qu'il ne contient. On lui fait dire plus qu'il ne dit. Pour interpréter correctement ce principe dans les matières de la vicinalité, il suffit de dire : toutes les fois qu'une délibération de la Commission départementale concernant la vicinalité impliquera des travaux entraînant des dépenses non obligatoires, la commune restera libre de ne pas exécuter ces travaux.

Comme on le voit, il n'est pas nécessaire d'exiger l'avis conforme et de déclarer que la délibération prise sans cet avis conforme est nulle. Ce qui serait nul, ce serait non pas l'acte de la Commission départementale, mais l'arrêté préfectoral inscrivant d'office au budget de la commune les crédits nécessaires pour l'exécution des travaux. Cet acte, en effet, violerait directement la liberté de la commune.

62. — Arrivons maintenant à la seconde idée, celle d'une autorisation contenue, dans l'argument de texte de la jurisprudence.

Avec cette idée, la question prend une tournure nouvelle.

Avant de dire si l'avis conforme du conseil municipal est ou n'est pas nécessaire à la validité de la délibération de la Commission départementale, il faudra rechercher quelle est, pour les matières énumérées par l'art. 86, le véritable rôle de la Commission départementale. La Commission intervient-elle dans ces matières au nom d'un intérêt distinct de l'intérêt communal, avec un pouvoir direct et supérieur ? Ou bien vient-elle simplement homologuer la délibération de la municipalité ; accomplir un acte de contrôle et de tutelle administrative ?

Si l'on opte pour le premier parti, la Commission départementale est toute-puissante. Elle peut, sauf appel du Conseil général, prendre des délibérations contraires à l'avis des municipalités. Si l'on opte pour le second, la Commission n'a plus que le droit de donner ou de refuser son approbation.

La jurisprudence, comme nous l'avons vu, distingue. Pour l'alignement elle accorde à la Commission départementale un pouvoir complet ; pour les autres opérations, elle exige l'avis conforme. Elle fonde sa distinction sur l'argument *a contrario* qu'on connaît, et dit : la loi n'emploie le mot *autoriser* que dans le cas de l'art. 16 ; donc la Commission départementale ne donne une autorisation et n'est limitée par le conseil municipal que pour les opérations contenues dans cet article 16.

Nous ne pensons pas que cet argument *a contrario* fournisse une base suffisante à la distinction de la jurisprudence. Et nous ne saurions mieux faire que de transcrire ici la réfutation qu'en a donnée M. Sauzey (1) : « Le but des art. 15 et 16 de la loi « de 1836 n'était pas de régler les pouvoirs de l'administration « centrale vis-à-vis des communes, mais de fixer, au point de « vue de la propriété privée, les effets juridiques des actes con- « cernant les chemins vicinaux ; la loi de 1836 innovait, elle « créait une dérogation au droit commun en matière d'expro- « priation, et constituait un droit nouveau ; c'est ce droit qu'elle « avait en vue de régler. Quant aux rapports de l'administra- « tion centrale avec les communes, les art. 15 et 16 n'y ont « apporté aucune modification, et c'est à l'art. 10 de la loi du « 28 juillet 1824 qu'il faut se reporter pour trouver les principes « de la matière. L'art. 10 de cette loi s'exprime ainsi : « Les « acquisitions de terrains, aliénations, échanges ayant pour « objet des chemins communaux seront *autorisés* par arrêtés

(1) Revue critique 1879, p. 229.

« des préfets en Conseil de préfecture, après délibération des
« conseils municipaux intéressés…..; seront aussi *autorisés* dans
« les mêmes formes les travaux d'ouverture ou d'élargissement,
« etc... quand la dépense ne dépassera pas trois mille francs. »

« Depuis 1824, on a opéré des déplacements dans les pou-
« voirs des préfets ou de l'administration centrale; mais le fond
« du droit est resté le même. Le maximum de 3,000 francs a été
« supprimé par le décret du 25 mars 1852 (tabl. A, n° 41) pour
« l'autorisation des acquisitions et échanges, et par la loi de 1836
« pour la déclaration d'utilité publique; quant à l'article 15, sa
« lecture suffit pour montrer qu'on ne s'y est pas préoccupé des
« pouvoirs de l'administration centrale à l'égard des commu-
« nes. Si cet article ne contient pas, comme l'article 16, le mot
« *autoriser,* l'article 10 de la loi de 1824, qui règle la matière,
« est conçu dans des termes identiques pour le cas d'ouverture
« et pour celui d'élargissement des chemins vicinaux; dans les
« deux hypothèses, il parle d'une autorisation à donner par le
« préfet; n'est-on pas en droit d'en conclure que l'avis conforme
« des conseils municipaux est indispensable, et que les com-
« munes ont seules l'initiative de l'élargissement, aussi bien
« que de l'ouverture des chemins vicinaux ordinaires? »

63. — Ce passage écarte la distinction de la jurisprudence,
et du même coup il résout la question de savoir quel rôle joue
la Commission départementale dans les matières de la vicinalité. Elle intervient pour donner une autorisation.

Aux arguments contenus dans le passage transcrit, nous
ajouterons quelques considérations. Ce n'est pas seulement à
cause de l'expression « autoriser » de la loi de 1824 qu'il
faut repousser l'idée d'un pouvoir supérieur attribué à la Commission départementale. Ces mots n'existeraient pas qu'il faudrait quand même écarter une pareille idée. Quel est donc la
raison pour laquelle la loi de 1836 et celle de 1871 font intervenir
le préfet et la Commission départementale dans les matières
de la vicinalité ?

Car remarquons, par parenthèse, que la loi de 1871 n'a pas donné à la Commission toutes les attributions du préfet. Si la Commission départementale est compétente pour la déclaration d'utilité publique, pour les classements et fixations de tracé et d'alignement, le préfet reste compétent pour commander l'exécution des travaux.

Cette intervention n'est pas fondée sur un intérêt distinct de l'intérêt communal. Et il ne faut pas confondre l'intervention du Conseil général pour les chemins des deux premières catégories avec celle de la Commission départementale pour la vicinalité ordinaire. Les chemins de grande communication, bien qu'ils soient des voies communales, présentent un intérêt général pour tout le département. Au point de vue de l'intérêt en jeu, ils ne diffèrent pas des routes départementales. La même observation peut s'appliquer aux chemins d'intérêt commun qui intéressent non pas une commune, mais un groupe plus ou moins nombreux de communes. Il serait donc fort illogique de confier aux conseils municipaux l'administration de ces voies. Et c'est avec raison que les art. 44 et 46 n° 7 de la loi de 1871 confèrent au Conseil général le droit de « prescrire » l'ouverture des chemins, de fixer le contingent des communes et d'effectuer tous les autres actes d'administration. Bien que ces chemins soient placés dans le domaine public communal et que les communes fournissent un contingent, on peut dire que le Conseil général, lorsqu'il s'occupe des chemins, gère un intérêt départemental, supérieur dans tous les cas à l'intérêt propre de chaque groupe communal. Il est donc logique de lui attribuer un pouvoir supérieur aux pouvoirs municipaux, et indépendant de l'avis des communes.

Mais, en matière de vicinalité ordinaire, la situation est bien différente. Les chemins vicinaux ordinaires sont d'intérêt exclusivement local. Ils intéressent une seule commune, et dès lors la Commission départementale, lorsqu'elle intervient, n'intervient pas pour gérer un intérêt supérieur. Elle statue sur une affaire purement communale. Or, qui est chargé d'administrer les affaires communales ? La réponse est facile. Un principe qu'on a mis bien longtemps à dégager a enfin été inscrit dans notre législation communale. L'art. 61 de la loi du 5 avril 1884 porte que « *le conseil municipal règle par ses délibérations les affaires de la commune* ». Cette formule à laquelle on aurait peut-être dû ajouter les mots : « sous réserve du droit de contrôle appartenant à l'autorité supérieure », éclaire singulièrement la question actuelle. C'est donc le conseil municipal qui règle les affaires relatives à la vicinalité ordinaire. Mais, quoique l'art. 61 ne contienne pas la réserve que nous aurions voulu y voir figures expressément, la loi de 1884 n'a pas négligé d'établir cette réserve. Et après l'art 61, on peut lire l'art. 68 qui dit : « *Ne sont « exécutoires qu'après avoir été approuvées par l'autorité supérieure, les délibérations portant sur les objets suivants :.... 7° le classement, le déclassement, le redressement ou le prolongement, l'élargissement, la suppression, la dénomination des rues et places publiques,... l'établissement des plans d'alignement et de nivellement des voies publiques municipales, les modifications à des plans d'alignement adoptés, etc.* »

Cette autorité supérieure à l'approbation de laquelle sont soumises les délibérations du conseil municipal portant sur le classement, etc., des rues et voies publiques municipales, c'est la Commission départementale. Art. 69 : « *Les délibérations des conseils municipaux sur les objets énoncés à l'article précédent sont exécutoires, sur l'approbation du préfet, sauf les cas où l'approbation par le ministre compétent, par le Conseil général, par la Commission départementale, par un décret ou par une loi, est prescrite par les lois ou règlements.* »

Or nous sommes ici dans un cas où l'approbation par la Commission départementale est prescrite par l'art. 86 de la loi de 1871.

Notre conclusion est donc celle-ci : en aucun cas la Commission départementale ne peut prendre, relativement à la vicinalité ordinaire, des délibérations contraires à celle des Conseils municipaux. Pour tous les actes, classement de chemin existant ou à ouvrir, fixation de largeur, d'assiette, de limites, élargissement, alignement, elle doit délibérer sur une décision préalable du conseil municipal, et tout son pouvoir consiste à approuver ou à rejeter. Elle n'est ici qu'une commission de contrôle de l'administration communale chargée d'accomplir l'acte de tutelle administrative. Elle autorise ou elle refuse. Le législateur de 1871, qui a repoussé, après de vifs débats, l'article du projet donnant à la Commission départementale la tutelle administrative des communes, a-t-il clairement vu que, sur le point spécial de la vicinalité ordinaire, il lui donnnait cette tutelle ? Il est permis d'en douter, mais peu importe. Le résultat final n'en est pas moins celui que nous avons signalé.

V. — Assignation à chaque membre du Conseil général et du conseil d'arrondissement du canton où ils devront siéger dans le Conseil de revision (art. 82).

64. — L'art. 82 est ainsi conçu : « *La Commission départementale assigne à chaque membre du Conseil général et aux membres des autres Conseils électifs, le canton pour lequel ils 'devront siéger dans le Conseil de revision.* »

Aux termes de l'art. 27 de la loi du 27 juillet 1872, le Conseil de revision comprend cinq membres : 1° le préfet ou, à son défaut, le secrétaire général ou un conseiller de préfecture délégué ; 2° un conseiller de préfecture désigné par le préfet; 3° un conseiller général ; 4° un conseiller d'arrondissement ; 5° un officier général ou supérieur.

D'après la législation antérieure à 1871 et à 1872, le Conseil de revision comprenait également un conseiller général et un conseiller d'arrondissement. Mais ces deux membres étaient désignés par le préfet. L'art. 82 lui a retiré cette attribution pour la donner à la Commission départementale. Les motifs ont été exposés par le rapporteur dans les termes

suivants : « L'art. 83 (devenu 82) est destiné à mettre fin
« à un abus qui s'est souvent renouvelé dans ces dernières
« années. Lorsqu'il s'agissait de présenter aux popula-
« tions un candidat officiel, le préfet le désignait souvent dans
« cinq ou six cantons différents, et annonçait ensuite sa candi-
« dature aux maires réunis. En chargeant à l'avenir la Com-
« mission départementale de faire cette désignation, l'abus que
« nous venons de signaler ne pourra plus se reproduire (1). »

Le projet primitif portait : « La Commission départementale
désigne les membres du Conseil général et des autres conseils
électifs qui siègent », etc. Le texte actuel est le résultat d'un
amendement. On a substitué les mots : « assigne à chaque
membre », etc... à « ceux désigne les membres »... etc., pour
exprimer que chaque conseiller général aurait le droit d'être
désigné pour un canton (2).

L'art. 27 de la loi du 27 juillet 1872 exige que le conseiller
général ou le conseiller d'arrondissement ne siègent pas dans
le canton qui les a élus. Cette règle a pour but de soustraire le
conseiller aux sollicitations de ses électeurs et de lui assurer
ainsi une plus grande indépendance.

On peut remarquer que l'art. 82 ne nomme pas formellement
le conseiller d'arrondissement ; il parle des membres des autres
conseils électifs. Cette formule vague vient de ce que l'Assemblée nationale avait l'intention de supprimer les sous-préfets
et les conseils d'arrondissement. D'ailleurs il ne peut y avoir
aucun doute sur le droit des conseillers d'arrondissement de faire
partie du Conseil de revision, car l'art. 27 de la loi du 27 juillet
1872 les désigne en termes formels.

Lorsque le Conseil de revision statue sur les demandes de
dispenses pour soutiens de famille ou de sursis d'appel, il doit
être adjoint deux conseillers généraux : ce qui porte le nombre

(1) Journal off. p. 1717, col. 3.
(2) Journal off. p. 2222, col. 2.

des membres à sept, dont trois conseillers généraux. Ces conseillers généraux supplémentaires doivent également être désignés par la Commission départementale. C'est ce qui résulte du texte formel de l'art. 32 de la loi du 27 juillet 1872.

La Commission départementale peut, lorsqu'elle dresse le tableau indicatif des cantons où devra siéger chaque membre du Conseil général ou d'arrondissement, prévoir que des empêchements peuvent survenir à chacun. Elle peut évidemment désigner des suppléants. Le préfet devrait donc, si le membre titulaire ne peut siéger, convoquer le suppléant. Mais, ici, la Commission n'est plus obligée d'assigner une suppléance à chaque conseiller. Il faut avant tout satisfaire aux exigences du service. Il n'y aurait donc aucun inconvénient légal à ce que le même conseiller fût appelé à siéger plusieurs fois à titre de suppléant dans des cantons différents.

VI. — Approbation du tarif des évaluations cadastrales (art. 87 § 1).

65. — L'article 87, § 1, est ainsi conçu : « *La Commission départementale approuve le tarif des évaluations cadastrales et elle exerce à cet égard les pouvoirs attribués au préfet en Conseil de préfecture par la loi du 15 septembre 1807 et le règlement du 16 mars 1827.* »

L'impôt foncier, comme tout autre impôt, doit affecter le revenu (1). Il est donc nécessaire d'évaluer le revenu foncier de chaque propriétaire, afin de répartir individuellement le contingent demandé pour chaque commune. Cette évaluation se fait au moyen du cadastre et du plan cadastral. Le plan cadastal est le plan de la commune divisé par parcelles distinctes les unes des autres, soit par la culture, soit par le propriétaire. Le cadastre est l'état descriptif de toutes ces parcelles, indiquant la contenance de chacune, les différentes cultures, et enfin la

(1) Cf. Ducrocq, Cours, t. 2, n° 1118.

valeur relative pour laquelle chacune d'elles doit être imposée.
Cette valeur est déterminée au moyen d'opérations réglées par
la loi de finances du 15 septembre 1807 et du règlement du
26 mars 1827.

Le contrôleur des contributions directes, auquel on adjoint
cinq commissaires choisis par le conseil municipal. divisent les
terres en un certain nombre de classes suivant la fertilité du
sol et la valeur du produit. Puis ils établissent le tarif du revenu
imposable pour chaque classe, en prenant comme base de
l'estimation, le terme moyen, par hectare, du produit des terres
composant chaque classe. Ensuite une nouvelle commission de
trois membres nommés par le conseil municipal, assistée du
contrôleur des contributions directes, répartit entre chaque classe
les différentes parcelles, de telle sorte que le tarif du revenu
imposable de chaque parcelle se trouve évalué (1).

Mais cette évaluation n'est pas définitive. Elle peut être attaquée soit par les particuliers, soit par les communes, dans les
formes déterminées par les textes précités. En cas de réclamation, la loi de 1807, dans les articles 26 et 33, donnait au préfet le
droit de statuer définitivement. L'arrêté préfectoral était rendu
sur un rapport du directeur des contributions directes, et le
Conseil de préfecture entendu.

L'article 87, § 1, à transféré à la Commission départementale
les attributions que les articles 26 et 33 de la loi de 1807 donnaient au préfet. Il en résulte que la Commission ne statue
qu'en cas de réclamation, et sur l'avis du directeur des contributions directes. Quant au Conseil de préfecture, il n'a plus
aucun rôle à jouer : on ne comprendrait guère en effet qu'un
conseil administratif vînt donner son avis à un autre conseil
administratif chargé de prendre une décision définitive.

(1) Cf. Ducrocq, Cours, t. 2, n° 1133.

VII. — Nomination de syndics en cas d'entreprises subventionnées par le département (art. 87, § 2).

66. — L'art. 87, § 2, est ainsi conçu : « *Elle (la Commission départementale) nomme les membres des commissions syndicales dans le cas où il s'agit d'entreprises subventionnées par le département, conformément à l'art. 23 de la loi du 21 juin 1865* ».

Les associations syndicales sont des groupements de propriétaires ayant pour but l'exécution de travaux de défense contre la mer, les fleuves, les torrents, etc., ou d'amélioration agricole.

Ces associations sont régies par la loi du 21 juin 1865 qui leur confère la personnalité morale. Elles sont administrées par des syndics nommés en principe par l'assemblée générale des syndiqués. Mais ce principe souffre deux exceptions. L'une, consacrée par l'art. 22, est étrangère à notre matière. L'autre, au contraire, doit attirer notre attention.

Il arrive souvent que les travaux en vue desquels se forme une association syndicale n'intéressent pas simplement les membres de l'association : ils intéressent aussi les communes, le département et même l'Etat. C'est ce qui a lieu notamment en cas de travaux d'irrigation, de drainage, d'assainissement de terres insalubres, de dessèchement de marais. Dans ces dernières années, il s'est formé plusieurs associations pour combattre le phylloxéra et reconstituer les vignobles détruits. On peut dire qu'une telle entreprise présente un intérêt véritablement national, car toutes les industries subissent le contre-coup des pertes que font éprouver chaque année les ravages du terrible insecte. Aussi les associations syndicales peuvent-elles recevoir des subventions soit de l'Etat, soit des départements, soit des communes. Or, lorsqu'une association syndicale est subventionnée, le préfet peut nommer des syndics. Ce droit lui est conféré par l'art. 23 de la loi de 1865, lequel est ainsi conçu : « *Dans le cas où, sur la demande du syndicat, il est accordé une subvention*

*par l'Etat, par le département ou par une commune, cette sub-
vention donne droit à la nomination, par le préfet, d'un nombre
de syndics proportionné à la part que la subvention représente
dans l'ensemble de l'entreprise.* »

L'art. 87, § 2, retire cette attribution au préfet, pour la confier
à la Commission départementale. Mais, aux termes de cet
article, la Commission n'est compétente que dans le cas de subvention par le département. Si la subvention émane de l'Etat
ou si les subventions sont données à la fois par l'Etat et par le
département, c'est toujours au préfet qu'il appartient de nommer le nombre de syndics proportionné à la part de la subvention de l'Etat.

Quid en ce qui concerne la nomination du nombre de syndics
représentant la part d'une subvention communale ? Est-ce le
préfet, est-ce la Commission départementale qui nomme ? La
logique voudrait que la nomination appartînt au maire ou au
conseil municipal. Mais une telle solution est incompatible
avec les deux textes que nous commentons. Il nous semble que
la nomination doit être faite par le préfet, et cela pour deux
raisons. D'abord une raison de texte: l'art. 87, § 1, n'enlève
expressément au préfet le droit de nomination que dans le cas
de subvention départementale ; ensuite une raison de principes:
la nomination dont il s'agit ici est incontestablement une mesure
de gestion des intérêts de l'Etat, du département ou des communes. Or, si la Commission départementale a quelques attributions de surveillance ou de contrôle en ce qui concerne
l'administration des communes, elle n'a jamais la mission de
gérer les intérêts communaux.

VIII. — Comptabilité communale (art. 80).

67. — L'art. 80 est ainsi conçu : « *Chaque année, à la session
d'août, la Commission départementale présente au Conseil général
le relevé de tous les emprunts communaux et de toutes les contribu-*

tions extraordinaires communales qui ont été votées depuis la pré-
cédente session d'août, avec indication du chiffre total des centi-
mes extraordinaires et des dettes dont chaque commune est
grevée. »

Le Conseil général a une mission de contrôle sur l'administration financière des communes. L'idée de cette mission, déjà
en germe dans des lois spéciales, l'une du 5 avril 1851 sur les
secours à accorder aux sapeurs-pompiers, l'autre du 2 mai
1855 relative à la taxe municipale des chiens, a été développée
par la loi du 18 juillet 1866.

Cette loi, dans son art. 4, § 1, donnait au Conseil général le droit
de fixer le maximum du nombre des centimes que pouvaient
voter les conseils municipaux. Il était donc utile, pour émettre
un vote sur cette matière, que le Conseil général connût d'une
manière exacte la situation financière des communes. Aussi le
préfet était-il tenu, par l'art. 5, de lui présenter le tableau des
emprunts et des contributions communales. Cette partie de la
législation de 1866 a passé dans celle de 1871. L'art. 4, § 1, de
la loi de 1866 a été presque copié dans l'art. 42 (1).

Quant à l'art. 5 de la loi de 1866, il est devenu l'art. 80 rapporté
ici, avec cette différence qu'aujourd'hui le relevé des emprunts
et des contributions extraordinaires est présenté par la Commission départementale, au lieu de l'être par le préfet.

Cette substitution n'est pas heureuse. La Commission n'a aucun élément pour faire le travail prescrit par l'art. 80. Tous les
documents sont entre les mains du préfet, de telle sorte que le
rôle de la Commission se borne à transmettre au Conseil géné-

---

(1) Art. 42 : « Le Conseil général arrête chaque année à sa session d'août,
« dans les limites fixées annuellement par la loi de finances, le maximum
« du nombre des centimes extraordinaires que les conseils municipaux
« sont autorisés à voter, pour en affecter le produit à des dépenses extraor-
« dinaires d'utilité communale.

« Si le Conseil général se sépare sans l'avoir arrêté, le maximum fixé
« pour l'année précédente est maintenu jusqu'à la session d'août de l'année
« suivante. »

ral le relevé des emprunts et contributions extraordinaires qui lui est fourni par le préfet. Elle n'est qu'un simple intermédiaire, inutile d'ailleurs, puisque le préfet peut communiquer directement avec le Conseil général.

On pourrait dire que la Commission peut contrôler le relevé que fournit le préfet. Mais comment le ferait-elle, puisqu'elle n'a aucun document ? Dans le projet de la commission de décentralisation, cet art. 80 s'expliquait. En effet, la commission législative voulait donner à la Commission départementale la tutelle des communes (*suprà*, n° 8). L'art. 80 s'harmonisait bien avec ce projet. C'est ce que disait le rapporteur : « L'article 80 « transporte à la Commission une obligation que la loi de 1866 « imposait au préfet, mais que la Commission, en sa qualité de « tutrice des communes, sera parfaitement en état d'accomplir. »

Mais l'Assemblée nationale repoussa l'idée de confier à la Commission départementale la tutelle des communes. Dès lors l'art. 80 n'avait plus de raison d'être. L'Assemblée fit disparaître un second § de cet article d'après lequel la Commission devait soumettre au Conseil général le compte annuel de l'emploi des ressources municipales affectées aux chemins vicinaux de grande communication et d'intérêt commun. Mais elle aurait dû faire disparaître l'article tout entier.

Quoi qu'il en soit, ce n'est pas à la session d'août, comme le dit le texte, mais bien à la session d'avril que doit être présenté le relevé en question, conformément aux circulaires des 10 janvier et 12 août 1880 (1).

§ II. — *Attributions transportées du Conseil général à la Commission.*

I. — Vérification de l'état des archives et du mobilier.

68. — L'art. 83 de la loi du 10 août 1871 est ainsi conçu : « *La Commission départementale vérifie l'état des archives et celui*

(1) Bull. off. int. 1880, p. 23 et 263.

du mobilier appartenant au département. » Ce texte laconique peut donner lieu à des hésitations. Pour se rendre un compte exact de sa portée, il convient de rechercher les antécédents. Il est intervenu un assez grand nombre de textes sur cette matière. Ces textes, comme il arrive presque toujours en droit administratif, se combinent les uns avec les autres, et il faut se référer au précédent pour comprendre le suivant.

Nous parlerons d'abord du mobilier, ensuite des archives.

A. — Mobilier départemental.

69. — Avant d'étudier comment doit être vérifié le mobilier départemental, voyons quelle est sa composition.

Les départements n'ont pas toujours été propriétaires de mobilier depuis leur création. C'est seulement à partir de 1811 qu'ils ont pu en acquérir. Le département, en effet, n'a été doué de la personnalité morale qu'en 1811, et cela d'une manière incidente.

Il faut même remarquer que la personnalité morale du département a commencé à s'affirmer dans nos lois, précisément à l'occasion du mobilier. On enseigne d'ordinaire que cette personnalité morale du département résulte implicitement de deux décrets de 1811 : le premier du 9 avril, qui crée un domaine privé départemental en concédant aux départements la propriété de certains édifices nationaux, occupés par des services publics ; le second, du 16 décembre, qui crée un domaine public départemental en abandonnant aux départements certaines routes. Ces deux décrets avaient été motivés par la pénurie des finances de l'Etat ; et la pensée qui les inspirait était moins d'enrichir les départements en leur créant un domaine, que de mettre à leur charge les dépenses d'entretien afférentes soit aux édifices soit aux routes.

Or, quelques jours avant le premier de ces deux actes, il était intervenu, le 25 mars 1811, un décret concernant le mobilier des préfectures. Ce décret, après avoir décidé que le mobilier des préfectures était à la charge de l'Etat, disait dans son art. 6 : « *Les meubles destinés à composer le mobilier d'un hôtel de préfec-* « *ture sont désignés dans un état qui indique la forme, la nature et* « *la valeur actuelle de chaque article. Cet inventaire est fait en pré-* « *sence du préfet, du secrétaire général, du président de la dernière* « *session du Conseil général si* LE DÉPARTEMENT A SEUL FOURNI LE « PRIX DES MEUBLES, *ou du maire si c'est la ville qui l'a donné, ou* « *de l'un et de l'autre, si la ville et le département y ont con-* « *couru.* » En vertu de ce texte, il était donc permis au département d'acquérir du mobilier. Et cette disposition avait été inspirée par les mêmes motifs d'économie que nous avons signalés dans les deux décrets postérieurs. Dans la pensée de l'auteur du décret, ce mobilier fourni par le département devait-il rester sa propriété ? Cela est probable, puisque l'on appelait le président du Conseil général à concourir à la confection de l'inventaire. Le président du Conseil général devait même prendre en charge ce mobilier dans le temps intermédiaire qui s'écoulait entre le départ d'un préfet et l'arrivée de son successeur (art. 8). On peut remarquer aussi que le département se trouve assimilé par ce texte à la ville, qui elle, sans aucun doute, était personne morale. Et d'ailleurs, en admettant même que le département ne fût pas resté propriétaire du mobilier, l'Etat n'en serait devenu propriétaire qu'en vertu d'un don fait par le département. Or pour donner il faut être. Le décret de 1811 sur les mobiliers des préfectures, en permettant aux départements d'avoir des meubles, leur concédait ainsi d'une manière implicite la personnalité morale.

Nous convenons d'ailleurs que l'idée du département personne morale se présente dans ce décret du 25 mars d'une manière bien incidente, bien hésitante aussi ; et le décret du 9 avril suivant, rendu, comme on le voit, quelques jours après, est beaucoup plus net sur ce point.

Mais laissons là cette digression pour revenir à notre sujet, c'est-à-dire à la composition du mobilier départemental.

Le département a donc eu depuis 1818 la faculté d'avoir des meubles. En 1818, une ordonnance du 17 décembre, sur le mobilier des préfectures, vint transformer cette faculté en obligation : l'achat et l'entretien du mobilier des préfectures étaient rangés parmi les dépenses ordinaires des départements. La loi du 10 mai 1838 consacra cette disposition, mais elle laissa le mobilier des sous-préfectures à la charge des sous-préfets. Un décret du 28 mars 1852 est venu faire pour le mobilier des sous-préfectures ce que l'ordonnance de 1818 avait fait pour le mobilier des préfectures.

Aujourd'hui, le mobilier départemental comprend, outre les meubles des hôtels de préfecture et de sous-préfecture, ceux des cours d'assises, tribunaux civils et tribunaux de commerce (art. 60, n° 3, l. 10 août 1871), et d'une manière générale tous les meubles qui garnissent les édifices départementaux, et qui sont achetés et entretenus sur les ressources départementales. Citons à titre d'exemple les meubles des écoles normales.

Une ordonnance du 7 août 1841 et un décret du 7 août 1852 avaient réglementé la composition de l'ameublement des hôtels de préfecture et de sous-préfecture et avaient fixé un maximum de valeur que les mobiliers de ces hôtels ne devaient pas dépasser. Ces dispositions seraient incompatibles aujourd'hui avec l'économie de la loi de 1871. Bien que cette loi rende obligatoire l'entretien du mobilier des hôtels de préfecture et de sous-préfecture, c'est au Conseil général qu'il appartient de se rendre compte des besoins du service, et de pourvoir aux nécessités qui lui auront été démontrées. (Circ. Int. 8 oct. 1871.)

70. — Quelles sont maintenant les mesures d'ordre et de surveillance prescrites relativement à ce mobilier ?

L'art. 8 du décret de 1811, rapporté plus haut, avait décidé qu'un inventaire devait être dressé. C'était là une mesure insuffisante, car, une fois l'inventaire dressé, il peut se produire des modifications ; et d'ailleurs la confection d'un inventaire n'empêche pas que des détournements puissent être commis. L'ordonnance de 1818, que nous avons également citée, vint réaliser un progrès. Elle maintint la nécessité de l'inventaire estimatif. Puis elle décida que cet inventaire serait récolé chaque année par une commission du Conseil général. Le préfet n'était pas responsable de la valeur des objets ; il était simplement tenu de les représenter.

L'idée de faire vérifier le mobilier par une commission du Conseil général était fort naturelle, puisque le mobilier était la propriété du département. Cette idée s'est perpétuée depuis et elle a été recueillie par l'art. 83 de la loi du 10 août 1871.

Les dispositions de l'ordonnance de 1818 sur le contrôle du mobilier reçurent une consécration législative. L'art. 8 de la loi du 26 juillet 1829 porte que : « *Des inventaires du mobilier fourni, soit par l'Etat, soit par les départements, à des fonctionnaires publics, seront faits avant le 1ᵉʳ janvier 1830. Ces inventaires seront récolés à la fin de chacune des années suivantes et à chaque mutation de fonctionnaire responsable. Ils seront déposés aux archives du ministère des finances.* »

Ce texte n'a pas été abrogé, et c'est lui qui doit être le point de départ de notre étude. Il pose d'une façon bien nette les deux règles suivantes : en premier lieu, un inventaire du mobilier doit être dressé ; en second lieu, cet inventaire doit être récolé à la fin de chaque année et à chaque mutation de fonctionnaire.

Comment en pratique doivent fonctionner ces deux règles ?

C'est ici que nous trouvons un certain nombre de documents dont les dispositions diverses doivent être combinées.

1°) Une ordonnance du 3 février 1830, qui statue d'une manière générale sur le mobilier de l'Etat et sur celui des départements ;

2°) L'art. 8 de la loi du 10 mai 1838 ;

3°) Une ordonnance du 7 août 1841, qui est spéciale au mobilier des hôtels de préfecture. Cette ordonnance porte dans son art. 11

que le décret du 25 mars 1811 et l'ordonnance du 17 décembre
1818 sont rapportés ;

4º) Un décret du 8 août 1852 spécial au mobilier des hôtels de
sous-préfecture. Ce décret est la conséquence du décret ci-dessus relaté du 28 mars 1852, qui met le mobilier des sous-préfectures à la charge du département ;

5º) L'art. 188 du décret du 31 mai 1862 sur la comptabilité
publique, qui vise le mobilier en général. Cet article remplace
l'art. 162 de l'ordonnance du 31 mai 1838 (relative à la comptabilité) ;

6º) Enfin notre art. 83 de la loi du 10 août 1871.

Reprenons maintenant chacune des deux règles de la loi
de 1829.

71. — Tout d'abord, avons-nous dit, un inventaire doit être
dressé.

Les inventaires du mobilier existant en 1829 ont dû être
dressés avant le 1ᵉʳ janvier 1830, par application de la loi
de 1829. Mais actuellement il peut y avoir lieu à faire des
inventaires nouveaux : soit qu'il s'agisse d'un mobilier affecté à
un établissement départemental récemment créé, soit que
l'importance des changements survenus dans la composition
d'un mobilier déjà inventorié rende utile la confection d'un
nouvel inventaire. Nous devrons donc nous demander par qui
l'inventaire doit être dressé.

Jusqu'en 1862 trois catégories de personnes étaient appelées
à participer aux opérations. C'étaient le fonctionnaire chargé
du mobilier, un agent de l'administration des domaines, et des
membres des corps délibérants du département.

Disons immédiatement que l'article 188 du décret du 31 mai
1862 sur la comptabilité publique enleva à l'administration des
domaines les attributions que des actes antérieurs lui avaient
données en matière de mobilier départemental. Nous laissons donc
de côté l'agent des domaines, pour ne nous occuper que des deux
autres catégories de personnes.

Et tout d'abord le fonctionnaire chargé du mobilier. Le principe était posé par l'ordonnance du 3 février 1830 dans son article 1 ; il fut appliqué par l'ordonnance du 3 mai 1841 sur le mobilier des préfectures, et par le décret du 8 août 1852 sur le mobilier des sous-préfectures. Le premier de ces actes dit que l'inventaire du mobilier des sous-préfectures sera dressé par les soins du sous-préfet. Donc, pour les meubles des hôtels de préfecture et de sous-préfecture, aucune difficulté, puisqu'il y a des textes formels.

Mais, en ce qui concerne le mobilier des autres édifices, tels que les tribunaux, écoles normales, que faut-il décider ?

Faut-il appliquer le principe de l'ordonnance de 1830 ?

La raison de douter est que la confection d'un inventaire est un acte de gestion des intérêts départementaux. Or, un acte de cette nature doit être accompli par le préfet qui est le seul représentant, du moins dans la sphère de l'action, des intérêts du département.

Nous croyons cependant que le principe de l'ordonnance doit être appliqué et que, par conséquent, l'inventaire doit être dressé avec le concours du fonctionnaire chargé du mobilier. En effet, si le raisonnement qui précède était vrai, il faudrait décider qu'il appartient au préfet de dresser non seulement l'inventaire du mobilier des tribunaux, écoles normales, etc., mais aussi celui des sous-préfectures. Or, nous venons de voir qu'ici le sous-préfet est compétent, et cela par application même du principe de l'ordonnance de 1830. Il n'y a donc aucune raison de restreindre l'application de ce principe. La participation du fonctionnaire qui prend le mobilier en charge nous paraît, du reste, indispensable, parce que ce fonctionnaire, lorsqu'il a pris en charge le mobilier, devient responsable sinon de la valeur, du moins du nombre des objets. Nous admettrons toutefois que le préfet, en qualité de représentant des intérêts économiques du département, aurait le droit d'intervenir.

Nous avons dit, en second lieu, que des membres des corps

délibérants étaient appelés à participer à la confection de l'inventaire. Quels sont ces membres et de quels corps délibérants s'agit-il ?

La réponse à cette question a varié.

Nous avons dit plus haut que dès 1818 une commission du Conseil général avait été appelée à contrôler le mobilier du département. Cette idée passa dans la loi de 1838, dont l'art. 8 est ainsi conçu : « *Le Conseil général vérifie l'état des archives et celui du mobilier appartenant au département.* » La confection d'un inventaire du mobilier est, au premier chef, une mesure de vérification. Il est donc fort naturel que le Conseil général ait été appelé, sous l'empire de la loi de 1838, à participer à la confection de l'inventaire. Mais on comprend facilement que le Conseil général tout entier ne pouvait prendre part aux opérations. Aussi déléguait-il pour cet objet une commission prise dans son sein (art. 3 et 5 de l'ordonnance du 8 août 1841).

Pour le mobilier des sous-préfectures, on appelait deux membres du conseil d'arrondissement (art. 5 du décret du 8 août 1852).

Quelle est la situation actuelle ?

Tout d'abord, l'intervention des conseillers d'arrondissement a été supprimée par l'art. 188 du décret de 1862, le même qui enlevait toute compétence aux agents de l'administration des domaines.

En second lieu, l'art. 83 de la loi du 10 août 1871 substitue la Commission départementale au Conseil général.

Aujourd'hui donc les inventaires doivent être établis par le préfet, le sous-préfet ou le fonctionnaire chargé du mobilier, avec le concours de la Commission départementale. Ils doivent contenir non seulement la désignation des objets, mais aussi l'indication du prix d'achat de chacun d'eux.

Ajoutons que la Commission départementale puise dans l'art. 83 le droit de vérifier s'il existe un inventaire, et d'en exiger la confection lorsqu'elle reconnait que cet inventaire n'existe pas.

Une dernière question. Où l'inventaire doit-il être déposé ?

L'ordonnance de 1830 voulait que les inventaires fussent dressés en trois expéditions. La première était confiée au secrétaire général de la préfecture, considéré comme chargé des archives ; la seconde était laissée au fonctionnaire chargé du mobilier ; enfin la troisième était déposée à la direction de l'administration des domaines. Nous savons que l'administration des domaines a perdu toute attribution par suite du décret du 31 mai 1862 (art. 188). Aussi est-ce avec raison qu'une circulaire du 27 août 1873 a prescrit aux fonctionnaires de cette administration de remettre à la Commission départementale les inventaires dont ils étaient détenteurs. Il nous paraît, en effet, indispensable que la Commission départementale ait les inventaires des divers mobiliers du département, pour qu'elle puisse utilement remplir sa mission.

En ce qui concerne le dépôt aux archives, l'ordonnance de 1830 a été confirmée par l'ordonnance de 1841, le décret de 1852 et celui de 1862 (art. 188), aux termes desquels la minute des inventaires est déposée au secrétariat général de la préfecture, c'est-à-dire aux archives qui sont soumises à la surveillance directe et immédiate du secrétaire général.

Enfin, il nous paraît que l'ordonnance doit être maintenue en ce qui concerne le fonctionnaire chargé du mobilier.

En résumé donc, la minute de l'inventaire doit être déposée aux archives du département; une copie doit être mise à la disposition de la Commission départementale; et une autre copie doit rester entre les mains du fonctionnaire qui prend le mobilier en charge.

De plus, l'art. 168 du décret du 31 mai 1862 prescrit de déposer une copie aux archives du ministère des finances, une seconde copie aux archives du ministère dont ressortit le service auquel est affecté le mobilier ; enfin, une dernière copie à la Cour des comptes. Ces dispositions n'ont pas été abrogées.

72. — Nous arrivons maintenant à l'examen de la seconde règle : un récolement doit être fait à la fin de chaque année et à chaque mutation de fonctionnaire.

Cette mesure a une double utilité : elle prévient les abus ou même les détournements qui pourraient se produire ; elle permet de se rendre compte des changements intervenus dans la composition du mobilier ou de ceux qu'il serait utile d'y apporter. Aussi tous les textes que nous avons cités plus haut, ont-ils maintenu la nécessité d'un récolement annuel. Cette nécessité existe-t-elle encore aujourd'hui ? La raison de douter se trouve dans la généralité des termes de l'art. 83 de la loi de 1871. La Commission départementale, peut-on dire, a été investie par l'art. 83 d'une manière générale et absolue du droit de vérifier le mobilier départemental. Elle est donc juge des mesures qu'elle doit prendre à cet égard. Elle est juge aussi du moment auquel elle peut prendre ces mesures diverses. Les prescriptions de la loi de 1829 ne sont donc plus applicables, et la Commission départementale n'est pas astreinte à procéder à un récolement chaque année ou à chaque mutation de fonctionnaire.

Nous ne pensons pas que ce raisonnement soit exact.

Nous admettons que l'art. 83 confère à la Commission départementale le droit de prendre, en dehors du récolement annuel, telle ou telle mesure de surveillance et de contrôle qui lui semble utile ; mais nous ne croyons pas qu'on puisse faire résulter des termes si vagues de l'art. 83 l'abrogation des prescriptions nettes et précises de la loi du 26 juillet 1829. En effet, l'art. 83 n'est pas autre chose que la reproduction de l'art. 8 de la loi de 1838, sous cette réserve que les mots : *la Commission départementale*, ont été substitués à ceux : *le Conseil général*. Or que se passait-il sous l'empire de la loi de 1838 et avant la loi de 1871 ? Un récolement était accompli annuellement, par application de la loi de 1829. Depuis le décret de 1862, ce récolement était opéré, sans distinguer le mobilier des préfectures et celui des sous-préfectures, par le préfet ou son délégué, et par deux membres du Conseil général. La loi de 1871 a eu simplement pour résultat de substituer la Commission départementale aux deux membres du Conseil général. La Commission départementale doit donc faire aujourd'hui ce que faisaient autrefois ces deux membres du Conseil général, c'est-à-dire récoler tous les ans l'inventaire du mobilier, avec le concours du préfet ou de son délégué.

En ce qui concerne le récolement à chaque mutation de fonctionnaire, il semble qu'on pourrait se montrer moins rigoureux. Pratiquement, il serait bien difficile à la Commission départementale de s'acquitter de cette mission. L'opération peut être assez longue. Dans la plupart des cas, il faudrait se déplacer. Et comme les fonctionnaires chargés du mobilier sont nombreux et exposés à des changements fréquents, la Commission départementale serait continuellement occupée à récoler des inventaires. D'ailleurs, le récolement à chaque mutation de fonctionnaires est plutôt une mesure d'ordre établie dans l'intérêt des fonctionnaires, qu'une véritable opération de contrôle, comme le récolement annuel.

En résumé, le contrôle du mobilier par la Commission départementale consiste à faire établir des inventaires et à les récoler. Dans son rapport au Conseil général (art. 79), elle peut signaler tout ce qui lui paraît défectueux et elle peut faire toutes les propositions qui lui paraissent utiles.

Pourquoi avoir substitué la Commission départementale au Conseil général? Les travaux préparatoires nous l'apprennent. En seconde lecture, un membre de l'Assemblée nationale demanda la suppression de l'art. 83 et le maintien de l'ancienne pratique. Il lui fut répondu que la responsabilité de la Commission devant le Conseil général serait plus effective que celle des deux membres, et que la surveillance deviendrait aussi plus sérieuse (*J. off.* 1871, p. 2222, col. 2).

B. — Vérification des Archives.

73. — Nous serons bref sur ce point. Les textes relatifs aux archives, lois, décrets, ordonnances, sont assez nombreux. Mais le commentaire de ces documents ne rentre pas dans notre étude.

L'origine des archives départementales remonte à une proclamation du roi du 20 avril 1790. Les dispositions contenues dans ce document ont été complétées par la loi du 5 nov. 1789 et celle du 5 brumaire an V. Cette dernière loi ordonne la réunion au chef-lieu de département de tous les titres et papiers acquis à la République.

Le service des archives est confié à un archiviste nommé par le préfet et choisi parmi les élèves de l'Ecole des chartes, qui ont un droit spécial établi par le décret du 4 février 1850. Ce n'est qu'à défaut d'élèves de l'Ecole des chartes que le préfet peut choisir une autre personne.

Quant à la surveillance, elle est faite par un service d'inspection générale, par le secrétaire général, et enfin par la Commission départementale. C'est la loi du 28 pluviôse de l'an VIII qui donnait au secrétaire général la surveillance directe des archives, et cette attribution lui a été maintenue. La Commission départementale a été substituée au Conseil général pour les motifs indiqués ci-dessus. Mais il faut reconnaître que cette disposition légale a une médiocre portée pratique. Pour vérifier efficacement les archives départementales, il faut avoir des connaissances spéciales qui, le plus souvent, feront défaut aux membres de la Commission départementale.

Si le Conseil général, et ensuite la Commission départementale, ont reçu compétence en cette matière, c'est que les archives sont à la charge du département, qui est d'ailleurs propriétaire d'une certaine partie des papiers (1).

_____

(1) Dans le Dictionnaire d'administration de M. Block (édit. 1878), v° Ar-

II. — Actions à exercer au nom du département (art. 54, § 1, 2, 3, et 46, n° 15).

74. — C'est au préfet qu'il appartient d'exercer les actions du département. Mais déjà la loi de 1838 avait consacré ce principe que le préfet ne peut ester en justice sans y être autorisé par le Conseil général.

La loi de 1871 a conservé ce principe, mais elle a fait intervenir la Commission départementale. Les art. 54, § 1, 2, 3, et 46, n° 15, règlent cette intervention. Ils sont ainsi conçus : art. 54. *« Le préfet intente les actions en vertu de la décision du Conseil « général, et il peut, sur l'avis conforme de la Commission dépar- « tementale, défendre à toute action intentée contre le département.*

« Il fait tous actes conservatoires et interruptifs de déchéance.

« En cas de litige entre l'Etat et le département, l'action est « intentée ou soutenue, au nom du département, par un membre de « la Commission départementale désigné par elle. »

Art. 46, n° 15 : *« Le Conseil général statue définitivement sur « les objets ci-après désignés, savoir :…. 15° Actions à intenter ou « à soutenir au nom du département, sauf les cas d'urgence, dans « lesquels la Commission départementale pourra statuer. »* De ces différents textes, on peut tirer les trois propositions qui suivent:

1° Lorsque le département est demandeur, le préfet doit être autorisé par le Conseil général ; mais lorsqu'il est défendeur, c'est la Commission départementale qui intervient et qui donne au préfet l'autorisation nécessaire.

2° En cas d'urgence, la Commission départementale inter-

---

chives, on lit ce qui suit : « Il résulte des lois précitées que ces archives sont la propriété de l'Etat, mais que les départements en ont la jouissance, à la charge des frais de conservation. » C'est là une proposition trop absolue. Les papiers provenant des différents services généraux appartiennent à l'Etat, mais ceux qui proviennent des services purement départementaux, ceux qui sont relatifs à la vie civile du département, comme les minutes des contrats, sont évidemment la propriété du département.

vient non seulement pour autoriser le préfet à défendre, mais aussi pour l'autoriser à intenter l'action.

Déjà la loi de 1838 avait établi pour le cas d'urgence une dérogation au principe que l'exercice d'une action est subordonné à la volonté du Conseil général. L'art. 10 de cette loi permettait au préfet « d'intenter toute action ou y défendre « sans délibération du Conseil général ni autorisation préa- « lable », dans les cas d'urgence.

L'art. 46, n° 15, fait revivre la nécessité de cette autorisation préalable, même pour les cas d'urgence, mais c'est la Commission départementale, et non le Conseil général, qui est appelée à statuer. La Commission départementale peut, en effet être réunie très facilement. Le Conseil général, au contraire, lorsqu'on n'est pas à la veille d'une session normale, ne peut être convoqué que dans les formes de l'art. 24, c'est-à-dire par décret ou sur la demande écrite des deux tiers des membres. On comprend que l'accomplissement de ces formalités entraînerait des lenteurs souvent préjudiciables. L'art. 10 de la loi avait déjà eu pour but d'éviter ces lenteurs qui ne sont plus à craindre aujourd'hui avec la Commission départementale. C'est donc avec raison qu'on est revenu à la règle de l'autorisation préalable.

3° En principe, le département est représenté par le préfet ; mais, dans le cas où le procès a lieu entre le département et l'État, le département est représenté par un membre de la Commission départementale. Le préfet, qui est un agent direct du gouvernement, est naturellement appelé à soutenir les intérêts de l'État. Il fallait donc, dans ce cas spécial, confier à une autre personne la mission de représenter le département. La commission législative proposait le président de la Commission départementale. Cette proposition n'a pas été admise et l'Assemblée nationale s'est arrêtée au texte rapporté ci-dessus.

III. — Octrois municipaux (l. 5 avril 1884, art. 137).

75. — Les octrois sont des impôts indirects municipaux établis sur des objets de consommation locale. Le titre II de la loi du 28 avril 1816 sur les contributions indirectes établit les principes de la matière (1).

Les délibérations relatives aux octrois ont été soumises au principe des autorisations. La Commission départementale est appelée par la loi organique municipale du 5 avril 1884 à jouer un certain rôle à ce point de vue. Pour bien déterminer ce rôle, il convient de rappeler brièvement les règles antérieures à la législation actuelle.

Avant 1871, les délibérations des conseils municipaux relatives aux octrois se divisaient en deux catégories.

La première catégorie comprenait les objets suivants : 1° établissement ou renouvellement de taxes sur des objets non compris au tarif général dressé conformément à l'article 9 de la loi du 24 juillet 1867, ou comprises dans ce tarif mais l'excédant ; 2° assujettissement à la taxe d'objets non encore imposés dans le tarif local ; 3° modifications aux périmètres ou aux règlements relatifs à la perception.

Ces délibérations étaient soumises à une autorisation par décret rendu en forme de règlement d'administration publique (art. 9, l. 24 juillet 1867).

La seconde catégorie comprenait les délibérations relatives aux objets ci-après : 1° suppression ou diminution des taxes ; 2° prorogation pour cinq ans au plus ; 3° augmentation des taxes jusqu'à concurrence d'un décime.

Pour déterminer la portée de ces délibérations, il fallait distinguer suivant qu'il y avait ou non accord entre le maire et le conseil municipal. En cas d'accord, la délibération était réglementaire dans les termes de l'article 18 de la loi du 18 juillet

(1) Cf. Ducrocq, Cours, t. 2. n⁰ˢ 1462 et suivants.

1837, c'est-à-dire qu'elle était exécutoire si, dans les trente jours de la date du récépissé, le préfet ne l'avait pas annulée pour violation d'une loi ou d'un règlement. En cas de désaccord entre le maire et le conseil municipal, il fallait un arrêté préfectoral.

La loi de 1871 vint modifier ces règles. Les délibérations de la première catégorie continuèrent à être soumises à l'autorisation par décret; mais le décret ne put être rendu qu'après l'avis du Conseil général (1).

Quant aux délibérations ayant pour but la prorogation des taxes additionnelles ou l'augmentation des taxes principales au delà d'un décime, elles étaient soumises, non plus à l'autorité du préfet, mais à celle du Conseil général qui statuait définitivement (2).

Le Conseil général était donc substitué ici au préfet. Mais l'intervention du Conseil général occasionnait souvent des lenteurs préjudiciables aux communes. On avait essayé de remédier à cet inconvénient en permettant au Conseil général de déléguer

---

(1) Art. 48, n° 4, l. 10 août 1871 : « Le Conseil général délibère...... 4° sur « les demandes des conseils municipaux : 1° pour l'établissement ou le re- « nouvellement d'une taxe d'octroi sur des matières non comprises dans le « tarif général indiqué à l'article 46 ; 2° pour l'établissement ou le renou- « vellement d'une taxe excédant le maximum fixé par ledit tarif ; 3° pour « l'assujettissement à la taxe d'objets non encore imposés dans le tarif « local ; 4° pour les modifications aux règlements ou aux périmètres exis- « tants »

(2) Art. 46, n° 25 : « Le Conseil général statue définitivement sur les « objets ci-après désignés, savoir..... ; 25° : délibérations des conseils muni- « cipaux ayant pour but la prorogation des taxes additionnelles d'octroi « actuellement existantes, ou l'augmentation des taxes principales au delà « d'un décime, le tout dans les limites du maximum des droits et de la no- « menclature des objets fixés par le tarif général, établi conformément à « la loi du 24 juillet 1867. » Quoique ce texte ne parle que de la prorogation des taxes additionnelles, on admettait que le Conseil général pouvait autoriser définitivement la prorogation des taxes principales pour une durée égale ou inférieure à cinq ans. (Décret du 29 août 1873, B. L. p. 385 et suivantes). Comme l'article 46 ne parle que de la prorogation ou de l'augmentation, il pouvait y avoir doute en ce qui concerne la suppression ou la diminution des taxes. Mais cette question est aujourd'hui tranchée par la loi du 5 avril 1884.

à la Commission départementale la mission de donner l'avis ou l'approbation exigés par les art. 46 et 48, pour toutes les affaires d'octroi qui se présenteraient dans l'intervalle des sessions. La validité de ces délégations, un instant admise par la jurisprudence, fut rejetée par la circulaire ministérielle du 13 avril 1881 (Cf. *suprà*, n° 33). Cette jurisprudence faisait renaître les inconvénients de la loi de 1871. La loi organique municipale du 5 avril 1884 les a fait disparaître complètement, dans les textes qui suivent.

Art. 68. « *Ne sont exécutoires qu'après avoir été approuvées par l'autorité supérieure, les délibérations portant sur les objets suivants :... 12° les octrois, dans les cas prévus aux art. 137 et 138 de la présente loi.* »

Art. 137. « *L'établissement des taxes d'octroi rotées par les conseils municipaux, ainsi que les règlements relatifs à leur perception, sont autorisés par des décrets du Président de la République rendus en Conseil d'Etat, après avis du Conseil général ou de la Commission départementale dans l'intervalle des sessions.*

« *Il en sera de même de toute délibération portant augmentation ou prorogation de taxe pour une période de plus de cinq ans, etc.* »

Art. 138. « *Sont exécutoires, sur l'approbation du préfet, conformément aux dispositions de l'article 69 de la présente loi, mais toutefois après avis du Conseil général, ou de la Commission départementale dans l'intervalle des sessions, les délibérations prises par les conseils municipaux concernant la suppression ou la diminution des taxes d'octroi.* »

Art. 139. « *Sont exécutoires par elles-mêmes les délibérations prises par les conseils municipaux prononçant la prorogation ou l'augmentation des taxes d'octroi pour une période de cinq ans au plus, sous la réserve toutefois qu'aucune des taxes ainsi maintenues ou modifiées n'excédera le maximum déterminé par le tarif général, et ne portera que sur des objets compris dans ce tarif.* »

Il résulte de ces textes que les délibérations prises par les conseils municipaux relativement aux octrois sont maintenant divisées en trois catégories :

1°) Celles qui sont exécutoires par elles-mêmes et qui sont relatives à la prorogation et à l'augmentation, dans les cas prévus par l'art. 139. Avant la loi de 1884, elles n'étaient exécutoires qu'après approbation du Conseil général qui statuait définitivement (art. 46). A ce point de vue, la liberté des communes a donc été augmentée.

2°) Celles qui ne sont exécutoires qu'en vertu d'un arrêté préfectoral, après avis du Conseil général ou de la Commission départementale. Elles sont relatives à la suppression et à la diminution (art. 138).

3°) Celles qui ne sont exécutoires qu'en vertu d'un décret rendu en forme de règlement d'administration publique, après avis du Conseil général ou de la Commission départementale. Elles portent sur les objets suivants : établissement de taxes nouvelles; augmentation d'anciennes taxes excédant le tarif; prorogation au delà de cinq ans, ou même de moins de cinq ans, si le tarif général est excédé; assujettissement d'objets nouveaux non compris dans le tarif local ; modifications au périmètre et aux règlements relatifs à la perception (art. 137).

Il faut remarquer que la Commission départementale ne donne son avis que dans l'intervalle des sessions. Si donc le Conseil général est réuni au moment où une affaire se présente, c'est à lui que le préfet doit la soumettre.

§ III. — *Attributions nouvelles créées pour la Commission.*

I. — Comptabilité départementale (art 78).

76. — La Commission départementale est investie par l'article 78 de la mission de contrôler la comptabilité du préfet. Le texte est ainsi conçu : « *Le préfet est tenu d'adresser à la Commission départementale, au commencement de chaque mois, l'état détaillé des ordonnances de délégation qu'il a reçues et des mandats*

de paiement qu'il a délivrés pendant le mois précédent, concernant
le budget départemental.

« *La même obligation existe pour les ingénieurs en chef sous-*
ordonnateurs délégués. »

Le passage du rapport relatif à cette disposition constitue le
meilleur commentaire qu'on puisse en donner. Nous nous bornerons donc à le transcrire purement et simplement :

« Le principe de l'article 78 est emprunté à une disposition de
« la loi belge qu'il a fallu mettre en harmonie avec les règles
« de notre administration financière. On sait, en effet, que les
« ministres ont seuls le droit d'ordonner une dépense, soit sur
« les fonds de l'Etat, soit sur ceux des départements; mais
« comme, généralement, ils ne peuvent ordonnancer directe-
« ment en faveur de la partie prenante, ils ordonnancent en
« bloc les sommes qu'ils mettent à la disposition d'un certain
« nombre de hauts fonctionnaires, tels que les préfets, les in-
« tendants militaires et les commissaires généraux de la
« marine. Ceux-ci deviennent ainsi des ordonnateurs secon-
« daires ou délégués, et délivrent des mandats de paiement
« individuels aux créanciers de l'Etat. Par une exception parti-
« culière, les ingénieurs en chef des départements sont consi-
« dérés comme sous-ordonnateurs délégués, c'est-à-dire qu'au
« lieu de s'adresser au préfet pour les mandats de paiement,
« ils reçoivent de lui une sous-ordonnance de délégation pour
« les sommes dont ils ont besoin, et les répartissent eux-mêmes
« par mandats individuels.

« Il résulte de là que, pour contrôler efficacement l'emploi
« des ressources du département, pour s'assurer si les dépenses
« liquides ont été soldées au fur et à mesure que les fonds ont
« été mis à la disposition du préfet, pour empêcher les retards
« non motivés et fermer la porte aux tours de faveur, il est
« nécessaire que la Commission départementale reçoive tous
« les mois un état détaillé des ordonnances de délégation que
« le préfet a reçues et des mandats de paiement qu'il a déli-

« vrés. La même obligation est étendue aux ingénieurs en chef.
« Ces mesures sont une garantie de plus ajoutée à celles qui
« existent déjà, de la parfaite régularité de la comptabilité
« départementale, qui doit être à l'abri de tout soupçon (1). »

II. — Examen préalable du budget départemental (art. 57 et 79, § 2).

77. — Les explications données à l'occasion de l'art. 79 nous
dispensent de tout développement au sujet de l'examen préalable du budget départemental. En effet, l'art. 79, § 2, parle du
rapport que la Commission départementale fournit au Conseil
général sur le projet de budget. Or, la confection de ce rapport
implique l'examen du budget.

Nous dirons donc simplement ici que l'art. 79, § 2, se complète
par l'art. 54 qui prescrit au préfet de faire parvenir son projet
de budget à la Commission, au moins dix jours avant l'ouverture
de la session. Art. 57 : « *Le projet de budget du département est
préparé et présenté par le préfet, qui est tenu de le communiquer
à la Commission départementale, avec les pièces à l'appui, dix
jours au moins avant l'ouverture de la session d'août....* »

III. — Contrats à passer au nom du département (art. 54, § 4).

78. — L'art. 54, § 4, est ainsi conçu : « *Le préfet, sur l'avis conforme de la Commission départementale, passe les contrats au nom
du département.* » Cette attribution n'est guère qu'une attribution
de contrôle. En effet, le Conseil général détermine les conditions
générales des contrats que le préfet doit passer. La Commission
départementale n'a donc pas à jouer en cette matière un rôle
bien actif. Le plus souvent, elle n'aura qu'une chose à faire :
constater si l'acte dressé par le préfet est conforme aux délibérations du Conseil général.

Toutefois, il peut arriver que le préfet présente à la Commission

(1) Journal off. 1871, p. 1717, col. 2.

départementale un projet de contrat sur une matière qui n'a pas été soumise au Conseil général. Il y a, nous le supposons, urgence. Les intérêts du département exigent que l'on n'attende pas la réunion du Conseil général. Dans ce cas, la Commission départementale n'aurait plus une simple mission de contrôle. Elle serait appelée à faire ce que le Conseil général ferait s'il était présent. Il nous semble qu'un traité passé dans ces conditions serait parfaitement valable et que l'art. 54 donne à la Commission départementale les pouvoirs suffisants pour habiliter le préfet, lors même que l'affaire n'aurait pas déjà été soumise au Conseil général. Le traité ne pourrait donc être ni désavoué par le département, ni attaqué par la partie. Mais l'avis conforme de la Commission départementale est absolument nécessaire. Sans cet avis, la signature du préfet ne saurait engager le département. Ce serait une question de savoir si la partie se trouve engagée : mais c'est là une question de droit civil. Nous ne saurions l'aborder dans cette étude.

Aucune forme particulière n'est prescrite pour l'avis conforme. Il peut être donné soit par une délibération spéciale qui doit être annexée à l'acte, soit par un simple vu et approuvé sur l'acte même, ce qui est beaucoup plus simple. Dans ce dernier cas, la signature du président suffit, pourvu d'ailleurs que le registre des délibérations mentionne l'approbation donnée.

L'avis conforme de la Commission s'applique à tous les contrats à passer au nom du département (1) Mais la Commission ne saurait intervenir dans les contrats concernant le service vicinal, parce que, malgré les subventions que le département peut accorder, les chemins vicinaux sont des voies communales, et les traités qui les concernent sont passés au nom des communes (2).

---

(1) Cf. Avis minist. des travaux publics, 19 déc. 1873, en ce qui concerne l'acquisition à l'amiable ou par voie d'expropriation de terrains pour la construction de routes départementales. B. L. p. 458.

(2) En ce sens, Circ. ministre des finances, 16 août 1872, B. L. p. 217.

IV. — Tirage au sort du canton que représentera, à défaut d'option, un
conseiller général élu dans plusieurs cantons (art. 17).

79. — La loi organique du 10 août a décidé dans son art. 6
qu'il n'était pas nécessaire d'être domicilié dans un canton pour
y être éligible au Conseil général. Il suffit d'être inscrit au rôle
d'une contribution directe au 1er janvier de l'année dans laquelle
se fait l'élection. « *Toutefois*, ajoute l'art. 6, *le nombre des*
« *conseillers généraux non domiciliés ne pourra dépasser le*
« *quart du nombre total de membres dont le conseil doit être*
« *composé.* » Or, si le nombre des non-domiciliés dépasse ce
quart du nombre total, qu'arrive-t-il? C'est l'art. 17 qui nous
l'apprend. On annule des élections de manière à ramener au
quart le nombre des conseillers non domiciliés, et on détermine,
par un tirage au sort, ceux dont l'élection doit être annulée.
Mais s'il s'élève une question préjudicielle sur le domicile, le
Conseil général sursoit, et lorsque l'autorité judiciaire a statué,
la Commission départementale opère le tirage au sort pendant
l'intervalle des sessions.

Cette attribution a été conférée à la Commission par la loi du
31 juillet 1875, qui est venue modifier les art. 15, 16 et 17 de la
loi de 1871, relatifs à la vérification des pouvoirs des conseillers généraux. Depuis cette loi, l'art. 17 est ainsi conçu : « *Le
conseiller général élu dans plusieurs cantons est tenu de déclarer
son option au président du Conseil général dans les trois jours qui
suivront l'ouverture de la session, et, en cas de contestation, à partir de la notification de la décision du Conseil d'Etat. A défaut d'option dans ce délai, le Conseil général déterminera en séance publique
et par la voie du sort, à quel canton le conseiller appartiendra.
Lorsque le nombre des conseillers non-domiciliés dans le département
dépasse le quart du Conseil, le Conseil général procède de la même
façon pour désigner celui ou ceux dont l'élection doit être annulée.
Si une question préjudicielle s'élève sur le domicile, le Conseil*

général sursoit et le tirage au sort est fait par la Commission dépar-
tementale dans l'intervalle des sessions. »

V. — Réquisitions pour l'exécution de l'art. 22.

80. — L'art. 22 est ainsi conçu : « *En cas de vacance, par*
décès, option, démission, par une des causes énumérées aux ar-
ticles 17, 18 et 19, ou par toute autre cause, les électeurs devront
être réunis dans le délai de trois mois.

« *Toutefois, si le renouvellement légal de la série à laquelle appar-*
tient le siège vacant doit avoir lieu avant la prochaine session
ordinaire du Conseil général, l'élection partielle se fera à la même
époque.

« *La Commission départementale est chargée de veiller à l'exécution*
du présent article. Elle adresse ses réquisitions au préfet, et, s'il
y a lieu, au ministre de l'intérieur. »

L'attribution donnée à la Commission départementale par ce
texte ne peut donner lieu à aucune difficulté. Nous nous bornerons,
pour indiquer l'esprit dans lequel on a confié à la commission départementale le soin de requérir la convocation des électeurs, à
citer le passage du rapport concernant cet art. 22. « L'art. 23
« (devenu 22) règle la marche à suivre lorsqu'il y a lieu de pour-
« voir à une vacance survenue parmi les membres du Conseil
« général. D'après la législation actuelle, la nouvelle élection
« devait avoir lieu dans les deux mois ; mais, dans la pratique
« des dernières années, cette disposition a été souvent violée,
« en partie parce qu'elle était trop absolue, en partie parce
« qu'elle manquait de sanction, et laissait le champ ouvert à
« l'arbitraire administratif. Les innovations proposées par la
« Commission remédient à ces inconvénients, en étendant le
« délai de rigueur à trois mois, et en décidant que l'élection
« partielle sera différée jusqu'au moment du renouvellement
« légal d'une série, si ce renouvellement doit avoir lieu avant
« la prochaine session ordinaire du Conseil général. Il est

« inutile, en effet, de convoquer les électeurs dans le but de
« procéder à un vote dont le résultat serait annulé avant que le
« membre élu ait pu siéger dans le Conseil général. Quant à la
« sanction, qui faisait défaut, elle se trouvera désormais entre
« les mains de la Commission départementale, qui aura le droit
« de requérir auprès du préfet et du ministre de l'intérieur la
« convocation des électeurs dans le délai légal ; le refus du
« ministre engagerait nécessairement sa responsabilité devant
« l'Assemblée nationale. »

VI. — Répartition du jury criminel (art. 7, 1. 21 nov. 1872).

81. — La Commission départementale est appelée à répartir
par arrondissement et par canton le nombre des jurés pour la
liste annuelle. Cette attribution est consacrée par l'art. 7 de la
loi du 21 nov. 1872 sur le jury. Ce texte est ainsi conçu : « *Le
nombre des jurés pour la liste annuelle est réparti, par arrondissement et par canton, proportionnellement au tableau officiel de la
population. Cette répartition est faite par arrêté du préfet, pris
sur l'avis conforme de la Commission départementale, et, pour le
département de la Seine, sur l'avis conforme du bureau du Conseil général, au mois de juillet de chaque année, etc.* »

Comme on le voit d'après ce texte, la répartition est arrêtée à
la suite d'un accord entre le préfet et la Commission départementale. Celle-ci ne peut rien sans le préfet, puisque l'arrêté est
pris par le préfet ; mais le préfet ne peut rien sans la Commission,
puisque l'avis conforme de celle-ci est nécessaire. On peut dire
que pour cette attribution, le préfet et la Commission délibèrent
ensemble. Mais c'est là une exception unique dans notre législation. En Belgique, au contraire, la députation permanente et
le gouverneur délibèrent toujours ensemble.

VII. — Mission donnée à un ou plusieurs membres de la Commission départementale (art. 84).

82. — L'art. 84 porte : « *La Commission départementale peut charger un ou plusieurs de ses membres d'une mission relative à des objets compris dans ses attributions.* »

Cet article étend à la Commission départementale le droit que l'art. 51 avait donné au Conseil général.

Quelle mission peut être ainsi confiée à un membre de la Commission ?

Tout d'abord, la Commission pourra confier à un de ses membres le soin d'étudier un dossier et de lui faire un rapport.

Peut-elle aussi charger celui qu'elle désigne de se transporter sur place et de prendre des renseignements ? Cela n'est pas douteux. L'art. 51, § 2, dit formellement : « *il (le Conseil général) peut charger un ou plusieurs de ses membres de recueillir sur les lieux les renseignements qui lui sont nécessaires pour statuer sur les affaires qui sont placées dans ses attributions.* » Et le rapporteur, M. Waddington, disait à l'occasion de l'art. 84 : « L'art. 85 (devenu 84) est emprunté à la loi provinciale belge, et étend à la Commission les droits déjà attribués au Conseil général par l'article 51. »

La Commission peut donc, comme le Conseil général, charger un de ses membres de prendre des renseignements.

Cette règle, qui est très rationnelle en Belgique où la députation permanente est un corps mixte, à la fois délibérant et participant à l'exécution, ne laisse pas que de soulever chez nous certaines difficultés, car, depuis la législation de l'an VIII, on est habitué à considérer l'instruction comme réservée aux agents d'exécution. Nous ne reviendrons pas sur ce qui a été dit plus haut à ce sujet (*suprà*, nos 7, 18, 29). L'art. 51, § 2, et l'art. 84 établissent incontestablement pour le Conseil général et pour la Commission le droit de participer à l'instruction des affaires. Toutefois, il faut reconnaître que la Commission et le Conseil ne disposent

20

pas de moyens d'information comparables à ceux du préfet. Il en résulte qu'ils ne peuvent guère prendre l'initiative, et tout ce qu'ils peuvent faire, c'est de contrôler l'instruction faite par le préfet. C'est, du reste, ce que paraît exprimer l'art. 3, quand il dit que le préfet est chargé de l'instruction *préalable*.

VIII. — Relations interdépartementales (art. 90).

83. — L'art. 90 confère aux conseils généraux de deux ou plusieurs départements le droit qui leur avait été refusé jusqu'à 1871, de se concerter ensemble et de débattre dans des conférences, où ils sont représentés par des commissions, les intérêts qui leur sont communs (1). Or, le Conseil général peut, ou bien nommer une commission spéciale pour le représenter dans la conférence, ou bien charger la Commission départementale de ce soin.

Art. 90 : « *Les questions d'intérêt commun seront débattues dans des conférences où chaque Conseil général sera représenté soit par la Commission départementale, soit par une Commission spéciale nommée à cet effet.*

« *Les préfets des départements intéressés pourront toujours assister à ces conférences.*

« *Les décisions qui y seront prises ne seront exécutoires qu'après avoir été ratifiées par tous les conseils généraux intéressés, et sous les réserves énoncées aux articles 47 et 49 de la présente loi.* »

IX. — Rapport de la Commission départementale, (art. 79).

84. — L'article 79 est ainsi conçu : « *A l'ouverture de chaque session ordinaire du Conseil général, la Commission départementale lui fait un rapport sur l'ensemble de ses travaux et lui soumet toutes les propositions qu'elle croit utiles.*

(1) Cf. Rapport. J. off., p. 1718, col. 1.

A l'ouverture de la session d'août, elle lui présente, dans un rapport sommaire, ses observations sur le budget proposé par le préfet.

Ces rapports sont imprimés et distribués, à moins que la Commission n'en décide autrement. »

Ce texte est très clair et n'exige pas de commentaire étendu. Nous nous bornerons à présenter quelques brèves observations.

Tout d'abord, il importe de remarquer que le rapport, bien qu'en fait il soit l'œuvre du président, ou du secrétaire, ou d'un autre membre de la Commission, n'est pas le rapport personnel de celui qui le présente. Il est le rapport de la Commission départementale tout entière. Par conséquent, les termes en doivent être arrêtés par elle (1). Il peut être signé de tous les membres de la Commission. Mais cela n'est pas nécessaire s'il a été réellement arrêté en séance et si d'ailleurs le procès-verbal en fait foi, ou même si aucun membre de la Commission ne proteste. Il est clair, en effet, que si le rapport est déposé sur le bureau du Conseil général et distribué en séance à tous les membres du Conseil, sans qu'aucune protestation ne s'élève de la part d'un membre de la Commission départementale, cette circonstance suffit pour que le rapport soit considéré comme l'œuvre de la Commission tout entière, sans qu'il soit nécessaire que les signatures se trouvent au bas.

Ce rapport, ainsi que l'indique l'article 79, a pour but de faire connaître au Conseil les travaux de la Commission, et les propositions qu'elle croit devoir lui soumettre. Rien n'empêche que la Commission ne donne son appréciation sur la situation générale du département. Mais elle devrait s'abstenir de toute appréciation sur une matière politique (2).

Il faut remarquer que le rapport dont parle le § 1 de l'art. 79 est obligatoire. Sous aucun prétexte, la Commission ne pour-

---

(1) En ce sens, Décret 27 juin 1874, B. L. p. 629.
(2) Décret 4 juillet 1874, B. L. p. 645.

rait se dispenser de le fournir. Au contraire, le rapport sur le budget dont parle le § 2 est facultatif. En effet, il peut fort bien arriver que la Commission n'ait aucune observation à faire sur les propositions présentées par le préfet. Le silence de la Commission départementale peut être interprété comme une adhésion.

Toutefois, il ne faudrait pas pousser trop loin cette idée et en conclure que les membres de la Commission départementale n'auraient plus le droit, au cours de la session, de critiquer le projet du préfet. Ce serait une conséquence évidemment exagérée. Chaque membre de la Commission peut, une fois la session, du Conseil général ouverte, critiquer librement le projet du préfet, présenter en son nom personnel des amendements, lors même que la Commission eût formellement approuvé le projet. A plus forte raison, peut-il le faire si la Commission a gardé le silence.

Un avis du ministre de l'intérieur en date du 20 avril 1874 (1) refuse aux Commissions départementales le droit d'échanger leurs rapports. Mais l'avis ne donne aucun motif. Il se contente d'affirmer que cette pratique serait contraire à l'esprit de la loi, mais il ne dit pas en quoi. Nous pensons donc que cet échange des rapports n'aurait absolument rien d'illégal. Il ne peut, au point de vue pratique, présenter que des avantages. Les représentants d'un département pourront voir comment leurs collègues des autres départements interprètent la mission que la loi leur donne, quelles mesures sont prises suivant les départements pour sauvegarder les mêmes intérêts. Les Commissions départementales pourront ainsi comparer ce qu'elles font avec ce qui est fait ailleurs; les résultats qu'elles obtiennent et ceux qui sont obtenus chez leurs voisins. Il y a là un élément de progrès. Et ces échanges ne peuvent que contribuer au développement de l'éducation publique du pays, but éminemment cherché par le législateur de 1871.

(1) B. L. p. 495.

Toutefois, nous admettons sans peine que ces échanges des rapports, s'ils étaient faits avant la réunion du Conseil général, pourraient blesser les convenances, en ce sens que le Conseil général, dont la Commission départementale dépend, doit être le premier informé des travaux qu'elle a accomplis ou des propositions qu'elle lui soumet.

SECTION III.

AVIS ET PROPOSITIONS.

SOMMAIRE.

85. Caractère de la Commission départementale dans cette catégorie d'attributions. — Division : 3 règles.
86. Que le préfet a le droit de consulter la Commission.
87. La Commission peut donner son avis sans que le préfet le demande.
88. La Commission peut faire des propositions au Conseil général.

85. — La Commission départementale n'est pas seulement un corps délibérant chargé soit par la loi, soit par le Conseil général, de prendre des délibérations exécutoires; elle est aussi un comité consultatif, d'initiative et de surveillance. Les textes qui lui assignent un tel rôle sont l'art. 77, § 2, et une disposition de l'art. 79.

Art. 77, § 2. « *Elle (La Commission) délibère sur toutes les questions qui lui sont déférées par la loi, et elle donne son avis au préfet sur toutes les questions qu'il lui soumet, ou sur lesquelles elle croit devoir appeler son attention dans l'intérêt du département.* »

L'art. 79, rapporté plus haut (*suprà*, n° 84), ajoute que la Commission départementale soumet au Conseil général « *toutes les propositions qu'elle croit utiles* ».

Trois règles sont contenues dans ces textes : 1° le préfet a le droit de consulter la Commission ; 2° la Commission peut d'elle-même, et sans y être invitée, donner des avis au préfet ; 3° la Commission peut faire des propositions au Conseil général.

Reprenons successivement ces trois règles.

86. — Le préfet a le droit de consulter la Commission. Cette proposition en amène une autre qui lui est corrélative. C'est que la Commission a le devoir de donner son avis lorsqu'il lui est demandé. Elle ne saurait opposer un refus au préfet sous prétexte que le point sur lequel il la consulte est en dehors de ses attributions. Puisqu'il ne s'agit ici que d'un simple avis, elle ne peut se déclarer incompétente. Le refus de la part de la Commission de donner son avis, surtout s'il se répète souvent, pourrait motiver une convocation extraordinaire du Conseil général, dans laquelle ce dernier aurait à examiner s'il doit nommer une Commission départementale nouvelle, conformément à l'art. 85 (*infra*, n° 93). A *fortiori*, le Conseil général aurait-il le droit, en session ordinaire d'avril, de remplacer, sur la demande du préfet, la Commission qui voudrait se soustraire à l'exercice de cette fonction de conseil. Sans doute le préfet, lorsqu'il consulte la Commission sur une question où il est seul compétent, impose à la Commission une part de responsabilité. Mais la Commission n'a pas le droit de fuir cette responsabilité.

En principe, le préfet n'est pas obligé de prendre l'avis de la Commission. Il la consulte lorsqu'il le juge opportun. Toutefois ce principe reçoit trois exceptions déjà connues : la première résulte de l'art. 54, §, 1 aux termes duquel le préfet défend aux actions intentées par le département, sur l'avis conforme de la Commission départementale (*suprà*, n° 74) ; la seconde résulte de l'art. 54, § 4, aux termes duquel le préfet ne passe les contrats au nom du département que sur l'avis conforme de la Commission (*suprà*, n° 78) ; la troisième résulte de l'art. 7 de la loi du 21 nov. 1872, aux termes duquel le préfet arrête la répartition du nombre des jurés (au criminel), sur l'avis conforme de la Commission (*suprà*, n° 81). En outre, certaines circulaires ministérielles prescrivent au préfet de demander toujours cet avis dans certaines matières. Par exemple, il est admis que le préfet doit prendre l'avis de la Commission pour l'emploi de certains crédits et le mandatement de certaines dépenses, notamment en ce qui concerne la réserve du sous-chapitre XIII (dépenses diverses et imprévues) (1).

De même, à titre d'exemple, on peut encore citer deux circulaires du 11 sept. 1880 et du 22 oct. 1882, aux termes desquelles la Commission départementale doit être consultée sur les demandes d'exonération de la prestation des 1,500 fr. exigée de ceux qui contractent l'engagement conditionnel d'un an.

En fait, les avis demandés à la Commission et donnés par elle peuvent avoir une grande influence ; mais, en droit, le préfet n'est pas obligé de s'y conformer, sauf dans les cas de l'art. 54, § 1 et §4 pour les traités et pour les actions, et dans celui de l'art. 7 de la loi de 1872 sur le jury. Cette règle est fort logique. D'une part, en effet, les attributions délibératives ayant été réparties soigneusement entre le Conseil général et la Commission départementale, cette dernière, lorsqu'elle est consultée, en cas d'urgence, sur un point qui rentre dans les attributions du Conseil, ne saurait prendre, à la place du Conseil, une délibération exécutoire par elle-même, c'est-à-dire liant le préfet. D'autre part, si le préfet demande à la Commission son avis sur une mesure d'exécution, l'avis donné ne peut légalement enchaîner la liberté du préfet, car il y aurait violation de l'art. 3 de la loi organique, aux termes duquel le préfet est seul chargé de l'exécution, conformément à la loi de pluviôse. Délibérer est le fait de plusieurs ; agir est le fait d'un seul.

87. — En second lieu, avons-nous dit, la Commission peut donner son avis au préfet, sans que cet avis lui soit demandé.

Cette règle a, suivant nous, une importance très grande. Elle représente un des principaux avantages de l'institution de la Commission départementale. Grâce à elle la Commission

(1) Bull. off. Int. 1879, p. 240.

est un comité actif de surveillance. La section qui précède nous l'a bien montrée contrôlant sur certains points spéciaux, par exemple en matière de comptabilité ou de contrats, l'administration du préfet. Mais, ici, son rôle est élargi. Elle peut et doit surveiller l'administration préfectorale non plus seulement sur telle matière, mais sur toutes. Et elle appelle l'attention de l'administration sur tous les points qui lui semblent défectueux. Elle peut donc, ainsi, suivre les délibérations du Conseil général, voir comment elles sont exécutées, faire au préfet les observations qu'elle croit opportunes, et même en référer au Conseil général si cela lui semble nécessaire (art. 79).

Le texte de l'art. 77 peut soulever une question. Après avoir dit que la Commission peut donner son avis au préfet sur toutes les questions, qu'il lui soumet ou sur lesquelles elle croit devoir appeler son attention, il ajoute ces mots: *dans l'intérêt du département.* Quelle est la portée exacte de ces mots? Signifient-ils que la Commission doit borner ses avis à ce qui touche exclusivement l'intérêt du département considéré comme personne morale, et à ce qui touche les services purement départementaux? Nous ne le pensons pas. Les mots qui terminent l'art. 77 expriment simplement cette idée que la Commission départementale ne représente ni les intérêts généraux de l'Etat, ni même les intérêts spéciaux à chaque commune. Elle est l'interprète des intérêts du département; et, dans l'accomplissement de ses fonctions de conseil et de surveillance, elle ne doit s'inspirer que des seuls intérêts du département. Mais il ne s'ensuit pas que la Commission ne puisse donner des avis que sur des points touchant soit aux services purement départementaux, soit à la personnalité civile du département. Il peut y avoir en effet intérêt pour le département à ce que telle ou telle pratique d'un service général disparaisse ou soit modifiée.

Les différents services, celui des postes, celui des ponts et chaussées, ceux même de l'enseignement, ne touchent-ils pas à

l'intérêt départemental? Est-ce que, par exemple, l'agencement
des circonscriptions postales, le curage des ruisseaux et les autres
travaux de l'hydraulique agricole, l'horaire des trains de chemins de fer, n'intéressent pas à un très haut degré le département? La loi organique donne au Conseil général le droit d'é-
mettre des vœux sur tous ces objets. La Commission départementale ne peut-elle donc pas au moins provoquer ces vœux? Et,
sans même attendre que le Conseil général se réunisse, ne peut-
elle appeler l'attention de l'administration sur tel ou tel fait,
solliciter une étude sur tel ou tel point? Nous n'hésitons pas à
tenir pour l'affirmative et à dire : toutes les fois que l'intérêt du
département est en jeu, la Commission peut émettre un avis ou
appeler l'attention du préfet. Libre à l'administration de ne tenir
aucun compte de cet avis. Mais la Commission a incontestablement le droit de le donner.

Ainsi entendue, on voit combien la mission donnée par l'art.
77 à la Commission départementale est importante, et combien
elle peut être féconde en heureux résultats, tant au point de vue
de l'éducation politique de la nation, qu'au point de vue de la
décentralisation et de l'administration du pays par le pays lui-
même.

88. — Enfin, avons-nous dit, la Commission départementale
peut faire des propositions au Conseil général.

Cette règle est la conclusion nécessaire de tout le chapitre
actuel. La Commission départementale par ses relations conti-
nuelles avec l'administration active, par les questions qu'elle est
appelée à examiner en vertu de la loi, par le contrôle et la surveillance qu'elle exerce sur la gestion générale des intérêts
départementaux, est dans une situation excellente pour voir les
progrès à réaliser. C'est donc avec raison que la loi lui a donné
le droit d'initiative.

Cette initiative, elle l'exerce soit au moyen du rapport qu'elle
rédige conformément à l'art. 79, soit au moyen de rapports spéciaux.

Rien n'empêche d'ailleurs la Commission s'entendre avec le préfet Cette entente ne peut qu'être très féconde. Et une proposition pourrait très correctement être présentée à la fois au nom du préfet et au nom de la Commission départementale.

CHAPITRE III.

AUTORITÉ DES DÉCISIONS DE LA COMMISSION DÉPARTE-MENTALE. — VOIES DE RECOURS.

89. — L'institution de la Commission départementale, bien que satisfaisant les tendances de l'Assemblée nationale de 1871, ne fut introduite dans la loi organique du 10 août qu'avec une assez grande timidité.La Commission départementale ne laissait pas que d'inspirer une certaine inquiétude à ceux même qui en étaient partisans. C'est qu'en effet il ne suffit pas qu'une institution soit bonne en elle-même, il faut aussi que les hommes appelés à la mettre en œuvre ne la détournent pas du but en vue duquel le législateur l'a établie, et lui fassent produire tout le bien qu'elle peut donner. Il est sans doute essentiel pour un peuple d'avoir de bonnes règles de droit public; mais il n'est pas moins essentiel de les bien appliquer. L'intelligence et la probité de ceux qui gouvernent ou qui administrent, font autant pour la grandeur et la prospérité d'un Etat que la perfection des systèmes de gouvernement et d'administration.

En 1871, l'éducation politique de la nation n'avait atteint, grâce au régime de centralisation établi depuis l'an VIII, qu'un développement très relatif. Les membres des Commissions départementales sauraient-ils, au moins dans les premiers temps, user avec sagesse du mandat qui leur serait conféré? Beaucoup de bons esprits en doutaient. Aussi, prit-on des précautions multiples. Non seulement on énuméra soigneusement les matières auxquelles s'étendrait la compétence de la Commission départementale, mais encore on ne donna à la Commission, même pour ces matières, que des pouvoirs fort restreints. Il résulte de l'ensemble de la loi de 1871 qu'aucune décision de la Commission n'est souveraine. Toutes peuvent faire l'objet d'un recours. Ces recours sont variés au point de vue de leur nature, de leurs effets,des matières auxquelles ils s'appliquent,des personnes qui peuvent les exercer.

On peut les ranger sous quatre chefs :

1° Nullité prononcée par décret ;

2° Appel au Conseil général par le préfet ou par les intéressés;

3° Recours général au Conseil d'État délibérant au contentieux pour excès de pouvoir ou incompétence ;

4° Recours au Conseil d'Etat délibérant au contentieux pour

excès de pouvoir ou incompétence, spécial à quelques matières déterminées.

Nous allons examiner successivement chacun de ces recours.

Avant toutefois d'aborder ces différents recours, nous mentionnerons le droit qui appartient à tout intéressé de s'adresser à la Commission départementale pour la prier de réformer sa décision. C'est là une sorte de recours par voie gracieuse. Dans la pratique, on dit que l'intéressé en appelle de la Commission mal informée à la Commission mieux informée. Les décisions de la Commission départementale sont en effet des actes d'administration pure, qui peuvent être rapportés tant qu'ils n'ont pas reçu un commencement d'exécution ; mais si l'acte avait été exécuté, la Commission départementale ne pourrait plus revenir sur sa décision (1).

§ I. — *Recours administratif en annulation pour violation de la loi.*

90. — Les articles 33,34 et 47 consacrent pour l'administration supérieure le droit d'annuler les actes accomplis par le Conseil général en violation de la loi. Un droit analogue a été consacré par les art. 63 et suivants de la loi du 5 avril 1884, en ce qui concerne les délibérations des conseils municipaux.

L'art. 33 est ainsi conçu : « *Tout acte et toute délibération d'un Conseil général relatifs à des objets qui ne sont pas légalement compris dans ses attributions sont nuls et de nul effet.*

« *La nullité est prononcée par un décret rendu dans la forme des règlements d'administration publique.* »

Et l'art. 47: « *Les délibérations par lesquelles les conseils généraux statuent définitivement sont exécutoires si, dans le délai de vingt jours, à partir de la clôture de la session, le préfet n'en a pas demandé l'annulation pour excès de pouvoir ou pour violation*

---

(1) Arr. C. d'Et. 13 juin 1873, commune de Liévin, B. L. p. 311. Arr. C. d'Et. 24 juillet 1874, Roby-Pavillon, B. L. p. 647. Arr. C. d'Et. 5 déc. 1879, Bull. off. Int. 1880, p. 233.

d'une disposition de la loi ou d'un règlement d'administration
publique.

« *Le recours formé par le préfet doit être notifié au président*
de la Commission départementale. Si, dans le délai de deux mois,
à partir de la notification, l'annulation n'a pas été prononcée, la
délibération est exécutoire.

« **Cette annulation ne peut être prononcée que par un décret**
rendu dans la forme des règlements d'administration publique. »

Quoique ces textes ne parlent que du Conseil général, on doit
sans aucun doute les appliquer à la Commission départementale. Il n'est pas plus permis à la Commission départementale
qu'au Conseil général de violer la loi. La Commission doit être
assimilée, à ce point de vue, au Conseil dont elle n'est qu'une
émanation (1).

C'est au préfet qu'il appartient de provoquer l'annulation des
délibérations illégales. Et il doit, conformément à l'art. 47, notifier son recours au président. Le préfet est ici chargé de garder
les intérêts de la loi. Il représente en quelque sorte le ministère
public. Mais si le préfet n'agit pas, nul doute que l'administration supérieure ne puisse prononcer d'office la nullité des délibérations illégales. Elle n'a pas besoin, pour agir, d'être sollicitée
ni par le préfet ni par personne. L'art. 33 lui confère le droit
absolu de déclarer la nullité. Une seule condition lui est imposée, c'est de consulter le Conseil d'Etat.

Il faut bien remarquer d'ailleurs qu'il n'y a pas de contentieux.
Le Conseil d'Etat n'intervient pas en qualité de tribunal, mais
en qualité de conseil. L'acte d'annulation émane du Président
de la République. C'est un décret, non un arrêt.

Ce recours purement administratif n'est pas ouvert aux particuliers ni aux intéressés, quels qu'ils soient. Les intéressés peuvent bien attaquer les délibérations illégales, mais par la voie

(1) Cf. Ducrocq, Cours, t. 1, n° 173, et Batbie, Traité théorique et pratique
de droit public et administratif, t. III, n° 382.

du contentieux. Il s'agit alors du recours pour incompétence, excès de pouvoir ou violation de la loi, qui fera l'objet d'un des paragraphes suivants.

Depuis 1871, il a été fait, en ce qui concerne les délibérations de la Commission départementale, des applications assez nombreuses du droit d'annulation. Tous les décrets cités dans le cours de cette étude, notamment en matière de délégations à la Commission départementale, ont été rendus en vertu des art. 33 ou 47.

Nous allons voir que les délibérations de la Commission départementale peuvent être frappées d'appel devant le Conseil général. Ce recours ne fait pas obstacle au droit de l'administration supérieure de prononcer la nullité des délibérations. Si, par application de l'art. 85, le préfet, déférait au Conseil général une délibération illégale de la Commission, et que le Conseil général confirmât cette délibération, le préfet aurait toujours le droit de provoquer l'annulation et de la délibération de la Commission départementale et de celle du Conseil général.

§ II. — *Appel au Conseil général.*

91. — La Commission départementale ne statue pas en dernier ressort, et ses délibérations peuvent être réformées par le Conseil général. Ce dernier peut, lorsqu'il est saisi, non seulement détruire la délibération de la Commission, mais il peut encore mettre autre chose à la place. Il statue, comme la Commission elle-même, sur le fond de l'affaire. Il agit à l'égard de la Commission comme une Cour d'appel à l'égard d'un tribunal d'arrondissement.

Cette comparaison entre une Cour d'appel et le Conseil général ne doit pas d'ailleurs être poussée trop loin. Le Conseil général et la Commission départementale ne sont pas des tribunaux, et l'appel dont il s'agit ici n'est pas contentieux; il est purement administratif. Il n'y a pas de procès, pas de tribu-

nal supérieur réformant le jugement du tribunal inférieur.
Il y a un administrateur supérieur réformant la mesure prise
par l'administrateur hiérarchiquement placé au-dessous de lui.

Toutes les délibérations de la Commission départementale
peuvent être attaquées par voie d'appel devant le Conseil général.
Mais toutes ne peuvent pas être attaquées par tout le monde.
Le préfet seul peut user de l'appel, sans distinction entre les
délibérations. Les intéressés ne peuvent au contraire appeler que
des délibérations relatives à certaines matières.

Le premier cas est réglé par l'art. 85 de la loi du 10 août 1871 ;
le second par l'art. 86.

Etudions successivement chacun de ces deux articles.

A. — Appel par le préfet (art. 85.)

92. — L'art. 85 est ainsi conçu : « *En cas de désaccord entre
la Commission départementale et le préfet, l'affaire peut être
renvoyée à la plus prochaine session du Conseil général, qui statuera définitivement.*

« *En cas de conflit entre la Commission départementale et le
préfet, comme aussi dans le cas où la Commission aurait outrepassé ses attributions, le Conseil général sera immédiatement convoqué, conformément aux dispositions de l'article 24 de la présente
loi et statuera, sur les faits qui lui auront été soumis* (1). »

Cet article 85 prévoit trois cas : le désaccord, le conflit,
l'excès de pouvoir.

a) Désaccord.

---

(1) Art. 24. « Les conseils généraux peuvent être réunis extraordinaire-
« ment :
« 1° Par décret du chef du pouvoir exécutif ;
« 2° Si les deux tiers des membres en adressent la demande écrite au président.
« Dans ce cas, le président est tenu d'en donner avis immédiatement au
préfet, qui devra convoquer d'urgence.
« La durée des sessions extraordinaires ne pourra excéder huit jours. »

Il y a désaccord entre le préfet et la Commission départementale lorsqu'ils ne s'entendent pas sur une mesure à prendre.
Par exemple, le préfet conteste l'opportunité d'une délibération. Ou bien encore la Commission départementale voudrait
résoudre la question dans tel sens, le préfet voudrait la résoudre dans tel autre sens. L'affaire peut être renvoyée au Conseil
général d'un commun accord. Mais si la Commission s'y refuse,
le préfet peut, de sa propre autorité, suspendre la décision de la
Commission départementale et soumettre l'affaire au Conseil
général. En effet, le projet présenté par M. Waddington à l'Assemblée nationale, au nom de la commission de décentralisation, était ainsi conçu : « En cas de désaccord entre la Commis-
« sion départementale et le préfet, l'affaire peut être renvoyée,
« d'un commun accord », etc. En troisième lecture, les mots
« d'un commun accord » ont disparu (1). Le préfet n'a donc pas
besoin de l'assentiment de la Commission départementale pour
déférer sa délibération au Conseil général. Le droit fort grave
donné au préfet par l'art. 85, n'est pas autre chose qu'un *veto*
suspensif. Mais une fois que le Conseil général a statué, le préfet
est lié. Si le Conseil a confirmé la délibération de sa Commission départementale, le préfet doit exécuter, à moins qu'il n'y
ait eu excès de pouvoir soit de la Commission, soit du Conseil,
auquel cas le préfet pourrait provoquer l'annulation.

Il est facile de voir que cet appel formé par le préfet auprès
du Conseil général ne s'applique pas aux cas dans lesquels la
Commission départementale donne un simple avis. Le préfet,
dans ces cas, a toujours le droit d'agir contrairement à l'avis ; il
n'a donc pas besoin de faire appel au Conseil général.

Mais l'appel au Conseil général en cas de désaccord est-il applicable aux cas dans lesquels la Commission départementale
agit en vertu d'une délégation spéciale ? En faveur de la négative, on pourrait dire que le préfet se trouve ici dans la même

(1) Journal off. p. 2603, col. 3.

situation que s'il était en face du Conseil général. La Commission n'est plus seulement ici une émanation du Conseil, administrant sous l'autorité de ce Conseil : elle est un mandataire direct, agissant en vertu d'une procuration formelle et spéciale. Elle exerce tous les pouvoirs et tous les droits du Conseil général. Or, le préfet ne peut suspendre une délibération du Conseil général pour en appeler de cette délibération au Conseil lui-même. Donc l'appel n'est pas possible en cas de délégation spéciale. De plus, c'est surtout pour les cas urgents que le Conseil général use de son droit de délégation. Et donner au préfet le droit d'appel dans ce cas, c'est-à-dire lui donner le droit de suspendre l'exécution de la mesure urgente, ce serait détruire toute l'utilité de la délégation.

Ces considérations ne sont pas sans gravité. On peut toutefois répondre. Le second motif, d'ordre tout pratique, ne paraît pas être en conformité avec les faits. Il consiste en effet à dire que le droit d'appel donné au préfet en cas de délégation spéciale pourrait constituer pour lui un moyen d'obstruction. Mais l'expérience prouve que ce n'est point du côté des préfets que vient l'obstruction, lorsqu'elle se produit.

Laissant maintenant de côté ce motif d'ordre pratique, il nous semble que le droit d'appel doit être donné au préfet même en cas de délégation. D'abord le texte de la loi ne distingue pas. En second lieu, dans les cas de délégation, il peut y avoir dissentiment entre le préfet et la Commission sur l'étendue et la portée du mandat conféré à cette dernière par le Conseil général. Dans ce cas, l'intervention du Conseil général s'impose et par conséquent l'appel. Il s'agit en effet d'interpréter une décision du Conseil général ; l'interprétation appartient naturellement au Conseil lui-même.

93. — *b*) Conflit.

Le préfet peut également en appeler au Conseil général en cas de conflit.

Qu'est-ce donc le conflit entre le préfet et la Commission départementale ?

Un conflit, c'est une lutte de compétence entre deux autorités. Il peut se produire entre des juridictions : soit entre des juridictions de même ordre, soit entre une juridiction de l'ordre administratif et une juridiction de l'ordre judiciaire. Les lois civiles ou administratives ont prévu ces sortes de luttes, et, dans le conflit entre juridictions d'ordres différents, il y a même lieu d'appliquer une théorie toute particulière et de faire intervenir un tribunal spécial.

Le conflit peut également se produire entre des conseils ou des agents administratifs. L'article 85 prévoit-il donc un conflit de ce genre ? prévoit-il une lutte de compétence entre le préfet et la Commission départementale ?

L'affirmative est certaine.

Lorsque le préfet et la Commission départementale revendiquent chacun l'exercice de tel ou tel droit, il y a bien un conflit au sens de l'article 85, et le Conseil général pourrait certainement être appelé à se prononcer. Mais l'article 85 a une portée plus grande. Le conflit, ce n'est pas seulement la lutte de compétence, c'est le désaccord à l'état permanent, rendant les rapports du préfet et de la Commission impossibles.

En effet, l'article 85, dans son dernier paragraphe, donne au Conseil général le droit de nommer une Commission nouvelle. L'esprit de cette disposition se révèle clairement dans le rapport de M. Waddington qui s'exprimait ainsi :

« Le Conseil général est juge du conflit ; s'il donne tort à la
« Commission, il peut immédiatement en nommer une autre ;
« si, au contraire, il lui donne raison, il incombera au ministre
« d'aviser et d'examiner s'il y a lieu d'intervenir ou de changer
« le préfet (1). »

Par conflit, l'article 85 entend donc non seulement la lutte de

(1) Journal off. p. 1717.

compétence, mais une situation de fait telle, dans les rapports du préfet et de la Commission, que l'intérêt du département exige le changement de l'un ou de l'autre.

Comme on le voit, le conflit est beaucoup plus grave que le simple désaccord ; et tandis que, pour trancher le désaccord, on peut attendre la session ordinaire du Conseil général ; pour trancher le conflit le Conseil général doit être convoqué extraordinairement. Le préfet et la Commission départementale ont ici un droit égal. Le préfet peut provoquer la réunion du Conseil général en demandant un décret de convocation. La Commission départementale peut prendre l'initiative d'une demande conformément à l'article 24, aux termes duquel le Conseil général se réunit, si les deux tiers des membres en adressent la demande écrite au président.

Le Conseil général statue souverainement sur le conflit, à moins qu'il n'y ait des questions de légalité, auquel cas les délibérations soit de la Commission, soit du Conseil, pourraient être annulées en vertu de l'article 33, ou déférées au Conseil d'Etat délibérant au contentieux.

94. — c) Cas où la Commission départementale aurait outrepassé ses attributions.

L'art. 85 permet de faire appel au Conseil général, non seulement pour des questions de fait, mais aussi pour des questions de droit, pour des questions de violation de la loi. En effet, le cas dont il s'agit ici n'est pas autre chose que le cas d'excès de pouvoir ou d'incompétence.

Le préfet a donc des moyens variés de combattre les délibérations d'une Commission départementale, entachées d'excès de pouvoir, d'incompétence ou de violation de la loi. Nous avons vu qu'il peut en faire prononcer la nullité par décret, en vertu de l'art. 33 : nous voyons qu'il peut en appeler au Conseil général, en vertu de l'art. 85 ; enfin nous verrons qu'il peut les déférer au Conseil d'Etat par la voie du contentieux.

D'ailleurs, lorsque le Conseil général, saisi par le préfet d'une délibération de la Commission départementale entachée d'excès de pouvoir, confirme cette délibération, le préfet n'est pas désarmé. Il lui reste les art. 33 et 47, et il peut, en vertu de ces articles, faire annuler la délibération confirmative du Conseil général, et, par voie de conséquence, la délibération illégale de la Commission. Plusieurs décrets d'annulation ont été rendus dans ces circonstances (1).

On a dit, il y a un instant, que le droit de faire intervenir le Conseil général en cas de conflit est commun au préfet et à la Commission. Mais ici, comme dans le cas de désaccord, on ne comprend guère que la Commission puisse prendre l'initiative, puisqu'il s'agit d'attaquer une de ses délibérations. Dans le cas de désaccord comme dans le cas actuel, le droit d'appel n'existe donc qu'en faveur du préfet.

B. — Appel par les intéressés (art. 88).

95. — L'art. 88 est ainsi conçu : « *Les décisions prises par la Commission départementale, sur les matières énumérées aux articles 86 et 87 de la présente loi, seront communiquées au préfet en même temps qu'aux conseils municipaux ou aux autres parties intéressées.*

« *Elles pourront être frappées d'appel devant le Conseil général, pour cause d'inopportunité et de fausse appréciation des faits, soit par le préfet, soit par les conseils municipaux ou par toute autre partie intéressée. L'appel doit être signifié au président dans le délai d'un mois à partir de la communication de la décision. Le Conseil général statuera définitivement à sa plus prochaine session.* »

Nous arrêtons ici la citation de l'art. 88. La suite est relative à un recours au Conseil d'Etat établi pour les mêmes matières des art. 86 et 87, et que nous étudierons plus bas.

_____

(1) V. B. L. p. 326 et suiv.

L'appel établi par l'art. 88 est spécial aux matières suivantes : classement, ouverture, redressement, fixation de largeur ou de limite des chemins vicinaux ordinaires et des chemins ruraux (art. 86, 1. 1871, et art. 4, 1. 20 août 1881) ; abonnements relatifs aux subventions industrielles (art. 86 et art. 11, mêmes lois) ; approbation du tarif des évaluations cadastrales (art. 87) ; nomination des membres des commissions syndicales en cas d'entreprises subventionnées par le département (art. 87).

Avant d'entrer dans le détail des questions qui se posent sur cette partie de l'art. 88, il importe de rappeler que cette voie de recours n'est pas contentieuse. Le Conseil général n'est pas un juge statuant sur un procès entre la Commission départementale et celui qui attaque la décision. Il n'est qu'un Conseil administratif supérieur réformant ou confirmant l'acte du Conseil inférieur (*suprà*, n° 91).

Nous allons maintenant étudier les questions suivantes :

I. Par qui l'appel peut être fait.

II. Pour quels motifs.

III. Forme et délais.

IV. Effets. S'il est suspensif ou dévolutif.

96. — I. Par qui l'appel peut être fait.

L'art. 88 mentionne le préfet, les conseils municipaux et les intéressés. En ce qui concerne le préfet, l'art. 88 ne fait qu'appliquer à certaines matières le principe de l'art. 85. En effet, si le préfet attaque une délibération par la voie de l'appel, c'est qu'il est en désaccord avec la Commission. Il n'y a qu'à se référer à ce qui a été dit plus haut.

Aucune explication n'est nécessaire pour les conseils municipaux. Mais il n'en est pas de même des intéressés. Il y a lieu de se demander quelles personnes la loi désigne par cette expression. Un arrêt du Conseil d'Etat du 5 déc. 1873 (1) a décidé, conformément à l'avis du ministre de l'intérieur, que la qualité de

(1) Commune Saint-Maurice et Bouillon-Lagrange, B. L. p. 446.

contribuable ne suffisait pas pour être partie intéressée. Il faut pouvoir invoquer un intérêt direct et personnel. En matière vicinale, par exemple, les parties intéressées sont les riverains d'un chemin à déclasser, à élargir ; ce sont les propriétaires des terrains à exproprier, ceux dont les terres sont desservies par les chemins.

Mais un particulier pourrait-il en sa seule qualité de contribuable faire appel d'une décision contraire aux intérêts de la commune, en invoquant non pas son intérêt propre, mais l'intérêt communal, conformément à l'art. 123 de la loi du 5 avril 1884?

Il faut sans hésiter répondre négativement. En effet, l'art. 123, qui du reste n'est que la reproduction de l'art. 49, § 3, de la loi de 1837, permet bien aux contribuables d'exercer sous certaines conditions les actions qu'il croit appartenir à la commune et que celle-ci refuse ou néglige d'exercer ; mais l'appel dont il s'agit ici n'est pas contentieux : il ne constitue pas une action dans le sens de l'art. 123, qui, par conséquent, n'est pas applicable.

97. — II. — Motifs sur lesquels est fondé l'appel.

L'art. 88 dit qu'il peut être fait appel pour inopportunité ou fausse appréciation des faits.

Pour commenter cette disposition de l'art. 88, il suffit d'étudier deux questions.

La première est la suivante. L'appel ne peut être formé par l'intéressé que pour inopportunité ou fausse appréciation des faits : mais, une fois cet appel introduit, le Conseil général doit-il se borner à rechercher s'il y a réellement inopportunité ou fausse appréciation des faits, ou bien pourrait-il examiner en outre si la délibération de la Commission départementale est entachée d'excès de pouvoir ? Et pourrait-il la réformer ou l'annuler pour ce seul motif ?

En faveur de la dernière thèse, on pourrait invoquer l'art. 85 et raisonner par analogie. On dirait que le Conseil général est compétent pour connaître de la légalité de l'acte de la Commission départementale, lorsque le préfet lui défère une délibération dans laquelle la Commission a outrepassé ses attributions. Et puisque le Conseil général peut apprécier la légalité de l'acte de la Commission en cas de conflit, pourquoi ne le pourrait-il pas dans toute autre matière ?

Mais nous répondrons qu'il ne faut pas ici raisonner par analogie. L'art. 85 prévoit un cas particulier où un recours est exercé par le préfet. Il s'agit, dans notre espèce, d'un recours formé par un intéressé pour les matières spéciales énumérées dans les art. 86 et 87. Or l'art. 88, après avoir organisé pour ces matières un appel fondé sur l'inopportunité ou la fausse appréciation des faits, organise un recours spécial pour excès de pouvoir. Et tandis que le premier est porté devant le Conseil général, le second est porté devant le Conseil d'État. Il résulte bien de l'opposition entre la première partie de l'article, organisant l'appel, (rapportée ci-dessus) et la seconde, organisant le recours au Conseil d'État, que le Conseil général n'est pas compétent pour examiner l'excès de pouvoir, et que réciproquement le Conseil d'État ne pourrait se prononcer d'après l'inopportunité ou la fausse appréciation des faits.

A côté de cet argument *a contrario*, on peut invoquer une autre considération. Supposons que le Conseil général examine la question d'excès de pouvoir. Il estime qu'il n'y a aucun excès de pouvoir. Alors il ne peut que confirmer la décision, à moins qu'il ne la réforme pour inopportunité, ou fausse appréciation des faits, ou incompétence. La question actuelle n'a plus d'intérêt. Il peut se faire encore que le Conseil général réforme la délibération parce qu'il estime qu'il y a eu à la fois inopportunité et fausse appréciation. Dans ce cas encore, la question n'a pas d'intérêt. Elle ne se pose véritablement que dans les termes suivants : le Conseil général peut-il, par le motif unique d'excès de pouvoir, annuler la délibération de la Commission départementale ? Posée dans ces termes, la question ne saurait être douteuse. En effet, il faut bien remarquer que si, d'après le Conseil général, il n'y a pas inopportunité ni fausse appréciation,

il ne peut pas réformer la décision, il ne pourrait qu'en prononcer la nullité. Or, donner ce droit au Conseil général, c'est
renverser toutes les règles de la matière. Les actes ne peuvent
être annulés que de deux manières et par deux autorités :
par décret du chef de l'État rendu en forme de règlement
d'administration publique ; par arrêt du Conseil d'État délibérant au contentieux. On voit combien est grave le résultat
auquel aboutirait la thèse que nous combattons. Et nous esti-
mons que, pour la consacrer, il faudrait un texte formel, non
une simple analogie.

Mais, dira-t-on, l'inconvénient signalé existe bien dans le cas
de l'art. 85. Lorsque la Commission a outrepassé ses attributions,
le Conseil général a bien le droit de prononcer, sur la demande
du préfet, l'annulation d'une décision de la Commission.

Nous répondrons qu'en admettant que l'art. 85 ait voulu
atteindre un tel résultat, ce résultat est tellement exorbitant
qu'il faut le restreindre aux termes stricts de cet art. 85. Mais
d'ailleurs il est douteux que cet article ait voulu consacrer une
telle doctrine. Il y a là une disposition peu étudiée et dont le
législateur n'a pas assez mesuré les termes.

La seconde question peut se formuler ainsi. Dans les matières
énumérées par les art. 86 et 87, lorsqu'il y a excès de pouvoir et
que les intéressés estiment qu'il y a en même temps fausse
appréciation ou inopportunité, le recours pour excès de pouvoir
ouvert devant le Conseil d'Etat fait-il obstacle à l'appel devant
le Conseil général ?

Bien que cette question se pose à l'égard de toutes les matières citées dans les deux art. 86 et 87, nous l'étudierons en
nous plaçant au point de vue spécial des matières vicinales, ce
qui nous permettra de fixer les idées en raisonnant sur des
exemples.

Nous avons soutenu plus haut (*suprà*, nos 60 et suiv.) que
dans ces matières le pouvoir de la Commission départementale
se borne à approuver ou rejeter les projets présentés par les

conseils municipaux, mais que la Commission ne saurait prendre une délibération contraire à l'avis des municipalités, par exemple qu'elle ne pourrait fixer un tracé repoussé par la commune. Si la Commission départementale se renferme dans les limites de son pouvoir, l'appel pour inopportunité ou fausse appréciation des faits est à la disposition des intéressés. Il trouve ici sa place toute naturelle. Mais supposons que la Commission départementale ait pris une délibération contraire à l'avis du conseil municipal. Elle a, par exemple, fixé l'assiette d'un chemin suivant le tracé rouge, alors que le conseil municipal demandait le tracé bleu. Il y a incontestablement ici un excès de pouvoir. Et la délibération peut être déférée, pour annulation, au Président de la République par le préfet ; elle peut être attaquée au contentieux devant le Conseil d'Etat par la commune ou les autres intéressés. Mais ces intéressés pourraient-ils attaquer cette délibération par voie d'appel devant le Conseil général ?

Nous tenons pour l'affirmative. En effet, s'il y a incontestablement excès de pouvoir, il peut y avoir aussi inopportunité et fausse appréciation des faits. Et le recours ouvert devant le Conseil d'Etat pour excès de pouvoir n'empêche pas l'appel devant le Conseil général pour fausse appréciation des faits. Les intéressés pourront donc choisir. Bien plus, ils pourront exercer à la fois les deux recours. Il y aura un cumul que rien n'interdit. La jurisprudence est fixée dans ce sens. Mais elle admet avec raison que l'intéressé, pour être recevable soit dans l'un, soit dans l'autre recours, doit se conformer aux règles particulières de chacun d'eux, notamment en ce qui concerne les délais (1).

98. — III Forme et délai.

Le délai pendant lequel l'appel peut être formé est d'un mois. Il court à partir de la communication de la décision. Quelques

(1) Arr. C. d'Et. 13 nov. 1874. B. L. p. 701. Arr. C. d'Et. 5 janv. 1877. B. L. p. 985. Arr. C. d'Et. 9 février 1883, Lebon, p. 140.

difficultés se sont produites au sujet de cette communication qui sert de point de départ au délai.

Tout d'abord par qui est faite la communication?

Le paragraphe 1er de l'art. 86 dit que les décisions relatives aux matières des art. 86 et 87 « seront communiquées au préfet en même temps qu'aux conseils municipaux et aux autres parties intéressées ». Il semblerait, d'après ce texte, que la communication est faite par la Commission départementale elle-même. Il n'en est rien.

La jurisprudence a décidé avec raison que la communication des décisions aux conseils municipaux et aux intéressés appartient au préfet. Plusieurs décrets d'annulation fortement motivés ont établi cette règle. Nous ne saurions mieux faire, que de rapporter les considérants d'un de ces décrets (1) : « Consi-
« dérant qu'aux termes de l'art. 3 de la loi du 10 août 1871,
« le préfet est chargé de l'instruction préalable des affaires
« qui intéressent le département ainsi que de l'exécution des
« décisions du Conseil général et de la Commission départe-
« mentale ;

« Considérant que la communication des décisions aux inté-
« ressés en vue de faire courir les délais de l'appel ou du re-
« cours est un acte d'exécution ;

« Qu'en effet, elle doit être faite dans une forme qui permette
« d'en rapporter la preuve et d'en attester la date, et qu'elle
« exige l'intervention de certains agents administratifs ;

« Considérant qu'il résulte de l'ensemble de la loi que le
« législateur a confié au Conseil général et à la Commission
« départementale le soin de prendre des décisions sur les affai-
« res dont ils sont saisis, et leur a conféré le pouvoir de se faire
« rendre compte de l'exécution par le préfet, mais que, s'il leur
« a attribué le droit de se mettre en rapport avec les agents de
« l'administration, dans les cas prévus par les art. 52 et 76, il

_____

(1) 30 juin 1873. B. L. p. 326 et suiv.

« ne leur a nullement donné celui de leur adresser des instruc-
« tions ou des ordres ;

« Que si l'article 88 prescrit que les décisions prises par les
« Commissions départementales sur les matières énumérées aux
« articles 86 et 87, seront communiquées aux préfets, en même
« temps qu'aux autres parties intéressées, il ne résulte pas de
« cette disposition que les communications aux conseils muni-.
« cipaux et aux autres intéressés ne doivent pas être faites par
« l'entremise de l'autorité préfectorale, ni qu'il appartienne
« aux Commissions départementales de faire elles-mêmes ces
« communications ;

« Que l'article 88 a pour objet de régler la forme et les délais
« des recours ouverts contre les décisions dont il s'agit, et non
« pas de déterminer par quelle autorité ces décisions seront
« communiquées ;

« Que si le législateur avait eu la volonté de donner aux
« Commissions départementales, pour l'exercice spécial des
« attributions que leur confèrent les articles 86 et 87, des droits
« qui ne leur appartiennent pour aucune autre matière, et qui
« n'appartiennent jamais au Conseil général lui-même, il l'au-
« rait fait par une disposition explicite et précise, et y aurait
« ajouté les pouvoirs nécessaires pour accomplir cette mission
« exceptionnelle, et notamment celui de donner des instructions
« et des ordres aux agents administratifs chargés de faire la
« communication et d'en conserver la preuve ;

« Qu'ainsi, c'est aux préfets seuls qu'il appartient de commu-
« niquer aux conseils municipaux et aux autres intéressés, les
« décisions prises par les Commissions départementales sur les
« matières énumérées aux articles 86 et 87 de la loi du 10 août
« 1871. »

Comment est faite la communication ?

Elle est faite, en ce qui concerne les communes, par notification au maire dans la forme administrative. Cette notification
fait courir le délai d'un mois à l'égard de la commune.

En ce qui concerne les autres intéressés, la communication se fait en principe par notification individuelle. Mais ce principe subit forcément des dérogations. Le grand nombre des intéressés rendrait souvent impraticable la notification individuelle. Il peut se faire même que l'administration ne connaisse pas et ne puisse pas connaître tous les intéressés. Aux termes de l'art. 24 de la loi du 3 mai 1841 sur l'expropriation pour cause d'utilité publique, il y a toute une catégorie d'intéressés qui doivent se faire connaître eux-mêmes à peine de déchéance. Dans ces cas, on admet qu'une communication collective par voie de publications et affiches suffit pour faire courir le délai. Cette jurisprudence, conforme à l'art. 6 de la loi du 3 mai 1841, a toujours été appliquée, notamment en matière de travaux de vicinalité. Un arrêt du C. d'Etat du 8 janvier 1886 (1) l'applique à un classement de chemin vicinal ordinaire.

Toutefois la notification individuelle est bien préférable lorsqu'elle est possible. Et c'est avec raison qu'une circulaire du ministre de l'intérieur, du 9 août 1879 (2), prescrit au préfet de l'employer toutes les fois qu'il y a possibilité de le faire.

Dans quelle forme est introduit l'appel?

La loi ne prescrit aucune forme particulière. Elle dit simplement que l'appel doit être notifié au président de la Commission départementale. La logique eût voulu que cette notification fût faite au préfet, non au président de la Commission. Le préfet est l'intermédiaire obligé entre les particuliers et la Commission. Cette dernière ne doit pas avoir de rapports avec le public. Mais le texte est formel. C'est le président qui reçoit l'acte d'appel. Il doit immédiatement le transmettre au préfet, afin que ce dernier en informe les communes, dans le cas où l'appel émanerait d'un particulier. Il est en effet indispensable que les communes soient informées de l'appel, afin qu'elles puissent pré-

(1) Gazette du palais, 6ᵉ année, n° 119, jeudi 29 avril 1886.
(2) Bull. off. Int. p. 216.

senter au Conseil général les observations qu'elles croiraient utiles.

Un avis du ministre de l'intérieur, du 23 sept. 1876 (1), exige que l'appel soit notifié, en même temps qu'au président de la Commission départementale, à tous les autres intéressés. Mais cet avis est évidemment erroné. En fait, celui qui fait appel agira sagement en notifiant son appel à la fois au président de la Commission départementale, au préfet et au maire de la commune intéressée, surtout dans les cas où il s'agit de chemins. Mais il n'y a pour lui aucune obligation légale. La loi dit simplement que l'appel sera notifié au président de la Commission départementale. On ne doit pas ajouter à cette règle une obligation qui n'est pas imposée par un texte légal.

Cette notification à chaque intéressé serait d'ailleurs, dans bien des cas, aussi impraticable pour le particulier que la communication individuelle de la délibération, pour l'administration. Et puisque la notification individuelle ne peut, par la force même des choses, être exigée de l'administration, elle ne peut pas non plus être exigée du particulier qui fait appel.

Il y a cependant un réel intérêt à ce que tous les intéressés soient informés de l'appel. Et la loi est incomplète à ce point de vue, car elle n'établit aucun moyen de porter l'appel à leur connaissance. Pour arriver à ce résultat, on pourrait user des publications et affiches. Mais ce moyen n'est pas à la disposition du particulier qui fait appel. Seul le maire peut ordonner ces publications. Il serait fort désirable que, dans la pratique, le maire prît une telle mesure ; mais il faut bien reconnaître qu'il n'est pas légalement tenu de la prendre. Il faut remarquer que la notification d'appel devant être faite dans le délai d'un mois, à partir de la communication de la décision attaquée, il y

(1) B. L. p. 966.

aurait lieu pour l'intéressé de la faire parvenir par ministère d'huissier, afin de lui donner date certaine.

99. — IV. Nous arrivons aux effets de l'appel.

La première question qui se pose ici est celle de savoir si l'appel est suspensif ou simplement dévolutif.

Pour prétendre qu'il n'est pas suspensif, on pourrait dire qu'en thèse générale les recours ne sont pas suspensifs, à moins d'un texte. Or l'art. 88, qui organise un recours pour excès de pouvoir dans ses troisième et quatrième paragraphes, a bien le soin d'indiquer que ce recours au Conseil d'Etat pour excès de pouvoir est suspensif, contrairement à la règle générale. Pour l'appel au contraire, le même article, dans les paragraphes qui précèdent, ne dit rien de semblable. Donc, non seulement il faut dire que l'appel n'est pas suspensif par application du principe général, mais encore, dans l'espèce, ce principe est confirmé par l'*a contrario* qui résulte de l'économie de l'art. 88.

Nous ne saurions admettre un tel raisonnement. D'abord l'argument *a contrario* est, en général, peu probant. Et dans l'espèce il ne l'est pas du tout. En effet, le principe que les recours au Conseil d'Etat ne sont pas suspensifs est vrai, et un texte était nécessaire pour établir que le recours spécial de l'art. 88 dérogerait à la règle générale. Mais un semblable texte n'était pas du tout nécessaire pour l'appel, par la raison bien simple que le principe est inapplicable à l'appel. Ce principe que les recours ne sont pas suspensifs règle seulement les recours contentieux au Conseil d'Etat pour excès de pouvoir ou violation de la loi. Or, nous savons déjà que l'appel n'est pas contentieux. On peut, si l'on veut, l'appeler un recours, mais c'est un recours administratif. Il est bien différent, au point de vue de sa nature, du recours au Conseil d'Etat. Nous avons déjà dit qu'il constitue entre les mains du préfet une sorte de *veto*. Et cela est vrai également lorsqu'il est exercé par les intéressés dans les matières énumérées par les art. 86 et 87. La Commission départementale délibère sous l'autorité du Conseil général.

Sa délibération n'est définitive que dans le cas où, après un délai d'un mois, aucune opposition n'a été faite. Mais si cette opposition se produit, tout est remis en question. Le Conseil général, Conseil administratif supérieur, est appelé par la loi, non pas à juger un procès, mais à prendre une décision.

La loi lui donne, pour les matières énumérées dans les art. 86 et 87, une compétence en quelque sorte conditionnelle. La condition, c'est l'opposition formée par l'intéressé dans les termes de l'art. 88. Si cette condition se réalise, le Conseil général est saisi; et s'il n'était pas sursis à l'exécution de la délibération attaquée, la compétence du Conseil général se trouverait violée. Il faut donc écarter ici l'effet simplement dévolutif qui ne se concilie qu'avec l'idée de litige. D'ailleurs, déclarer l'appel simplement dévolutif, ce serait rendre cet appel illusoire. En matière de construction de chemins, par exemple, il pourrait fort bien arriver que le chemin fût déjà construit au moment où le Conseil général examinerait la question de savoir si le projet de construction doit ou non être homologué (1).

L'appel une fois introduit par l'intéressé doit être soumis au Conseil général dans sa plus prochaine session, dit la loi. Sous ces expressions doit-on voir les sessions extraordinaires ? Nous ne le pensons pas. Dans les sessions extraordinaires, le Conseil général ne doit délibérer que sur les matières pour lesquelles il a été convoqué. Evidemment l'examen d'un appel pourrait figurer dans l'ordre du jour d'une session extraordinaire. Mais s'il n'y est pas mentionné, le Conseil général ne saurait aborder l'examen de l'affaire sans s'exposer à voir annuler sa délibération comme violant l'art. 34.

C'est le préfet qui doit instruire l'appel en vertu de l'art. 3. Les parties ont certainement le droit de déposer des mémoires écrits pour soutenir l'appel ou pour le combattre. Mais nul n'a le droit de présenter en séance publique des observations orales.

_____

(1) Cf. Marie, Traité d'org. départ. t. 1, p. 283.

Il n'y a pas de plaidoiries. Il peut y avoir un débat, mais les conseillers généraux seuls et le préfet y prennent part. C'est là une conséquence du principe posé plus haut que l'appel n'est pas contentieux et que le Conseil général n'est pas une juridiction.

Le Conseil général examine l'affaire au fond. La question qui se pose à lui est de savoir si la Commission départementale a mal apprécié les faits, ou si elle a pris une délibération inopportune. Il peut donc réformer cette délibération et lui substituer une délibération contraire.

Il faut toutefois remarquer que, dans les matières concernant les chemins vicinaux, le Conseil ne peut, par sa délibération, faire ce que la Commission départementale n'aurait pu faire, c'est-à-dire qu'il ne peut approuver, par exemple, un tracé autre que celui demandé par le conseil municipal. Son droit se borne à approuver ou à désapprouver : il peut faire ce que la Commission départementale pouvait faire, mais rien de plus. Par exemple, le conseil municipal demande un classement. La Commission départementale a rejeté ce classement. Le Conseil général, saisi par un appel, peut déclarer que la Commission a mal interprété les faits et, en conséquence, autoriser le classement. Mais supposons que le conseil municipal demande le classement suivant le tracé rouge. La Commission départementale approuve. Un intéressé fait appel, et prétend qu'il y a eu fausse appréciation, et demande le classement suivant le tracé bleu. Le Conseil général estime qu'en effet la décision de la Commission départementale est fondée sur une fausse appréciation des faits. Il peut refuser le classement, mais il ne saurait approuver le tracé bleu (*suprà*, nᵒˢ 60 et suiv.).

§ III. — *Recours au Conseil d'Etat délibérant au contentieux pour incompétence, excès de pouvoir ou violation de la loi.*

100. — Tous les actes de l'administration active, délibérante

22

et juridictionnelle peuvent être attaqués au contentieux devant le Conseil d'Etat pour incompétence, excès de pouvoir ou violation de la loi.

Le recours ainsi ouvert forme une branche spéciale du contentieux administratif, dans laquelle le Conseil d'Etat ne juge pas le fond des affaires. Les seules questions que le Conseil d'Etat est appelé à examiner dans ce cas, sont les questions d'incompétence, d'excès de pouvoir et de violation de la loi. Le Conseil d'Etat joue ainsi, à l'égard des différentes autorités administratives, le même rôle que la Cour de cassation à l'égard des tribunaux de l'ordre judiciaire.

Le principe de ce recours est posé dans l'art. 3 de la loi des 7-4 octobre 1790 et dans l'art. 9 de la loi du 24 mai 1872 sur le Conseil d'Etat,

Le premier de ces textes est ainsi conçu : « *Les réclamations d'incompétence à l'égard des corps administratifs ne sont, en aucun cas, du ressort des tribunaux ; elles seront portées au Roi chef de l'administration générale.* »

Le second porte que : « *Le Conseil d'Etat statue souverainement sur les recours en matière administrative et sur les demandes d'annulation pour excès de pouvoir formées contre les actes des diverses autorités administratives.* »

Comme on le voit par ces textes, il ne s'agit plus ici d'un recours purement administratif, comme l'appel, ou comme le recours en nullité fondée sur les art. 33 et 47. Il s'agit d'un recours contentieux : il y a procès. L'annulation, s'il y a lieu, n'est plus prononcée par le Président de la République, mais par le Conseil d'Etat agissant en qualité de tribunal administratif de cassation, et statuant depuis 1872 avec un pouvoir propre.

Ce recours est applicable aux délibérations de la Commission départementale. Mais comme il n'est pas spécial à la Commission départementale, nous nous bornerons à analyser les prin cipales règles qui le concernent, renvoyant pour les détails aux ouvrages qui en traitent plus spécialement (1).

Le recours peut être exercé par tout intéressé dans un délai de trois mois à partir de la notification de l'acte en la forme administrative.

Par intéressé, il faut entendre toute personne qui a un intérêt direct. Nous nous référons sur ce point à ce qui a été dit pour l'appel.

Le Conseil d'Etat est saisi *de plano* et *omisso medio*. Il y a dispense de constitution d'avocat (2). Par conséquent, le recours est jugé par la section du contentieux, à moins que le renvoi à l'assemblée générale ne soit demandé par un conseiller de la section ou par le commissaire du gouvernement (article 19, 1. 1872). Les intéressés ont d'ailleurs toujours le droit de constituer avocat, et par suite de faire statuer par l'assemblée générale du contentieux.

Si l'intéressé ne constitue pas avocat, il introduit lui-même sa demande par voie de requête.

Le recours n'est pas suspensif, conformément à la règle générale. Toutefois, dans la pratique, lorsqu'un recours est formé, il arrive souvent que l'administration sursoit d'elle-même à l'exécution de l'acte attaqué. C'est là une pratique excellente.

Toutes les délibérations de la Commission départementale peuvent être attaquées par cette voie de recours, même celles par lesquelles la Commission donne un simple avis. Car, en donnant un avis, la Commission départementale peut commettre un excès de pouvoir, ce qui arrive, par exemple, quand elle donne — un avis sur des matières politiques.

En ce qui concerne les délibérations prises en vertu d'une délé-

(1) Ducrocq, Cours, t. 1, nos 252 et suiv. Aucoc, Du recours pour excès de pouvoir, communication à l'Académie des sciences morales et politiques. Charreyron, Du recours pour excès de pouvoir devant le Conseil d'Etat. Thèse de doctorat, Paris, 1885.

(2) Décret 2 nov. 1864, § 1, art. 1.

gation du Conseil général, quelques points peuvent faire difficulté. Il peut y avoir de la part de la Commission départementale excès de pouvoir à différents points de vue.

Il peut y avoir excès de pouvoir en ce sens que la Commission départementale a violé une règle légale, à laquelle le Conseil général aurait dû se soumettre, s'il avait lui-même conservé la connaissance de l'affaire. Par exemple, le Conseil général a délégué à la Commission départementale le soin de statuer sur l'échange d'une propriété départementale, par exemple d'une caserne de gendarmerie. La Commission départementale, ne se contente pas de décider que l'échange aura lieu, mais encore elle se met en rapport avec le propriétaire de l'immeuble à échanger contre celui qui appartient au département; elle dresse un contrat et le fait signer par ce propriétaire. L'acte est nul parce que l'article 54, aux termes duquel le préfet passe les contrats au nom du département, est violé. Dans ce cas, le recours contentieux au Conseil d'Etat est ouvert incontestablement. Car l'article 54 eût lié le Conseil général comme il lie la Commission départementale. D'après cet article, le préfet doit, il est vrai, prendre l'avis conforme de la Commission ; mais c'est à lui seul qu'il appartient de se mettre en rapport avec le tiers et de lui faire signer un acte.

On pourrait envisager l'excès de pouvoir à un autre point de vue.

Prenons encore un exemple dans la matière des contrats. On sait déjà (n° 78) que la Commission départementale est investie par l'art. 54 d'une mission de contrôle. Elle vérifie si le contrat que va passer le préfet est bien conforme aux conditions arrêtées par le Conseil général.

Supposons que le Conseil général élargisse, pour une affaire spéciale, le rôle de la Commission. Il s'agit de louer un immeuble pour une caserne de gendarmerie. Le Conseil général détermine les conditions générales du bail, puis il délègue à la Commission départementale le soin de fixer certains points secondaires, par exemple de déterminer les réparations à exécuter par le propriétaire avant l'entrée en jouissance. Or, la Commission départementale, au lieu de se renfermer dans ces limites, prend une délibération qui modifie dans une certaine mesure les conditions déjà établies par le Conseil; ou bien elle statue sur des points qui n'ont pas été compris dans la délégation. La Commission départementale excède donc ses pouvoirs. Le recours au Conseil d'Etat est-il ouvert ?

Non, car cet excès de pouvoir ne viole pas, à proprement parler, une loi. C'est plutôt un excès de mandat. Et la question de savoir si la Commission a excédé ou non son mandat est une question de fait. Le Conseil d'Etat est incompétent pour en connaître.

Il y aurait cependant un recours contre la délibération de la Commission départementale. Ce recours serait l'appel au Conseil général formé par le préfet, conformément à l'art. 85, par voie de désaccord.

Mais cet appel au Conseil général ne serait pas ouvert aux parties intéressées. L'appel, en effet, n'est possible pour elles, aux termes de l'art. 88, que pour les matières énumérées dans les art. 86 et 87. Et nous sommes ici en dehors de ces matières, puisqu'il s'agit de délégation.

Il faut toutefois remarquer que si la décision de la Commission départementale avait pour résultat de faire naître un procès entre un particulier et l'administration, par exemple au sujet de l'interprétation d'un contrat, le Conseil général pourrait être appelé, sur la demande de l'intéressé, à intervenir. Il se peut, en effet, que la portée de telle ou telle clause du contrat soit plus ou moins grande, suivant que le mandat donné par le Conseil général à la Commission départementale, comprenait, tel ou tel point. La partie pourrait donc demander au tribunal saisi de surseoir à statuer jusqu'à ce que le mandat ait été interprété par le Conseil général lui-même, en vertu de la règle : *Cujus est condere, ejusdem est interpretari*.

101. — Lorsque le recours contentieux au Conseil d'Etat, pour excès de pouvoir, est formé contre une délibération relative aux matières énumérées par les art. 86 et 87, il se produit avec des conditions toutes spéciales.

On a vu que ces matières font l'objet de l'appel organisé par les deux premiers paragraphes de l'art. 88. Or, cet article, après avoir réglé l'appel, s'exprime ainsi : « *Elles* (les décisions prises sur les matières énumérées aux art. 86 et 87) *pourront aussi être déférées au Conseil d'Etat statuant au contentieux, pour cause d'excès de pouvoir ou de violation de la loi ou d'un règlement d'administration publique.*

« *Le recours au Conseil d'Etat doit avoir lieu dans le délai de deux mois à partir de la communication de la décision attaquée. Il peut être formé sans frais, et il est suspensif dans tous les cas.* »

Avant de commenter ces textes, disons qu'ils ont donné lieu à un système, d'ailleurs abandonné aujourd'hui, d'après lequel le recours pour excès de pouvoir au Conseil d'Etat serait applicable aux seules matières des art. 86 et 87. Toutes les autres délibérations échapperaient à cette voie de recours en vertu d'un argument *a contrario*. La loi de 1871 dit que les délibérations prises sur les matières des art. 86 et 87 peuvent être déférées pour excès de pouvoir au Conseil d'Etat : donc les autres matières ne peuvent pas être déférées.

Nous ne nous attarderons pas à discuter un pareil argument. Nous dirons simplement que, sans les deux derniers paragraphes de l'art. 88, les délibérations relatives aux matières énumérées par les art. 86 et 87 auraient pu, quand même, être déférées au Conseil d'Etat statuant au contentieux, conformément à l'art. 9 de la loi du 24 mai 1872 ; seulement, le recours aurait été soumis aux règles générales des recours, tandis qu'il est soumis à des règles particulières. Le but de l'art. 88 a donc été non pas d'établir le recours qui existait déjà, encore moins d'abolir ce recours pour les autres délibérations : il a eu pour but de soumettre le recours, lorsqu'il aurait pour objet une des délibérations énumérées, à des conditions spéciales qui constituent autant d'exceptions aux règles ordinaires du recours pour excès de pouvoir.

102. — Examinons donc ces règles spéciales. Elles sont au nombre de quatre.

Tout d'abord le délai du recours est de deux mois, au lieu de trois.

Cette réduction du délai ordinaire s'explique par l'urgence des délibérations prises sur les matières énumérées aux articles 86 et 87.

La réduction s'explique encore par cette idée que les trois règles qui vont suivre étant empreintes d'un très grand libéralisme et facilitant l'exercice du recours, l'intéressé doit se montrer plus diligent.

En second lieu, le point de départ du délai est ici la communication de la délibération, tandis qu'en thèse générale, le point de départ c'est la notification. Notifier administrativement un acte, c'est faire remettre une copie par un agent administratif Communiquer , c'est seulement porter à la connaissance de l'intéressé. Tout ce que nous avons dit à ce sujet en parlant de l'appel, est applicable au recours pour excès de pouvoir. Nous nous y référons purement et simplement.

Nous avons également vu, en parlant de l'appel (n° 97), que l'appel et le recours pour excès de pouvoir peuvent se cumuler. De telle sorte qu'après avoir exercé l'appel, la partie peut exercer le recours au Conseil d'Etat, et réciproquement. Mais les délais sont différents : un mois pour l'appel, deux mois pour le recours au Conseil d'État. Ces deux délais, qui ont le même point de départ, sont indépendants l'un de l'autre. L'un n'empêche pas l'autre de courir. Ainsi j'attaque un classement par la voie de l'appel : le délai du Conseil d'État n'est pas suspendu, et réciproquement. L'intéressé qui veut exercer les deux recours doit donc prendre ses précautions. S'il est prudent, il n'attendra pas que l'appel, par exemple, soit terminé pour former son recours pour excès de pouvoir. Il résulte de ce cumul que le Conseil d'État

et le Conseil général peuvent se trouver saisis en même temps.
Il semble qu'on pourrait craindre une contrariété de décision.
Cette crainte ne serait pas fondée. En effet, nous avons conclu
après discussion (*suprà*, n° 97) que le Conseil général ne doit
pas statuer par un motif tiré de l'excès de pouvoir. Les questions qui sont posées au Conseil général et au Conseil d'Etat,
quoique relatives à la même délibération, sont bien différentes.
La question qui se pose au Conseil général est : la délibération
est-elle inopportune ou fondée sur une fausse appréciation des
faits ? la question posée au Conseil d'Etat est : la délibération
est-elle entachée d'excès de pouvoir ? Logiquement, les décisions ne peuvent donc être contraires, puisqu'elles répondent
à des questions différentes.

En fait, il peut, il est vrai, arriver que la délibération maintenue par le Conseil général soit annulée par le Conseil d'Etat, et
réciproquement. Examinons les diverses hypothèses qui peuvent se produire.

Tout d'abord le Conseil général statue le premier. Il maintient
la délibération comme opportune et fondée sur une exacte appréciation des faits. Puis le Conseil d'Etat maintient la délibération comme non entachée d'excès de pouvoir. Il n'y a pas contrariété.

Ou bien le Conseil d'Etat annule cette délibération pour
excès de pouvoir. Il n'y a pas non plus contrariété. L'acte reste
annulé.

Le Conseil général annule ou réforme la délibération comme
inopportune. Alors, en général, l'intéressé se désistera de son
recours au Conseil d'Etat. S'il ne le fait pas, le Conseil d'Etat
aura beau déclarer la délibération non entachée d'excès de pouvoir, la décision du Conseil général, annulant ou réformant,
n'en sera pas moins valable. Et la délibération attaquée n'en
sera pas moins annulée ou réformée.

Supposons maintenant que le Conseil d'Etat statue le premier.
Il déclare la délibération non entachée d'excès de pouvoir et

par suite valable à ce point de vue : le Conseil général conserve le droit de l'annuler ou de la réformer comme inopportune ou fondée sur une appréciation inexacte exacte des faits.

Le Conseil d'Etat déclare la délibération entachée d'excès de pouvoir et l'annule. Alors le Conseil général n'a plus rien à y voir. S'il la déclarait valable, elle n'en serait pas moins nulle. Et sa décision à lui, pourrait être annulée soit par le Président de la République en vertu des art. 33 et 47, soit par le Conseil d'E-tat statuant au contentieux en vertu de l'art. 9 de la loi du 24 mai 1872.

La troisième dérogation concerne les frais du recours. Le recours est formé sans frais, dit l'art. 88.

Ordinairement, cette expression signifie qu'il y a dispense de constitution d'avocat. On sait que les avocats au Conseil d'Etat remplissent à la fois le rôle de l'avocat et de l'avoué, et que leur ministère est obligatoire, sauf dispense formelle. Dans tous les cas où il n'y a pas constitution d'avocat, l'affaire est jugée par la section du contentieux seule (décret 22 juillet 1806).

Or, nous avons déjà dit que tous les recours pour excès de pouvoir étaient dispensés de constitution d'avocat (*suprà*, n° 100). Cette disposition de l'art. 88 n'aurait donc aucune utilité si elle ne visait que la constitution d'avocat. Elle serait une superfétation.

Mais elle vise autre chose. Ici les mots « sans frais » ne signifient pas seulement que l'intéressé est dispensé de la constitution d'avocat. Ils signifient qu'il n'a aucun droit de timbre ni d'enregistrement à payer. C'est là une différence importante avec les règles générales du recours, d'après lesquelles ces droits de timbre et d'enregistrement sont toujours dus.

Enfin la quatrième et dernière particularité annoncée est que le recours est ici suspensif, tandis qu'en thèse générale il est simplement dévolutif.

Comme on le voit, ces trois dernières règles facilitent considérablement les recours pour excès de pouvoir pour les ma-

tières énumérées par les art. 86 et 87. Il n'y a pas à le regret-
ter. Ces matières sont fort importantes, notamment celles qui
concernent les chemins, et l'Assemblée nationale, en ouvrant si
largement le recours pour excès de pouvoir, a prévenu des abus
qu'on pouvait craindre d'une institution nouvelle, dont la valeur
n'avait pu être constatée par l'expérience.

POSITIONS.

—

DROIT ROMAIN

I. — Le « consilium principis » sous Auguste est une institution officielle ayant sa place marquée dans la Constitution.

II. — Depuis les dernières années du règne de Tibère jusqu'à Hadrien, le « consilium principis » n'a pas d'existence officielle.

III. — Le « consilium principis » et « l'auditorium » ne sont pas deux institutions distinctes.

IV. — La création des conseillers jurisconsultes sous Hadrien et la réglementation du « jus publice respondendi » sont des réformes concourant au même but, mais non identiques.

V. — Sous Alexandre Sévère, le « consilium principis » est un véritable Conseil d'Empire.

VI. — A partir de Justinien, le « consistorium » et le Sénat tendent à se fondre l'un dans l'autre.

VII. — L'action « de constitutâ pecuniâ » n'a pas pour origine l'action « receptitia ». Elle est le développement de la « condictio certæ pecuniæ creditæ. »

VIII. — Le juge a le pouvoir d'apprécier si le dol rend nul un contrat de bonne foi, ou bien si la victime a droit à une simple réparation.

IX. — Les actions édilitiennes s'appliquent à tout contrat à titre onéreux qui aboutit à une mutation de propriété.

X. — L'esclave affranchi en fraude des créanciers reste esclave en droit avec l'espoir de la liberté. Il est « statu liber ».

DROIT FRANÇAIS

DROIT CIVIL.

I. — La nullité du contrat de mariage d'un mineur, qui n'a pas été assisté conformément à l'article 1398, ne peut être invoquée par son conjoint majeur.

II. — Le rapport des dettes est opposable aux créanciers de l'héritier débiteur.

III. — La règle du partage déclaratif est applicable à la cession de droits successifs faite par un cohéritier à tous les autres.

IV. — La mise en demeure nécessaire pour exercer le droit de résolution de l'article 1656 ne constitue pas une exception aux principes généraux de la condition résolutoire.

V. — L'adultère du mari, commis hors de la maison conjugale et constaté avant la loi de 1884, peut être invoqué par la femme comme cause péremptoire de divorce.

DROIT ADMINISTRATIF.

I. — La Commission départementale peut demander directement des renseignements à l'agent voyer en chef.

II. — Le Conseil général peut déléguer à sa Commission départementale le soin de nommer les trois conseillers généraux qui doivent faire partie de la commission ;chargée de reviser les listes des électeurs consulaires.

III. — Le Conseil général peut déléguer le soin d'arrêter la liste des jurés d'expropriation pour cause d'utilité publique.

IV. — Les délégations faites par le Conseil général à la Commission départementale doivent être spéciales ; mais cette règle n'est pas absolue.

V. — La Commission départementale répartit les fonds provenant du rachat des prestations en nature.

VI. — Le classement d'un chemin vicinal ordinaire par la Commission départementale emporte déclaration d'utilité publique pour les terrains non bâtis.

VII. —La Commission départementale n'intervient, en matière de chemins vicinaux ordinaires, que pour homologuer les délibérations des conseils municipaux.

VIII. — Le recours général au contentieux devant le Conseil d'Etat pour excès de pouvoir et incompétence est ouvert contre les délibérations de la Commission départementale.

IX. — Les communications aux intéressés dont parle l'article 88 ne sont pas individuelles.

X. — Les contestations en matière de colis postaux sont de la compétence des tribunaux administratifs.

DROIT CONSTITUTIONNEL.

La Chambre des députés doit être saisie la première des projets de loi en matière de finances ; mais, à part cette prérogative, le Sénat a les mêmes droits que la Chambre.

HISTOIRE DU DROIT.

I. — L'origine du retrait lignager se trouve dans les Coutumes germaniques.

II. — L'institution contractuelle a son point de départ dans les Coutumes germaniques.

Vu par le Président de la Thèse,
G. BARRILLEAU.

Vu par le Doyen,
LÉOPOLD THÉZARD.

Permis d'imprimer.
Poitiers, le 30 décembre 1886.

Le Recteur,
A.-Ed. CHAIGNET.

Les visas exigés par les règlements sont une garantie des principes et des opinions relatives à la religion, à l'ordre public et aux bonnes mœurs (statuts du 9 avril 1825, art. 41), mais non des opinions purement juridiques, dont la responsabilité est laissée aux candidats.

Le candidat répondra en outre aux questions qui lui seront faites sur toutes les matières de l'enseignement.

TABLE DES MATIÈRES

DROIT ROMAIN

LE CONSEIL DES EMPEREURS

DROIT FRANÇAIS

LA COMMISSION DÉPARTEMENTALE